VIVIMUS
EX UNO

D1724488

# Heinrich Karpp

# Textbuch zur altkirchlichen Christologie

Theologia und Oikonomia

Neukirchener Verlag

Neukirchener Studienbücher — Band 9
Ergänzungsbände zu den Biblischen Studien

© 1972 Neukirchener Verlag des Erziehungsvereins GmbH, Neukirchen-Vluyn
Alle Rechte, auch die des auszugsweisen Nachdrucks, der fotografischen und
akustomechanischen Wiedergabe und der Übersetzung vorbehalten.
Umschlaggestaltung: Kurt Wolff, Kaiserswerth
Gesamtherstellung: Sattler & Koß, Rheinberg
Printed in Germany — ISBN 3 7887 0344 X

# Vorwort

Das vorliegende Buch will ein Text- und *Arbeitsbuch* sein. Es enthält daher nicht nur einige ausgewählte Belege und Merkstoffe, die die Lektüre einer der vorhandenen dogmengeschichtlichen Darstellungen fruchtbarer machen können, sondern es möchte so viel Stoff vorlegen und kurz erläutern, daß der Benutzer sich das Verständnis der wichtigsten Probleme, Begriffe und Lehrentscheidungen selbst erarbeiten kann. Der eigene Umgang mit den Quellen rückt freilich die bisweilen verwirrende Mannigfaltigkeit der Meinungen, die Unfertigkeit und begrenzte Geltung mancher Formulierungen nahe vor Augen. Aber er läßt auch ein tieferes Verständnis der geschichtlichen Fragen und zugleich der bleibenden Sachprobleme erhoffen, so daß sich die bei den einzelnen Texten aufgewandte Mühe reichlich lohnen kann.

Die *Auswahl* beginnt bei den ältesten Zeugnissen außerhalb des Neuen Testamentes und reicht bis zum Abschluß des altkirchlichen Dogmas gegen Ende des siebten Jahrhunderts. Auf den Abdruck biblischer Texte wurde verzichtet; stattdessen umreißt Abschnitt II der Einleitung wichtige biblische Voraussetzungen. Die Reihenfolge der aufgenommenen Texte richtet sich nach der Zeit ihrer Abfassung oder der Lebenszeit (oft dem Todesjahr) des Verfassers; doch erschienen kleinere Abweichungen von dieser Regel zuweilen zweckmäßig. Die Gliederung der Sammlung ergab sich daraus, daß nach dem Konzil von Nicäa die Christologie im weiteren Sinne hinter der Christologie im engeren Sinne, der Lehre von der gottmenschlichen Person, zurücktrat, bis diese Lehre 451 nahezu abschließend formuliert wurde. Um den Umfang des Buches in angemessenen Grenzen zu halten, mußte auf manchen an sich beachtenswerten Text verzichtet und der dritte Teil über die Zeit nach 451 aufs äußerste beschränkt werden, so daß er nur auf die wichtigsten Restprobleme und die neuen Fronten hinweist.

Dem Charakter des Arbeitsbuches entspricht es, daß auch die *Übersetzung* dem Original möglichst nahe bleibt; sie will dessen Schwierigkeiten oder gar seine Unübersetzbarkeit nicht verhüllen. Daher wird die Übersetzung zuweilen in den Anmerkungen begründet, und wichtige Begriffe des Originals werden öfter in Klammern beigefügt. Um auf die Bedeutungsweite eines Begriffes hinzuweisen, kann die Wiedergabe wechseln (z. B. zwischen „Natur" und „Physis"). Der Übersetzung liegt die erste der genannten Textausgaben zugrunde. Die übersetzten Stellen wurden genau angegeben, um die Einsicht in das Original zu erleichtern. Auslassungen wurden durch Pünktchen auf der Zeile, Zusätze durch runde Klammern und, wenn es die Deutlichkeit zu fordern schien, durch „sc." kenntlich gemacht. Zur Minderung der Kosten wurden biblische Zitate bisweilen nicht ausgedruckt.

Bei der *Benutzung* des Buches ist zum vollen Verständnis der geschichtlichen Zusammenhänge und einiger Einzelfragen die vorausgehende oder begleitende Lektüre einer – wenn auch kurzen – zusammenhängenden Darstellung kaum zu entbehren. Denn auch die Einleitung skizziert nicht zusammenhängend den geschichtlichen Ablauf, sondern die Problematik und die Voraussetzungen und Gesichtspunkte, die dem Verständnis der abgedruckten Quellen dienen. Ebenso zielen auch die Erläuterungen an erster Stelle auf diese Texte und viel weniger auf den geschichtlichen Zusammenhang im ganzen. Daran, daß dieser aus der Literatur zu gewinnen ist, sollen die in den Vorbemerkungen zu den einzelnen Verfassern oder Synoden usw. stehenden Verweise auf Altaners Patrologie und Liébaerts Abriß der Christologie erinnern; ihnen folgen Titel, die Altaner noch nicht nennt oder die für die folgenden Texte und Anmerkungen besonders wichtig sind, während die Bemerkung „s. Lit.-Vz." auf das knappe allgemeine Literaturverzeichnis am Ende des Buches hinweist. Daß der Benutzer bei Bedarf zu den bekanntesten theologischen Nachschlagewerken und größeren geschichtlichen Darstellungen greift, darf wohl vorausgesetzt werden.

Der Bearbeiter ist sich der Schwierigkeiten und Grenzen dieses Versuches, zu dem ihn der Verlag angeregt hat, wohl bewußt. Als Benutzer erwartet er natürlich keine Fachleute der Dogmengeschichte, sondern Pfarrer und Lehrer in Beruf oder Ausbildung und überhaupt Gebildete, die an den Quellen, wenn nicht im Original, so doch wenigstens in Übersetzung eine Sache verstehen lernen möchten, die als Grundlage aller christlichen Theologie und Frömmigkeit solcher Mühe wert ist. Sollte diese Auswahl den einen oder anderen für das Studium der Originaltexte gewinnen, so wäre das ein besonders schöner Erfolg. Die allermeisten der aufgenommenen Texte wurden, sei es im Urtext, sei es in Übersetzung, für Vorlesungen und Seminarübungen ausgewählt und dort besprochen. Die dazu nötigen didaktischen Überlegungen sind zusammen mit den Fragen und anderen Anregungen der Studenten diesem Bande zugute gekommen. In großer Dankbarkeit gedenke ich all derer, die mich als Hilfskräfte bei der Durchführung jener Lehrveranstaltungen und zuletzt auch bei der Vorbereitung dieser Veröffentlichung unterstützt haben.

Heinrich Karpp

# Inhalt

EINLEITUNG     1

*I. Name und Sache der Christologie*     3
1. „Theologia" und „Oikonomia" (3) — 2. Das Sach- und Sprachproblem
(3) — 3. Die Autorität der Schrift (4)

*II. Biblische Voraussetzungen*     5
1. Allgemeines (5) — 2. Aus der neutestamentlichen Überlieferung (6) —
3. Der Beitrag des Alten Testaments (10)

*III. Aufgaben, Einflüsse und Kräfte in der Geschichte der altkirchlichen
Christologie*     13
1. Die Frühzeit (13) — 2. Das dritte Jahrhundert (15) — 3. Das Jahrhundert Konstantins (17) — 4. Vom Ende des 4. bis zum 7. Jahrhundert (19)

*IV. Zur Würdigung der altkirchlichen Christologie*     22
1. Würdigung als Gespräch mit der Vergangenheit (22) — 2. Einwände
und Fragen an das altkirchliche Dogma (23) — 3. Anerkennung der geschichtlichen Leistung (24) — 4. Fragen des Dogmas an uns (26) —
5. Interpretation oder Negation des altkirchlichen Dogmas? (29)

TEXTE     31

*I. Die Vorbereitung der kirchlichen Christologie*     33
Erster Klemensbrief (33) — Ignatius von Antiochien (33) — Der Barna-
basbrief (38) — Hermas: Der Hirte (38) — Sog. zweiter Klemensbrief (41)
— Justin (42) — Tatian (48) — Meliton von Sardes (50) — Athenagoras

aus Athen (52) – Theophilus von Antiochien (54) – Gnostizismus und Marcionitismus (56) – Das altrömische Symbol (58) – Irenäus von Lyon (60) – Adoptianismus und Modalismus (62) – Zephyrin und Kallist (65) – Klemens von Alexandrien (66) – Tertullian (68) – Origenes (75)

*II. Die Ausbildung des christologischen Dogmas*       **83**
Arius und der frühe Arianismus (83) – Das Symbol von Nicäa (86) – Eustathius von Antiochien (88) – Eusebius von Cäsarea (90) – Athanasius (92) – Marcell von Ancyra (95) – Hilarius von Poitiers (97) – Apollinaris von Laodicea in Syrien (98) – Rundschreiben der Synode zu Alexandria (101) – Gregor von Nazianz (103) – Gregor von Nyssa (104) – Amphilochius von Ikonium (104) – Das sog. nicäno-konstantinopolitanische Symbol (105) – Eunomius von Kyzikus (106) – Theodor von Mopsuestia (107) – Augustin (112) – Papst Cälestin I. (114) – Vincenz von Lerinum (114) – Nestorius (115) – Cyrill von Alexandrien (119) – Theodoret (124) – Die Unionsformel von 433 (128) – Proklus von Konstantinopel (130) – Die Verurteilung des Eutyches (132) – Das Bekenntnis der Synode zu Konstantinopel (132) – Das Verhör des Eutyches (132) – Glaubensbekenntnis des Eutyches für Papst Leo (133) – Glaubensbekenntnis Flavians von Konstantinopel (134) – Papst Leo I. (134) – Das Symbol von Chalcedon (138)

*III. Die Sicherung und Auslegung des Dogmas von Chalcedon*   **141**
Epiphanius von Perge (141) – Das Henotikon Kaiser Zenons von 482 (141) – Pseudo-Dionysius, der Areopagite (142) – Philoxenus von Mabbug (142) – Johannes Maxentius (144) – Leontius von Byzanz (146) – Anathematismen des 5. Ökumenischen Konzils von 553 (148) – Die Ekthesis des Kaisers Heraklius (150) – Das Symbol des 6. Ökumenischen Konzils zu Konstantinopel (150)

*Literaturverzeichnis*       **153**

*Abkürzungsverzeichnis*       **157**

*Alphabetisches Verfasserverzeichnis*       **159**

*Sachregister*       **164**

# Einleitung

# I

# Name und Sache der Christologie

1. Der Begriff Christologie ist erst sehr spät aufgekommen; die frühesten Belege stammen aus der Zeit der protestantischen Orthodoxie. Aber die so bezeichnete Sache stand von Anfang an in der Mitte des altkirchlichen Glaubens und Lehrens. Mehr als alles andere unterschied ja das Bekenntnis zu Christus die Kirche vom Judentum und Heidentum. Als man den Christusglauben zu einer kirchlichen Lehre ausgestaltete, umschrieb man deren Gegenstand nicht selten mit den Worten „Theologia und Oikonomia" (vgl. Text Nr. 158 und 159). Dieses Begriffspaar besagte — bei Bedeutungsabweichungen im einzelnen —, daß man von Christus in seiner Zusammengehörigkeit mit Gott sprechen wollte (ϑεολογεῖν) und dabei auch von Gottes geschichtlichem Handeln in Christus (Oikonomia). Die Reihenfolge umkehrend, sagte beispielsweise Euseb, er beginne seine Kirchengeschichte mit Christi übermenschlichem Wirken und göttlichem Wesen (KG 1, 1, 7). Man empfand die richtige Verbindung beider Aussagen als eine Aufgabe, deren Lösung man durchaus verfehlen könne (vgl. die Belege in Lampes Lexikon S. 628 a). Sie sollte jedenfalls Christi Person und Werk oder Amt umfassen und damit das, was wir mit dem einen Wort Christologie zu bezeichnen pflegen.

2. Nur in ernster geistiger Anstrengung und unter vielen Auseinandersetzungen gelang es, den Inhalt des Bekenntnisses zu Christus als Dogma zu formulieren, das Geltung in der gesamten Kirche beanspruchte und abweichende Auffassungen aus ihr ausschloß. Will man das Werden der altkirchlichen Christologie verstehen, so muß man sich dessen bewußt sein, daß es nicht lediglich darum ging, eine immer schon vorhandene Lehre von der Person und Bedeutung Christi umfassender und überzeugender auszusprechen, sondern in solchem Bemühen überhaupt erst das angemessene und gemeinsame Verständnis von Christus zu finden und auf seine Bedingungen und Folgerungen hin zu durchdenken. Es ging also zugleich um ein *Sachproblem und* ein *Sprachproblem;* man könnte auch sagen: um die inhaltliche und die sprachliche Seite des einen Problems, von Christi Person und Werk sachgemäß zu sprechen.

Daß die Lösung dieser Aufgabe so schwer fiel, lag vor allem an der Sache selber. Die Christen begnügten sich ja nicht damit, den Menschen Jesus im Vergleich mit anderen Menschen göttlicher Ehren wert zu halten wie einen verstorbenen Kaiser oder einen Heros. Sie wollten auch keinen inspirierten Menschen als Gott verehren. Wenn man es zum Teil so gesehen hatte, ließ die erdrückende Mehrheit diese Auffassung doch sehr bald hinter sich, bekämpfte sie und sprach von der Gottheit des Erlösers im eigentlichen, wesenhaften Sinne. Gott selbst, bekannten sie, ist zu einer bestimmten Zeit und an einem bestimmten Ort in einzigartiger Weise unter den Menschen gewesen, anders als er sich sonst ihnen bekannt gemacht hat. „Gott selbst", das hieß: Christus ist nicht als ein neuer Gott (wie Sarapis) zu den bereits bekannten Gottheiten hinzugetreten; sein Erscheinen ändert nichts an der Einzigkeit des Einen Gottes, der alles geschaffen hat und dessen ganze Fülle ohne Veränderung in dem Menschen Jesus Christus „leibhaft" gegenwärtig war (vgl. Kol. 2, 9). Diese paradoxe Behauptung der Einheit Christi mit Gott enthielt zugleich eine gewisse Verschiedenheit beider. Hierin besteht das christologische Problem im weiteren Sinne. Beides, Einheit und Verschiedenheit, ließ sich in der „Ökonomie" Gottes zusammendenken. Der Ausdruck betrachtete die Menschwerdung als einen Akt im planvollen, umfassenden Handeln Gottes selber, konnte aber auch unmittelbar die Inkarnation bezeichnen, sofern diese als der entscheidende Schritt in dem ganzen Heilsplan angesehen wurde. Mit der Inkarnation war das Problem der Christologie im engeren Sinne gestellt: Wie ist in dem Einen von der Schrift bezeugten Christus das Beieinander der Gottheit und des wirklichen Menschen zu verstehen und näher zu bestimmen? Wie entgeht man dem Ebionitismus und Adoptianismus zur Linken, ohne dem Doketismus und Modalismus zur Rechten zu verfallen? Weil diese „Sache" schlechterdings neu war und keine Vernunftwahrheit werden konnte, stellte sie der lehrhaften Formulierung eine unerhört schwierige Aufgabe.

3. Als sich die Gläubigen um Christi willen von der jüdischen Gemeinde trennten, nahmen sie die Zeugnisse von der früheren Offenbarung Gottes mit, zu dem sie sich ja unverändert bekannten. Nachdem sie dieser „*Schrift*" im späten zweiten Jahrhundert die inzwischen aufgezeichneten und gesammelten eignen Schriften als einen Kanon an die Seite gestellt hatten, gab die doppelte exegetische Autorität die Grundlage und die Norm für jede kirchliche Lehre ab. Im Folgenden ist daher von einigen wichtigen biblischen Voraussetzungen der altkirchlichen Christologie die Rede.

# II

# Biblische Voraussetzungen

1. In geschichtlicher Betrachtung stellen sich die biblischen Aussagen über Christus als die wichtigsten Voraussetzungen für die patristische Christologie dar. Den Vätern selbst aber waren sie mit ihrer hohen Autorität mehr, nämlich der einzige, bleibende *Inhalt* ihrer eigenen Aussagen. Trotzdem beschränkten sie sich nicht darauf, die biblische „Lehre" in ihrem Wortlaut zu wiederholen. Das zu tun verbot sich aus zwei Gründen. Einerseits konnte man sich nicht der Aufgabe entziehen, die Christusbotschaft der Umwelt in deren eigenem sprachlichem Ausdruck und eigener Denkform darzubieten. Hinzu kam ein Grund ganz anderer Art. Er lag in der biblisch-kirchlichen Überlieferung selber. Ihr mannigfaltiger, ja zum Teil widersprüchlich erscheinender Text konnte nicht unbearbeitet als verbindliche Lehre gelten. Da die altkirchlichen Theologen keine Einsicht in die Entstehungsgeschichte der neutestamentlichen Überlieferung hatten, setzten sie in dieser die Einheit der wahren Christologie als gegeben voraus und bemühten sich nur, sie zu erkennen und erkennbar zu machen. In Wirklichkeit aber bildete sich erst in harten Auseinandersetzungen mit anderen Auffassungen eine rechtgläubige Lehre heraus, und mit ihr setzte sich eine Großkirche, die Ecclesia catholica, gegen Schulen und Gruppen, Häresien und Gegenkirchen durch.

Wenn man nun fragt, was die Bibel zu der christologischen Lehrbildung bereitstellte, so empfiehlt es sich, von den modernen Erkenntnissen über die Entstehung der neutestamentlichen Schriften und ihres Kanons, insbesondere über vorliterarische Stufen der Überlieferung, abzusehen und diese Schriften so zu nehmen, wie die Väter sie nahmen. Denn auch die frühesten Schriftsteller in dieser Textsammlung kannten, vom Alten Testament ganz abgesehen, schon fast alle Schriften, die wenig später zum Neuen Testament zusammengestellt wurden. Beginnen wir mit den allgemeinen Zügen des *neutestamentlichen* Christusglaubens.

2.   Die *Botschaft* vom Kommen, Wirken, Leiden und Sterben des Christus,
von seiner Auferstehung oder Auferweckung und seiner Erhöhung in den
Himmel zu Gott, von wo er zur Vollendung seiner Sendung kommen wird,
war Gemeinbesitz der Gläubigen. Sie erkannten darin die rettende Tat, die
deshalb vor Gott gilt, weil sie letztlich von ihm ausgegangen ist. Nach Gottes
Plan ist Christus nicht um der eigenen, sondern um unsrer Sünden willen gestorben, und sein Tod wie seine Auferstehung gehören mit der voraufgegan-
genen Gottesoffenbarung an Israel zusammen; sie erfolgten „nach der Schrift"
(1. Kor. 15, 3f.), die von dieser Zeugnis gab. Den Zusammenhang Christi mit
Gott konnte das Neue Testament auch so beschreiben, daß es sagte, mit Christus sei die Herrschaft Gottes herbeigekommen. Dabei wurden Zukunftser-
wartungen und gegenwärtiges Heil miteinander verbunden. Die Vollendung
stand noch aus, mit ihr die sichtbare Gottesherrschaft. Es war gewiß, daß
Person und Amt Christi eine feste Einheit bilden; ob man zuerst an die Gottesherrschaft zu denken habe und dann erst an den, der sie heraufführt, oder
umgekehrt, war keine Streitfrage. Die zweite Auffassung setzte sich durch
und machte die Person Christi zum Brennpunkt des altkirchlichen Denkens.
Der Begriff Sohn, mit dem man gern die Zusammengehörigkeit Christi mit
Gott ausdrückte, enthielt zugleich eine gewisse logische Unterordnung unter
den Vater. Im übrigen konnte er ganz verschiedene Vorstellungen wachrufen.
Während man im Alten Testament bei „Sohn Gottes" etwa an die Ehrenstel-
lung des von Gott adoptierten Königs dachte, konnte dasselbe Wort im helle-
nistischen Denken auch den wunderbaren Ursprung dessen bezeichnen, der
vom Heiligen Geist empfangen wurde oder der schon in der Präexistenz bei
Gott war. Jedenfalls enthielt das Bekenntnis zu Gottes Gegenwart in dem
Menschen Jesus von Nazareth bereits alle die Anstöße und Ansätze, die zur
Lehre von der Trinität und zum christologischen Dogma führten. Ob sie unbedingt genau dahin führen mußten, ist eine andere Frage.
Den allgemeinen Umriß der Christusbotschaft mögen einige ausgewählte
Stellen des Neuen Testamentes füllen, die teils viel zur Begründung und Ausgestaltung der kirchlichen Lehre beitrugen, teils dabei besondere Schwierigkeiten machten.
Die *Evangelien* hatten vor anderen Schriften voraus, anschaulich von Christi
menschlichem Handeln und Reden zu berichten. Die Kindheitsgeschichten
des Matthäus und Lukas überlieferten, gestützt auf die Septuagintafassung
von Jes. 7, 14, die jungfräuliche Empfängnis des Gottessohnes und wurden
damit die Hauptquelle für das mariologische Nebenthema der Christologie.

Andere Stellen benutzten indessen das Wort Sohn noch als Würdenamen, so Luk. 1, 32 und 3, 22. Ganz besonders ergiebig war für die christologische Lehrbildung das Johannesevangelium. Die Hypostasierung oder Personifizierung des göttlichen „Wortes", das in der Geschichte „Fleisch ward", nachdem es bis dahin „bei" dem Vater, also von ihm verschieden, existiert hat, dazu die sprachliche Unterscheidung zwischen göttlicher Art und Gott selbst, indem das Wort „Theos" mit oder ohne Artikel gebraucht wurde – diese Aussagen des Prologs wurden für die kirchliche Deutung des Christusereignisses grundlegend. Andere wichtige Aussagen sind die, daß Vater und Sohn eines sind und doch der Vater größer ist als der Sohn (10, 30; 14, 28); sie besaßen überdies als eigne Worte Jesu allerhöchste Beweiskraft. Und schließlich bot Joh. 20, 28 im ganzen Neuen Testament (wo besonders Tit. 2, 13 und Hebr. 1, 8 f. zu vergleichen wären) das klarste Beispiel für die Bezeichnung Jesu als Gott; sie erfolgt in der Formel „Mein Herr und mein Gott". Freilich war bei ihrem Gebrauch zu bedenken, daß diese Anrede sich an den Auferstandenen wendet und nicht lehrhaft gemeint ist.

Auch bei *Paulus* konnte man in Röm. 9, 5 Christus als Gott bezeichnet finden. Aber der Beleg war unsicher, weil sich die hier gegebene doxologische Formel ebensogut (und sogar besser) auf Gott selbst beziehen ließ und Paulus sonst Christus nie Gott nennt. Man könnte sagen, die Titel Sohn und Kyrios sprechen von gottgleicher Würde gegenüber den Menschen, bezeichnen aber, von Gott aus betrachtet, einen Abstand, ja eine gewisse Unterordnung. Doch hindert dieser Abstand nach der Meinung des Apostels nicht, in der Herrlichkeit Christi der Herrlichkeit Gottes zu begegnen; denn Christus, der Eine Kyrios (1. Kor. 8, 6), ist Gottes „Bild" und läßt im eignen „Prosopon" die Herrlichkeit Gottes erkennen 2. Kor. 4, 4–6). Es wird noch den Stil der patristischen Christologie bestimmen, daß diese Aussagen des Paulus soteriologisch gemeint sind. Wegweisend wurde auch die Aufnahme des Präexistenzgedankens, den Paulus im sogenannten Christushymnus (Phil. 2, 5–11) mit der Erhöhung des in Gehorsam und Leiden Bewährten zum kosmischen Kyrios verband. Der Empfang dieses alttestamentlichen Gottestitels bedeutet offensichtlich kein Aufgehen in Gott, sondern die Gleichheit der Würde mit ihm. Obwohl der Hymnus ein Geschehen preist, redet er mittelbar auch von einem Beieinander des herabgestiegenen göttlichen Wesens mit dem menschlichen. Die hier beiläufig geübte zuständliche Betrachtungsweise wurde dann in späteren kirchlichen Formulierungen vorherrschend.

Wie wichtig es ist, solchen Wandel in der Sehweise zu beobachten, und wie
wenig es hilft, dabei einfach zwischen biblischer und unbiblischer Art zu unterscheiden, kann man sich an der Stelle 2. Kor. 5, 19 besonders deutlich machen. Die revidierte Lutherübersetzung von 1956 sagt hier: „Gott versöhnte
in Christus die Welt mit ihm selber" usw., während es in den früheren Ausgaben wie bei Luther selber hieß: „Gott war in Christo und versöhnte die Welt
mit ihm selber." Offensichtlich sieht die neue Fassung hier ein reines Handeln
ausgesagt; die ältere dagegen legt es nahe, vor dem Handeln erst einmal an
Gottes Gegenwart in der Person Christi zu denken, so daß das Handeln erst
aus einem Zustand hervorgeht. Der griechische Text $\vartheta\epsilon\grave{o}\varsigma$ $\check{\eta}\nu$ $\dot{\epsilon}\nu$ $X\rho\iota\sigma\tau\tilde{\omega}$
$\kappa\acute{o}\sigma\mu o\nu$ $\kappa\alpha\tau\alpha\lambda\lambda\acute{\alpha}\sigma\sigma\omega\nu$ $\dot{\epsilon}\alpha\upsilon\tau\tilde{\omega}$ läßt beide Auffassungen zu. Er will wohl in Fort-
setzung von V. 18 durch eine Umschreibung Gott als das Subjekt des Handelns
hervorheben, so daß man (mit H. Lietzmann) zu übersetzen hat: „Gott war es,
der in Christus die Welt mit sich versöhnte." Luther dagegen fand hier keine
bloße Umschreibung, sondern übersetzte im Sinne der Zweinaturenlehre „zu-
ständlich", was der griechische Text durchaus gestattet. Die moderne Revision
seiner Übersetzung ist gewiß an erster Stelle der besseren Einsicht in die Sprache und die theologische Denkweise des Paulus entsprungen, beurkundet aber
zugleich die neuzeitliche Abwendung vom chalcedonischen Dogma.
Der an Schwierigkeiten reiche Abschnitt 1. Kor. 15, 23–28 wies in besonderer Weise auf die Grundfrage der Christologie hin, wie sich Gottes ewiges Gott-
sein zur Offenbarung in der Zeit verhalte. Paulus selbst zeigt zwar kein Inter-
esse an Spekulationen darüber, ob die Unterordnung des Sohnes in der Endzeit einmal die Aufgabe seiner Herrschaft oder gar seiner selbständigen Existenz zur Folge haben werde. Aber die Väter befaßten sich mit diesen Fragen
lebhaft, bis ihnen die Kirche mit dem Bekenntnis, Christi Herrschaft nehme
kein Ende (Text Nr. 125), einen Riegel vorschob.
Eine wichtige Äußerung über das doppelte Wesen Christi enthält Röm. 1, 3 f.
Paulus beschreibt hier die Person des Sohnes und Herrn in einer symmetrisch
gebauten zweigliedrigen Formel im Schema „nach dem Fleische – nach dem
Geiste". Christus ist der Sohn Gottes und ein Nachkomme Davids; nur der Gesichtspunkt wechselt, wenn man innerhalb seiner Person beides unterscheidet.
Anzumerken ist, daß diese Formel für Paulus bedeutete, der (präexistente)
Sohn werde nach Ausführung seiner Sendung als „Sohn in Macht" bestätigt
(vgl. Phil. 2, 11), während in der vom Apostel benutzten älteren Formel die
Sohnschaft vielleicht erst mit der Auferstehung begann. Röm. 1, 3 betonte
das wirkliche Menschsein des Christus. Daß nicht alle so dachten, zeigt (wie

auch 1. Joh. 2, 22 und 4, 2) 1. Kor. 12, 3. Hier scheint Paulus gegen Gnostiker zu kämpfen, die den irdischen gekreuzigten Jesus nicht als den Christus bekannten und die Einheit beider bestritten. Anderseits wollten später manche den Paulus selbst als Zeugen dafür nehmen, daß Christi Leib dem der anderen Menschen in seiner Stofflichkeit nur ähnlich sei (s. Nr. 48 und 68). Einheit und echte Menschheit Christi blieben jahrhundertelang ernste Probleme. Aus den *nichtpaulinischen Briefen* sei zunächst Kol. 1, 15 f. genannt. Der Erlöser und Gottessohn nimmt hier als das (einzige) Bild des unsichtbaren Gottes und als Schöpfungsmittler einen unvergleichlich hohen Rang ein. Aber die Bezeichnung „Erstgeborener aller Schöpfung" schien die Unvergleichbarkeit doch wieder aufzuheben und ihn lediglich an die Spitze der Geschöpfe zu stellen. Sie machte es schwer – aber nicht unmöglich –, den Sohn gleich ewig und gleichen Wesens wie der Vater zu denken. (Noch Erasmus hat erwogen, durch andere Betonung aus dem „Ersterzeugten" einen „Ersterzeuger" zu machen.)

Zum Leiden des Gottmenschen lieferten 1. Petr. 4, 1 und 3, 18 den wichtigen Beitrag, daß sie sagten, Christus habe „am" (oder im) Fleische gelitten und sei „am" (oder im) Fleische getötet worden.

Es ist noch ausdrücklich zu fragen, welche *begrifflichen* Mittel das Neue Testament für die spätere systematische Ausbildung einer Christologie zur Verfügung stellen konnte.

Über die Bezeichnungen Christus und Sohn braucht hier nur gesagt zu werden, daß auch später manchmal bei dem Wort Christus, obwohl es zum Eigennamen geworden war, der ursprüngliche Sinn des Titels noch anklang. Einzelne Ausdrücke, die im Neuen Testament ganz unbefangen gebraucht waren, mußten in der strengeren Sprache der Dogmatik unterdrückt oder durch Auslegung entschärft werden. Das gilt für die Wendung in Hebr. 3, 1 f., Gott habe Jesus, den „Apostel" und Hohepriester, „gemacht". Anderseits konnte derselbe Brief den Späteren die Anwendung des philosophischen Begriffes Hypostasis – freilich in anderer Bedeutung – erleichtern, weil er selbst damit das „Wesen" Gottes bezeichnete (1, 3). Einen ähnlichen Dienst leistete der Johannes-Prolog für den Begriff Logos und Paulus für das Wort Prosopon. Dieses bedeutet im Neuen Testament zwar meist das Antlitz, aber in der Mehrzahl 2. Kor. 1, 11 „Personen", und 2. Kor. 4, 6 leitet Paulus sogar den christologischen Gebrauch des Wortes ein. Hier ist gewiß unter dem „Prosopon Christi", in dem die Herrlichkeit Gottes erkannt wird, zuerst das Angesicht zu verstehen, weil es dem Angesicht des Mose in 3, 7 ff. entspricht; dann aber ist auch an die ganze sichtbare Erscheinung Christi zu denken und damit an seine „Person", durch die sich der Sohn trotz enger Einheit mit Gott von diesem in einer bestimmten Hinsicht unterscheidet. Auch das später häufig gebrauchte Wort Oikonomia hat der Verfasser des Epheserbriefes (1, 10 und 3, 9) schon im theologischen Sinn verwandt; und die göttliche „Natur" (Physis) begegnet wenigstens einmal schon in einer späten Schrift des Neuen Testamentes (2. Petr. 1, 4). So konnte man später gegen die genannten Begriffe, die geradezu Leitworte wurden, nicht wie gegen das Wort Usia einwenden, ihr theologischer Gebrauch sei deshalb unzulässig oder bedenklich, weil er in der Heiligen Schrift nicht belegt sei.

3.    Unmittelbare Aussagen über Person und Werk Jesu Christi waren nur aus dem mündlichen und schriftlichen Zeugnis der Gläubigen zu entnehmen. Der Beitrag des *Alten Testamentes* — das fast immer in dem Text und dem umfassenderen Kanon der Septuaginta-Übersetzung benutzt wurde — bestand darin, einige grundlegende Voraussetzungen zum Verständnis des Christusglaubens und gewisse Anregungen zu seiner lehrhaften Ausgestaltung bereitzuhalten. Es ist daher sachgemäß, von ihm erst nach dem Neuen Testament und nur kurz zu handeln.

Unter den *Einzelstellen* wurden die sogenannten messianischen Weissagungen, von denen Jes. 7, 14 bereits erwähnt wurde, schon sehr früh benutzt. Erwähnt seien hier einige andere Stellen, die von der Weisheit Gottes sprechen und in der Patristik keine geringe Rolle spielen. In den Sprüchen tritt die Weisheit als handelnde und redende Person auf. Nach Spr. 8, 22 ist sie präexistent; sie sagt von sich: „Der Herr schuf mich als Anfang seiner Wege für seine Werke . . . ; von Ewigkeit her bildete er mich . . .", und V. 25 fügt hinzu, daß Gott sie zeugt (Präsens!), bevor er die Erde machte, d. h. wohl, sie sollte als Mittel oder Mittlerin zu aller übrigen Schöpfung dienen. Gerade weil die Vorstellungen wechseln und manche Ausdrücke nicht eindeutig sind, konnte man diese Verse später, als man ganz neue Fragen an sie richtete, sehr verschieden auffassen. So ließ sich in V. 22 statt „als Anfang" auch „anfangs" übersetzen. Ein Werden in der Zeit war aber durch die nähere Bestimmung „vor der Weltzeit" (V. 23) ausgeschlossen. Den Anfang selbst beschreibt der Verfasser als ein Schaffen oder Zeugen (V. 22 und 25). Dieser Wechsel dichterischer Bilder wurde in der Anwendung auf Christus zum harten Lehrgegensatz zwischen Orthodoxie und Häresie. Wenn diese Weisheit, wie der große Zusammenhang in Spr. 8 zeigt, sowohl präexistent als auch in der Welt anwesend gedacht ist, so entspricht sie auch hierin dem, was die Kirche von Christus lehrte. Die Beziehung der Aussagen über die Weisheit oder Sophia auf Christus schloß die Gleichsetzung mit dem Wort oder dem Logos ein. Man durfte diese sogar im Alten Testament selber finden, etwa im Parallelismus beider Worte in Weish. 9, 1 f. oder auch in Sirach 24, 3, wo die Weisheit sagt, sie sei aus dem Munde des Höchsten ausgegangen. Die Stelle Baruch 3, 36–38 konnte kaum der Deutung auf Christus entgehen. Sie lautet: „Er ist unser Gott, kein anderer wird neben ihm gelten; er fand jeden Weg der Weisheit und gab sie seinem Sohne Jakob ... Danach erschien sie (ὤφϑη) auf der Erde und wandelte unter den Menschen." War hier nicht die Fleischwerdung der Sophia prophezeit, die in Christus erfolgt ist? Einige Väter machten – in formaler Übereinstimmung mit der Grammatik – Gott anstelle der Weisheit zum Subjekt des Erscheinens; so sagte auch Hieronymus in der Vulgata: in terris visus est. In dieser Zuspitzung ist die Weissagung so auffallend, daß man V. 38 für einen christlichen Einschub halten könnte. Wichtiger als solche Einzelstellen war das, was das Neue Testament als *allgemeine Voraussetzungen* für das Verständnis des Christusgeschehens aus dem alten Bunde übernahm. Sie bilden gleichsam den Horizont, innerhalb dessen sich aus der Christusbotschaft eine kirchliche Lehre entwickelte. Es ist vielleicht nicht überflüssig, an diese hier gemeinten Grundzüge biblischen Denkens zu erinnern.

An erster Stelle ist das Wissen um die Einzigkeit dessen zu nennen, der die Welt und die Menschen geschaffen hat und der keinen anderen Gott neben sich duldet. Von solch strengem Monotheismus, der die wichtigste Voraussetzung für die Entstehung der altkirchlichen Christologie ist, scheint kein Weg zum Dogma von einer zweiten und dritten Person Gottes zu führen. Aber die Christen achteten sehr auf jene alttestamentlichen Stellen, die mehr als nur Eine Bezeichnung und Gestaltung Gottes kennen. Unter den himmlischen Mächten war ihnen der Engel Jahwes wichtig, der zuweilen diesen selbst darzustellen scheint und doch von ihm unterschieden wird (z. B. Gen. 16, 10. 13; 18, 1 ff. und 22, 11–18), und einen Hinweis auf die Dreiheit fand man auch in der Annahme, daß unter den Thronengeln zwei mit Gott wie „Hände" viel enger zusammengehörten als die anderen. Solche Vorstellungen der Schrift vom himmlischen Hofstaat Gottes konnten zum Material für eine „Engelchristologie" werden, aber nicht geradlinig zum christologisch-trinitarischen Dogma führen, wie Christus überhaupt das Alte Testament nicht schlechthin fortgesetzt, sondern in bestimmter Weise auch aufgehoben hatte.

Die Deutung seiner Sendung war nicht weniger von der alttestamentlichen Anthropologie geprägt. Den Menschen charakterisiert dort einerseits seine Geschöpflichkeit, die ihn zu Gehorsam und Gemeinschaft mit Gott bestimmt; anderseits trägt er von Anfang an die Male des Ungehorsams und der Sterblichkeit an sich. Doch Gott erweist sich an seinem Volke und dessen einzelnen Gliedern immer wieder als Helfer und Retter. Einmal aber endet die Kette geschichtlicher Strafen und Hilfen, wenn Gott einen neuen Bund schließen wird, der durch Vergebung der Sünde und echten Gehorsam endgültig und vollkommen sein wird (z. B. Jer. 31, 31 ff.; 33, 14 ff.). Nach manchen Weissagungen kommt das Heil in nationaler Beschränkung durch einen König (Messias) aus dem Hause Davids, andere gehen darüber hinaus. Die vorwiegend außerkanonische Apokalyptik verstärkte die Erwartung eines universalen Gerichtes und einer allgemeinen Errettung in einem neuen Äon; sie sprach auch von einer präexistenten Rettergestalt, dem Menschensohn, der Gottes Herrschaft heraufführen wird. Dagegen blieb das Wort vom stellvertretend leidenden Gottesknecht (Jes. 53) ganz vereinzelt.

Vornehmlich mit Hilfe dieser Gedanken deuteten die Gläubigen das Kommen Christi. Es eschatologisch verstehen hieß: bekennen, in ihm habe sich der ewige Gott in neuer, abschließender Weise der Welt zugewandt und sie gerettet.

Daß dieses Bekenntnis und andere Aussagen der Schrift über Christus in langer Geschichte zu einer systematischen und verbindlichen Lehre wurden, geschah unter wechselnden Fragestellungen und nicht ohne die Einwirkung anderer Einflüsse, Voraussetzungen und Kräfte. Sie waren weder gleicher Art und Herkunft noch zu allen Zeiten gleichbleibend wirksam. Daher empfiehlt es sich, sie nicht systematisch zusammenzustellen, sondern ihr Auftreten und ihre Wirkung in der geschichtlichen Abfolge zu beobachten.

# III

# Aufgaben, Einflüsse und Kräfte
# in der Geschichte
# der altkirchlichen Christologie

1. In der *Frühzeit* des ersten und zweiten Jahrhunderts hat das Ausbleiben der *Parusie* Christi gewiß manche Christen in ernste Zweifel und Fragen gestürzt, aber es hat keine einschneidende Krise ausgelöst und ist nicht die Hauptursache für die Aufstellung des altkirchlichen Dogmas geworden, wie M. Werner in seinem Buche „Die Entstehung des christlichen Dogmas" (1941, [2]1954) nachweisen wollte. Jedoch ist an seiner These soviel richtig, daß die Kirche es damals lernen mußte, sich mehr und mehr auf ihre geschichtliche Dauer einzustellen, während diese späteren Zeiten ziemlich selbstverständlich waren. Es erfolgte eine Art Historisierung des Christentums, die der Vernunft mehr Einfluß auf Glauben und Lehre gewährte und der Kirche durch Ausbau ihrer Ämter und Ordnungen eine größere äußere Festigkeit gab. Diese Entstehung der *Ecclesia catholica* ist eine unentbehrliche Voraussetzung für die Aufstellung ihres Dogmas. Denn mit ihrem Wachstum verschärfte sich das Problem der Einheit der Lehre und damit der Rechtgläubigkeit; theologische Begründungen und, wenn möglich, allgemein gültige Lehrformulierungen wurden erforderlich. Diese Leistung wurde dringlich, aber auch großenteils erst möglich durch den wachsenden Anteil von *Gebildeten* an den Gemeinden. Am Ende dieses Zeitraumes hat Tertullian diese wichtige soziologische Voraussetzung für die Entstehung einer kirchlichen Orthodoxie treffend beobachtet (s. Text Nr. 69). Diese Feststellung schließt nicht aus, daß zuweilen der Kampf um die Christologie volkstümlich werden konnte, wie es aus dem Streit des Arius und des Nestorius, als das Wort Theotokos eine zugkräftige Losung abgab, bekannt ist.

Die zunehmende Einstellung auf geschichtliche Dauer verlieh gewissen Zügen in der Christusanschauung eine andere Geltung. Wenn das Endgericht und die Verwirklichung des Reiches Gottes in große Ferne rückten, mußten wohl die *Person Christi* und das gegenwärtige Heilsgut (z. B. die Erkenntnis, die Sakramente und die Buße) an Bedeutung erheblich gewinnen, zumal wenn man die

Vorstellung eines Millenniums und des Gottesreiches vergeistigte. Dabei wurde auch die Frage, *wie* sich denn in Christus Gottheit und Menschheit vereinigt hätten, dringlicher, während sie vorher gegenüber dem Kommen in Herrlichkeit sehr zurücktreten konnte. Vielleicht erklärt sich aus dieser anderen Denkweise auch jene überraschende Formulierung des Meliton von Sardes (Nr. 36), Christus sei in zwei „Substanzen" zu denken. Schon hier ist zu beobachten, daß die kräftige Anregung durch neue Fragen gelegentlich Antworten hervorlockt, die dem theologischen Denken der Zeit vorauseilen und daher lange Zeit nur wenig oder gar keine Beachtung finden. Überhaupt ist, namentlich in der Frühzeit, in Denk- und Lehrweise mit großen individuellen und örtlichen Unterschieden zu rechnen, die sich später ausgleichen oder von großen Gruppen als Sonderlehre vertreten werden.

Zu den geschichtlichen Aufgaben der Kirche gehört es in diesem ersten Zeitraum und — oft weniger ernsthaft — noch darüber hinaus, ihren Glauben gegenüber den *Juden* zu rechtfertigen. Diese bestritten ja die eschatologische Bedeutung Christi und erst recht seine wesenhafte Einheit mit Gott, weil beide ihrem Gottesbegriff widersprachen. Man kann die christlich-*gnostische* Absage an den alttestamentlichen Schöpfergott auch als Antwort auf die jüdische Ablehnung des Christusglaubens verstehen. Beide Seiten erkannten Jesus von Nazareth nicht als den Christus Gottes an. Gegen ihre extremen Stellungen mußte die paradoxe Einheit des Menschen Jesus mit Gott in Christus verteidigt werden. Damit war die Aufgabe der biblischen *Exegese* gestellt. Die Kirche mußte von ihrem Christus- und Gottesverständnis aus das Alte Testament nicht nur anders, sondern „besser" verstehen, als es die Juden und auch die Gnostiker taten. Sie deutete mit Hilfe von Typologie, Allegorese und dem Schema „Weissagung und Erfüllung" das Alte Testament als positive Vorbereitung auf Christus und machte die Schriftauslegung zu einem bleibenden Bestandteil aller christologischen Erörterung. Wer wie z. B. Marcion die Einheit Gottes bestritt, verwarf auch die exegetischen Methoden, die zur Verteidigung dieser Einheit dienten.

In der gnostischen Trennung Christi von dem Menschen Jesus war ein Motiv besonders stark wirksam, das in der alten Dogmengeschichte immer aufs neue die Lehrbildung beeinflußte: die Steigerung und Sicherung der *Göttlichkeits*aussagen über Christus mit ihrer Gefahr des Doketismus. Diese Haltung ließ die ebionitische Christologie judenchristlicher Kreise zur Sackgasse werden, widersetzte sich allen verwandten adoptianischen Regungen und behauptete sich in der immer feiner werdenden Abschwächung des Menschenwesens in

Christus bis zuletzt. Die Klärung der paradoxen „Sache" ist der Alten Kirche insofern nicht voll gelungen.

Im zweiten Jahrhundert wurde der göttliche Ursprung Christi vorzugsweise in der sogenannten *Geistchristologie* ausgesprochen, nach der der (nicht als Person gedachte) Geist Gottes in dem Menschen Christus auf Erden weilt, bis er wieder zu Gott zurückkehrt. Sie paßt in eine ökonomische oder heilsgeschichtliche Gottesanschauung: in der eigentlichen Christologie entspricht ihr die doppelte Betrachtungsweise „nach dem Geiste — nach dem Fleische", die man formal als Vorbereitung einer Zweinaturenlehre ansehen kann.
Entscheidend wurde aber die Aufnahme der *philosophischen* Logoslehre, die unter dem Schutz des johanneischen Sprachgebrauches rasch Boden gewann. Sie setzte eine verschärfte Fragestellung nach dem Wesen Christi und seiner Beziehung zu Gott voraus, und sie half der Kirche, den wichtigsten Inhalt ihres Glaubens gedanklich klären. Die Logoslehre ließ den Logos in der Präexistenz, deutlich vom Vater unterschieden, aber mit ihm verbunden, subsistieren — in späteren Begriffen: als zweite Person. Ob er auch ewig sei oder vorzeitlich als Schöpferwort Gottes geworden sei, blieb noch zu klären. Der Vorzug des Begriffes Logos, die universale Bedeutung des Offenbarers herauszustellen, konnte freilich zu einer Gefahr werden, wenn man diesen Logos nicht von den in der Schöpfung vorhandenen Logoi klar unterschied. Der Hinweis auf seine Fleischwerdung bot, wie z. B. Justin zeigt, den besten Schutz gegen diese Gefahr, obwohl der Sinn dieses „Werdens" ungeklärt blieb. Die Inkarnation verknüpfte die Logoslehre mit dem Gedanken der Erlösung, der — mehr, als es die vorliegende Auswahl der Texte erkennen läßt — immer den Hintergrund aller christologischen Erörterungen und Streitigkeiten bildete.
Der philosophischen Klärung der Überlieferung steht deren Ausgestaltung durch die *Volksfrömmigkeit* gegenüber. Apokryphe Schriften zeigen, wie diese die Göttlichkeit des Kindes in auffallender, mirakulöser Weise steigerte und auch der Mutter zugute kommen ließ, so daß schon hier die Mariologie zum beliebten Nebenthema der Christologie wurde. Manches, was die Volksfrömmigkeit hierbei zu sagen wagte, wurde viel später allgemein in der Kirche anerkannt und zum Teil dogmatisiert.

2. Das *dritte* Jahrhundert zeigt keine einschneidende Änderung, aber doch eine erhebliche Verlagerung der Gewichte, die den Fragestellungen und Arbeitsmitteln der Lehrbildung zukommen. Das Parusieproblem tritt weiter zurück, *systematische* Besinnung wird als Aufgabe empfunden. Darüber kam es

an der Schwelle des Jahrhunderts zum sogenannten ersten christologischen Streit. Es gelang Sabellius und anderen nicht, den Modalismus, der als naiver Glaube in den Gemeinden verbreitet war, auch als durchdachte Lehre zur Anerkennung zu bringen. Denn es ist etwas anderes zu bekennen: Für mich ist Christus nicht von Gott verschieden, oder zu sagen: Gott erscheint in drei Gestalten, wenn nicht näher erklärt wird, wie sich hier Subjekt und Prädikat zueinander verhalten. Bei den dynamistischen Gegnern aber wurde sichtbar, wie die verschiedenen philosophischen Richtungen jeweils eine andere Spielart der Christologie begünstigten oder sogar forderten, wenn man sie einmal anerkannte. Man darf hier weder strenge Folgerichtigkeit erwarten noch die Verschiedenheit der philosophischen Richtungen überschätzen. Platonische, aristotelische und stoische Einflüsse fehlen im ganzen weiteren Verlauf der Dogmengeschichte nicht; Elektizismus war oft eine Form, die Freiheit des Glaubens zu bewähren, der sich gewisser Wahrheitsmomente der Antike bediente, aber keinem philosophischen System auslieferte. Das läßt sich selbst von Origenes sagen, der als erster eine christliche Dogmatik entwarf.

Derselbe christologische Streit läßt auch noch ein sehr äußerliches, aber keineswegs unwichtiges Moment erkennen: den Einfluß der kirchlichen *Amtsträger*. Es ist auffallend, daß die Neuerer für ihre Entwürfe mit Vorliebe in der Reichshauptstadt warben. Schon damals gaben sich die römischen Bischöfe gern mit einer mittleren Stellung zufrieden, die mehr den Frieden und die Einheit ihrer Großgemeinde förderte als die Klärung und Entscheidung von Sachproblemen (vgl. Nr. 62). Von Leo I. abgesehen, haben es ihre Nachfolger ähnlich gehalten.

Die Logoschristologie setzte sich im dritten Jahrhundert weithin durch. Tertullian gelangte dabei zu Formulierungen, die denen des späteren Dogmas sehr nahe kamen. Diese „Vorwegnahme" war dadurch möglich, daß die lateinische *Sprache* gewisse Worte bereithielt, die der neuen Vorstellung der Trinität und der Person Christi in zwei Naturen besser entsprachen als die im Griechischen benutzten Worte, die noch – zusammen mit der „Sache" – genauer abgegrenzt und bestimmt werden mußten, was in späteren Kämpfen geschah. Da Tertullians *Formeln*, gesamtkirchlich gesehen, noch verfrüht waren und die lateinische theologische Literatur noch ein Jahrhundert lang wenig umfangreich war, konnten sie nicht die große werbende Kraft ausüben, mit der später andere Formeln die Lehrbildung vorwärts trieben.

Indem Origenes und Novatian die Logoslehre mit ihrer Unterscheidung göttlicher Hypostasen oder Personen innerhalb der Erklärung der Glaubensregel abhandelten, zielten sie darauf hin, mittelbar auch die Gemeinden an dem theologischen Fortschritt teilnehmen zu lassen. Das geschah erst recht dort, wo man den Logosbegriff in die Taufbekenntnisse hineinnahm. Aufschluß- reich ist der Streit des Dionys von Alexandrien mit modalistischen Kreisen und mit seinem namensgleichen römischen Kollegen. Dabei steigerte der Alex- andriner die vorsichtige origenistische Unterscheidung der Hypostasen zur We- sensverschiedenheit und verstieg sich zu sagen, der Sohn verhalte sich zu dem Vater wie das Boot zu dem Zimmermann (der ihn gemacht hat). Wo blieb hier die Göttlichkeit des Sohnes, die die Modalisten so uneingeschränkt vertraten? Als Dionys von Rom mit dem Streit befaßt wurde, betonte er vermittelnd die Einheit in der Dreiheit.

Auch im nächsten Jahrhundert kann man beobachten, daß der Westen vorwie- gend auf die Einheit Gottes, der Osten auf die Unterscheidung der Hypostasen bedacht war.

Sprachlich klärend war es, daß Dionys von Rom gewisse Schriftstellen so er- klärte, daß sie eine Geburt oder Zeugung, aber kein „Machen" des Sohnes be- sagten. Der „Linksorigenist" in Alexandrien beharrte auf dem beanstandeten Begriff der Hypostasen und erkannte sogar den Begriff homo-usios (wesens- eins, in Richtung auf „gleichen Wesens") an, mied ihn aber als unbiblisch. An- scheinend machte ihm auch der modalistische Gebrauch des Wortes zu schaf- fen. Dieses wurde dem Osten noch anstößiger, als Paul von Samosata es be- nutzte. Bei ihm scheint der Logos aus einer göttlichen Hypostase zu einer un- persönlichen Kraft geworden zu sein, die sich „qualitativ" mit dem Menschen Jesus verbindet; so wird erst dieser zum „Sohn", und wegen seiner Bewährung kann er auch Gott heißen. Mit dieser Anschauung verwarf eine origenistisch denkende Synode auch das – nicht eindeutig bestimmte – Wort homousios. Nach diesem Urteil ist es verständlich, daß man es im Osten auch ablehnte, als es ins Nicänische Symbol eingesetzt wurde. Die beiden Auseinandersetzungen, vor allem die zweite, sind besonders wegen ihrer fragmentarischen Überliefe- rung in dieser Textsammlung übergangen worden.

3. Im *Jahrhundert Kaiser Konstantins* beginnen ganz neue Kräfte in der Dogmengeschichte mitzuwirken. Vor allem ist es die *Reichspolitik*. Die kai- serliche Anerkennung des christlichen Glaubens macht es möglich, auf Reichs- konzilien verbindliche Entscheidungen für die ganze Kirche zu treffen. Die Durchsetzung der Beschlüsse hängt wesentlich von den Kaisern ab, die auch durch Einfluß auf die Stellenbesetzung die Lehrentwicklung mit bestimmen.

Besonders bedenklich wird deren Abhängigkeit von der Politik dann, wenn gleichzeitig zwei Kaiser verschiedene kirchliche Parteien unterstützen, wie es nach Konstantins Tod geschah. Die Nachgeschichte des Konzils von Nicäa ist zunächst großenteils ein Streit um die Person des Athanasius und die allgemeine Anerkennung seiner Absetzung durch die Synode von Tyrus im Jahre 335. Aber mit seinem persönlichen Schicksal und den Rechtsfragen ist die Entwicklung der Lehre unlösbar verknüpft. Eine neue Gefahr entsteht dadurch, daß in der Reichskirche die großen *Bischofsstühle*, bald vermehrt um den von Neu-Rom, um ihre Macht kämpfen und dabei die Lehrunterschiede nicht selten nur als Mittel oder Vorwand benutzen. Ganz besonders bestimmt der Kampf, den Alexandrien mit Konstantinopel und bald auch dieses mit Rom führen, den weiteren Verlauf der christologischen Streitigkeiten bis zum Ende. Ohne Beachtung dieser Machtkämpfe bleibt die Geschichte der Lehrbildung unverständlich. Aber man darf sie deshalb doch nicht vorwiegend aus der Reichs- und Kirchenpolitik erklären, wie es E. Schwartz und zum Teil auch H. Lietzmann getan haben, sondern muß das *theologische Motiv* in seiner Selbständigkeit anerkennen.

Dieses Motiv wurde im vierten Jahrhundert großenteils als Klärung strittiger Begriffe aus dem Nicänum (homousios, Usia, Hypostasis; Substanz und Person) wirksam. Dabei handelte es sich nicht allein um ihre inhaltliche Festlegung, sondern auch um das Recht der Theologie, über den biblischen Begriffsschatz hinauszugehen. Beides war letzten Endes deshalb nötig, weil die Bibel noch nicht die jetzt entstehende „Sache", die begrifflich und systematisch durchdachte Lehre von Christus, enthält. Durch den Gebrauch philosophischer Begriffe brauchte sich die Theologie aber nicht an die Philosophie und die Logik zu verlieren. Die übernommenen Begriffe wurden vielmehr weitergebildet, bis sie den nicht-philosophischen Sachverhalten entsprachen. Man kann dies etwa daran sehen, daß der Sinn des Wortes Usia in der Trinitätslehre sich schließlich weder mit der ersten noch der zweiten Usia des Aristoteles deckte (s. Nr. 91 und 125), während dies vorher bei manchen Theologen geschehen war (und auch nicht sofort aufhörte). Die Abhebung vom Begriff Hypostasis ermöglichte es, noch im vierten Jahrhundert die Lehre von der Wesenseinheit und -gleichheit Gottes in drei Personen oder Hypostasen zu dogmatisieren. Die oft ausgesprochene Versicherung, man wolle mit dieser logischen Durchdringung des Gottesgedankens keinesfalls das *Geheimnis* um Gott und um Christus aufheben, ist hier und in der folgenden Zeit durchaus ernst zu nehmen. Daß die Lehrentscheidung zugleich ein wichtiger Ausdruck der kirchlichen Selbstbehauptung war, hat Gregor von Nyssa (Katech. Rede 3; PG 45, 17 f.) in der Bemerkung ausgesprochen, die Kirche teile mit dem Judentum den strengen Begriff der Einheit der Natur Gottes, mit dem Griechentum die Mehrheit der Hypostasen und vertrete so allein die ganze Wahrheit. Noch vor Abschluß der Trinitätslehre lenkten die Arianer beiläufig, Apollinaris von Laodicea ganz entschieden die Aufmerksamkeit auf die gott-menschliche Person Christi; und seit 381 bildete die *Christologie im engeren Sinne* das Thema der ganzen weiteren Dogmengeschichte der Alten Kirche. Die Aufgabe der begrifflichen Klärung wiederholte sich und wurde durch die jetzt vorhandenen trinitarischen Bezeichnungen teils erleichtert, teils erschwert. Denn das Wort Hypostasis bezeichnete dort den Logos als einen in der Dreiheit, in der Christologie aber sollte es die übergreifende Einheit aus zwei Naturen oder Substanzen bezeichnen. Umgekehrt war die Usia in der Trinität das Gemeinsame, in Christus dagegen schlossen sich zwei Substanzen zur Einheit zusammen. Die Klärung dieser Begriffe rückte nur unter großen Schwierigkeiten voran und war auch mit der Zweinaturenlehre von Chalcedon noch nicht abgeschlossen.

4.   Fragen wir noch, welche Motive und Aufgaben in den weiteren christologischen Kämpfen etwa *vom fünften bis zum siebten Jahrhundert* hervortreten. Im ganzen machte sich mehr und mehr das *traditionalistische* Denken als bestimmende Kraft geltend. Es ist daraus verständlich, daß es nicht gelungen war, die Lehre durch bloßen Rückgang auf die Schrift zu begründen und zu sichern; Auslegung und Hilfe der Philosophie hatten sich als unentbehrlich erwiesen. Soweit die Lehren der Exegeten von allgemeinen Konzilien bestätigt waren, besaßen sie als die wahre Schriftauslegung höchste Autorität. Praktisch konnte daher die Schrift in den Beratungen über Lehrfragen leicht hinter den Beweis aus Väterzitaten zurücktreten, die man auf manchen Synoden stundenlang verlas. Geeignete Zitate und anderes Material wurden gesammelt, um die eigene Stellungnahme zu sichern. Aber verwegene Maßnahmen konnten die sachliche Erörterung und den ja stets angestrebten Anschluß an die Schrift noch mehr erschweren. Es mußte z. B. das Gespräch verwirren, daß die Formel des Apollinaris von der „Einen fleischgewordenen Natur des Gott-Logos" in Schriften des Athanasius geschmuggelt wurde und so als ein Bestandteil der Rechtgläubigkeit galt, der allenfalls durch Interpretation begrenzt, aber nicht mehr verworfen werden konnte. Traditionalistisch wirkte auch das erste gesamtkirchliche *Symbol* selber. Die Autorität der „318 Väter" von Nicäa war

so groß, daß alle Parteien nur Ausleger des Nicänums sein wollten und sich zu sträuben pflegten, ein neues Bekenntnis zu formulieren (vgl. besonders Nr. 172).

Als ein Stück der Tradition leistete auch die *Liturgie* schon seit früher Zeit ihren wichtigen Beitrag zur Ausbildung des Dogmas. In der nachchalcedonischen Zeit bewies z. B. Philoxenus von Mabbug aus der Verehrung der Maria als Gottesmutter, daß ihr Sohn Gott ist und nicht ein Mensch, in dem Gott wohnt (bei Gr.-B. 1, S. 570 Anm. 104). Damit war die ursprüngliche Gedankenfolge umgekehrt, die von der Gottheit des Geborenen den Titel Theotokos abgeleitet hatte.

Es war dagegen kein Traditionalismus, wenn alte Probleme in neuer Form wiederkehrten; vielmehr erwiesen sie sich gerade so als echte Sachfragen. Besonders gilt das von der *Gotteslehre*. Das philosophische Axiom, man dürfe Gott keinerlei „Leiden" oder Veränderung zuschreiben, wenn man nicht sein Wesen antasten wolle, hatte zunächst dazu geführt, von ihm den sichtbaren und leidensfähigen Sohn zu unterscheiden. Aber das genügte nicht mehr, als dessen Wesensgleichheit mit dem Vater festgestellt war. Jetzt mußte auch die Gottheit in Christus vor Aussagen geschützt werden, die gegen jenes Axiom verstießen. Das konnte z. B. dadurch geschehen, daß man — wie schon in sehr früher Zeit — sagte, die Gottheit leide als der angenommene Mensch oder am Fleische usw. Man konnte diese Unterscheidung der „Naturen" verschieden weit treiben, und eben darum ging es in der Vorgeschichte von *Chalcedon*.

Nach diesem Konzil wurde dasselbe Problem in einem engeren Felde weiter durchgefochten, beispielsweise indem man fragte, ob bei Christus von Einem oder zwei Willen zu reden sei. Damit war die Vollständigkeit und Eigenständigkeit des Menschen Christus betroffen. Unaufhörlich suchten einige Gruppen, namentlich aus den östlichen Randgebieten, zur Anerkennung zu bringen, daß sich die Menschheit Christi, deren Vollständigkeit dogmatisiert war, doch von allem übrigen Menschenwesen unterscheide. Ihr Monophysitismus sicherte um diesen Preis allerdings die Identität des Sohnes in der Trinität mit dem Christus auf Erden einleuchtender, als ihre Gegner es vermochten. Auch diese bestritten nicht den Vorrang des Göttlichen in Christus, das ja seine Sendung erst sicherte. Aber der Dyophysitismus wahrte doch mit dem Menschlichen in Christus zugleich dem geschichtlich Kontingenten eine größere Bedeutung und verfiel darin etwas weniger als die Gegner einer intellektualistischen Deutung des Wunders und der Paradoxie.

An diesen Gegnern ist noch ein anderer Gesichtspunkt für das Verständnis der christologischen Auseinandersetzungen zu erkennen. Es ist die Verschiedenheit der *Völker* und Volksgruppen innerhalb der ökumenischen Christenheit, d. h. der Einheit, deren überwiegender Bestandteil sich mit dem römischen Imperium deckt. Unterschiede zwischen westlicher und östlicher Denkweise hatten sich schon früher bemerkbar gemacht. Jetzt aber tritt zu ihnen die besondere geistige Art und das nationale Mißtrauen der Kopten, Syrer, Armenier usw., das die chalcedonische Lehre des vom Kaiser einberufenen und tief beeinflußten Konzils als „kaiserliche" (melchitische) Christologie abschüttelt. Mit ihrem Widerstand sucht die kaiserliche Politik in verschiedener Weise fertig zu werden, doch vergeblich.

Gerade diese zuletzt genannten Beobachtungen erinnern nachdrücklich an die *geschichtliche*, sehr „menschliche" *Bedingtheit* des altkirchlichen Dogmas. Wollte man dessen Geschichte nur als die folgerichtige dialektische Selbstentfaltung und Präzisierung des urchristlichen Glaubens verstehen, so würde man die christliche Dogmengeschichte doch wohl ungebührlich vereinfachen. Der Anteil vieler Kräfte, denen der Glaube begegnete, an der kirchlichen Lehrbildung muß anerkannt werden. Aber dabei darf die Frage nicht ausbleiben, ob und wieweit wir in dieser geschichtlich gewordenen Lehre ein autoritatives Zeugnis der göttlichen Wahrheit erkennen können, das sich nicht in seiner vorübergehenden geschichtlichen Geltung erschöpft hat und daher endgültig abgetan ist, sondern das unter Beziehung auf die Heilige Schrift in unsrer eigenen Situation neu zu verstehen und zu bezeugen ist. Diese Frage ist im Folgenden noch zu bedenken.

# IV

# Zur Würdigung der altkirchlichen Christologie

1. Dieses Arbeitsbuch würde seinen Zweck nicht erfüllen, wenn es nur historische Kenntnisse vermittelte, ohne zugleich zum Verständnis der Sachfragen, also der christlichen Gottes- und Erlösungslehre, beizutragen. Ohne der Urteilsbildung des Benutzers vorgreifen und die Hilfe der heutigen Dogmatik überflüssig machen zu wollen, wird im Folgenden auf einige Gesichtspunkte hingewiesen, die für den rechten Umgang mit der altkirchlichen Christologie hilfreich sein können.

Unsre Urteilsbildung sollte in einem wirklichen *Gespräch* mit den Stimmen der Vergangenheit erfolgen. Dies kann nur unter zwei Voraussetzungen gelingen. Erstens muß dazu die heutige Generation von der Frage nach der Kontinuität ihres Glaubens mit dem der Frühzeit bewegt sein. Ob und inwiefern sich die heutige Lehre noch auf Christus berufen und sich christlich nennen darf, ist keine historische Wissensfrage, sondern hängt mit der Wahrheitsfrage eng zusammen. Auch die Alte Kirche mußte es lernen, um die Einheit ihres Glaubens in Zeit und Raum immer wieder neu zu ringen. Wir sollten nicht ihre Kampfesweise ohne Einschränkung nachahmen, aber ihr Bemühen in allem Ernst fortsetzen, indem wir uns dem Gespräch mit ihr stellen.

Gelingen wird dies aber nur dort, wo noch eine andere Voraussetzung erfüllt ist. Sie besteht im Verzicht auf das Vorurteil, unsre geistige Lage sei von der früheren so gänzlich verschieden, daß wir dort nichts zu lernen hätten und die Stimme der Väter für uns kein Gewicht haben könne. Eine solche Überschätzung der eigenen Gegenwart ist verständlich, aber nicht richtig. Denn auch die Zeitgenossen der Apostel nahmen schweren Anstoß an der Behauptung, Gott sei in einem bestimmten Menschen gegenwärtig gewesen und nur in diesem, einem Gekreuzigten und Auferweckten, gebe es für alle anderen Gewißheit und Rettung. Lange blieben die Gläubigen eine kleine Minderheit. Die sich entfaltende Lehrüberlieferung stieß draußen und drinnen auf Kritik. Sehr früh regten sich die Ansätze literarisch-historischer Kritik an den merkwürdigen

und wenig einheitlichen Quellen, und Männer, die vom wissenschaftlichen Denken und einem geläuterten Gottesbegriff her den mythischen oder sonst anstö-
ßigen Inhalt tadelten, betrieben etwas von dem, was man heute Sachkritik
nennt. Dieser Widerstand wurde zum Schweigen gebracht oder in Sonderge-
meinschaften abgedrängt, als das Christentum zur orthodoxen Staatskirche
wurde. Das geläufige Bild von der allgemeinen und selbstverständlichen Anerkennung der wesenhaften Gottheit Christi und der Zweinaturenlehre trifft daher mehr auf das Mittelalter zu als auf die Anfänge. Mit der Zeit des Werdens
der Lehre könnte sich also ein Gespräch lohnen, wenn dabei die Motive und
der Gehalt der Dogmenbildung deutlich werden. Das gilt erst recht, wenn man
bedenkt, daß die Alte Kirche darin ihr Schrift- und Traditionsverständnis bezeugen wollte, das eigenen Rechtes neben dem jeder anderen Zeit steht und
geprüft zu werden verdient.

2. Wenn die nötigen Voraussetzungen für ein Gespräch gegeben sind, ist es
ganz sachgemäß, es mit *Fragen und Einwänden* zu beginnen, welche das altkirchliche Christusdogma in der Neuzeit hervorgerufen hat. Einige seien hier
in Erinnerung gebracht.
Vordergründig und manchem doch sehr wichtig ist die Beobachtung, daß jenes
Dogma nicht ohne viel kirchliche und staatliche Machtpolitik zustande gekommen ist, so daß man schon deshalb seine theologische Verbindlichkeit abstrei-
ten möchte. Tiefer geht das Befremden gegenüber der *Denk- und Sprechweise*,
in der diese Christologie ausgesprochen wurde. Vergleicht man ihre Formulierungen mit solchen der Apostel, so ist nicht zu übersehen, daß etwa das Symbol von Chalcedon das, was in Phil. 2, 5 ff. als Vorgang gesagt wird, in eine sta-
tische, substanzhafte Betrachtung umgesetzt hat. Objektiviert es nicht, wo exi-
stentiell geglaubt und bekannt werden sollte? Antike Philosophie belastet den
Glauben mit Begriffen wie Hypostasis, Substanz, Natur u. ä. und scheint Gott
in eine allgemeine, an die Vernunft sich richtende Seinslehre einzuschließen,
die zwar dem griechischen Intellektualismus entsprechen mag, aber weder dem
verborgenen und handelnden Gott der Heiligen Schrift noch der Einmaligkeit
des Kommens Christi. Und selbst wer nicht die Kategorie des Physischen von
vornherein aus der Theologie verweist, muß doch die von ihr begünstigte Nähe
des Dogmas zur Verrechenbarkeit, die den Abstand des Menschen von Gott
nicht wahrt, in Frage stellen. Auch darin könnte man eine bedenkliche „Sta-
tik" finden, daß die Väter zu sicher zu wissen meinten, was der Gott und was
der Mensch ist, die sich in Christus vereinigen. Doch muß man um der Gerech-

tigkeit willen beachten, daß die allgemeine Anthropologie zunächst nur mit großer Zurückhaltung auf Christus angewandt wurde (vgl. Nr. 52 Anm. 3). Von den philosophischen Voraussetzungen kann die Leidensunfähigkeit Gottes in einer Zeit wie der unsrigen besonders anstößig erscheinen, in der mancher versichert, Gott könne uns nur als Ohnmächtiger und an der Welt Leidender noch etwas bedeuten, Christus nicht mehr unser Herr, sondern nur noch unser Bruder heißen und die altkirchliche Theologia gloriae sei mit ihrer „Christologie von oben her" endgültig vergangen.

Älter ist die Frage, ob man Christi Amt oder Werk, also die Soteriologie, und die Botschaft von seiner Herrschaft in dieser Welt so sehr hinter seiner Person zurückstellen darf, wie das die Alte Kirche getan hat.

Solche Fragen können über den Texten zur Christologie aufsteigen und die Auslegung anregen. Ohne sie im einzelnen zu beantworten, soll jetzt im ganzen gefragt werden, welche geschichtliche Leistung für ihre eigne Zeit die Alte Kirche mit der Ausbildung des chalcedonischen Dogmas erreicht hat. Es dient einer gerechten Beurteilung, wenn erst danach die offengebliebenen Sach- und Entscheidungsfragen zu Wort kommen.

3.    Als die Parusie Christi ausblieb und die Kirche sich auf größere Dauer einrichten mußte, konnte sie nicht umhin, ihren Glauben als Lehre zu formulieren, um von innen und von außen kommende Fragen zu beantworten. Dies wurde zu ihrer *geschichtlichen Aufgabe.* Die Theologen erstritten ihr das Recht, den Christusglauben nicht allein in biblischen Worten und Sätzen, sondern auch in neuen, wissenschaftlichen Begriffen und mehr oder weniger systematischer Weise vorzutragen. Da und soweit man in diesem Austausch die eigne Sache nicht aus den Augen verlor, gelang es, ihr die benutzten Begriffe und Vorstellungen weitgehend dienstbar zu machen und dazu umzuprägen. Man kann dies an Begriffen wie Logos, Usia, Prosopon, Hypostasis und Mixis gut beobachten (vgl. oben III, 3). Das Wort Substanz klang damals auch weniger naturwissenschaftlich bestimmt als in der heutigen Sprache, da es Gottes Gerechtigkeit, Liebe, Leben, Geistigkeit und ähnliche Bestimmungen einschloß. Und wenn es dem Konzil zu Chalcedon noch nicht gelang, den Personbegriff durchdacht zu formulieren, so schlug es doch den Weg dahin ein. Er führte zu einer theologischen und philosophischen Leistung, die ebenso das Verständnis der Sache wie seinen sprachlichen Ausdruck betraf. Indem man lehrte, die hypostatische Einheit von der physischen zu unterscheiden, schränkte man die Gefahren des Monophysitismus und einer grob „physischen" Erlö-

sungsvorstellung ein.

Daß die alten Symbole mehr von der Person Christi als von seinem Heilswerk sprechen, ist eine Einseitigkeit, die aber auch ihren positiven Sinn hat. Er liegt darin, zu zeigen, daß es im Christentum zuerst um die Erkenntnis Gottes und erst über sie um das Heil des Menschen geht. So entsprach es auch genau der Formel „Theologie und Ökonomie", die beide Bereiche unterschied, aber in dieser Reihenfolge miteinander verband. Die Zweinaturenlehre stand und fiel mit der Soteriologie; diese ist in den christologischen Aussagen immer mit bedacht. Nicht nur gab sie einen wichtigen Antrieb, die Homousie des Sohnes durchzusetzen. Vielmehr zielte die ganze orthodoxe Lehre von der zweiten Person Gottes auf deren Bestimmung zum Erlöser, während z. B. die Apologeten mehr an die Bestimmung zum Schöpfungsmittler gedacht hatten. Denn nur dann war vielen die Veränderung Gottes, die mit der Inkarnation verbunden zu sein schien, erträglich, wenn sie für andere und nicht aus einer Notwendigkeit im eignen Wesen erfolgte, als Herablassung oder Liebe. Sofern Gottes Wesen Liebe ist, blieb es, so gesehen, auch in der Menschwerdung unverändert.

Auch der statisch-ontologische Charakter der christologischen Bekenntnisse hängt mit den geschichtlichen Aufgaben der Alten Kirche zusammen. Er bedeutete keinen völligen Bruch mit der urchristlichen Denkweise, sondern baute deren Ansätze einseitig aus. In einer heidnisch-mythologisch denkenden Umwelt war es schwerer als heute, den Ereignischarakter des Kommens Christi vorwiegend in der Form des Mythus zu vertreten, wie es etwa Phil. 2, 5 ff. geschehen war. Mit einer mehr statischen Zweinaturenlehre trieben die Väter keine bloße Spekulation, sondern erreichten eine gewisse notwendige Entmythisierung der Christusgestalt. Damit sicherten sie Christus eine universale Bedeutung für jede Zeit, ohne ihn in geschichtliche Erinnerung und in die Rolle des beispielhaften Menschen herabzudrücken. Freilich gelang die Sicherung seiner Gottheit bei diesem Versuch besser als das Bemühen, sein Menschenwesen vor Verkürzungen zu bewahren. Selbst nach der Dogmatisierung seiner ganzen menschlichen Natur hörten die Versuche nicht auf, diese doch noch von der Natur aller anderen Menschen zu unterscheiden. Man scheint sich nicht hinreichend bewußt gemacht zu haben, daß man so die Gewißheit der Erlösung desto mehr gefährdete, je mehr man sie naturhaft verstand. Die hier sich meldende Aufgabe, sie mehr personal als Vergebung und Rechtfertigung zu denken, hat damals der Westen durch Augustin viel deutlicher erkannt als der Osten.

Auch die Form, in der die Alte Kirche i. J. 451 ihr Christusverständnis bindend
aussprach, stellte eine echte geschichtliche Leistung dar. Man wird ihr nicht ge-
recht, wenn man in ihr nur einen Kompromiß zwischen Schulen und Macht-
gruppen findet: sie ist im Grunde ein der Sache entsprechendes Paradox, das
alle einseitigen und eben darin mehr rationalen Vorschläge, das Problem zu
lösen, ausschloß. Der Historiker wird allerdings sagen müssen, daß die Konzils-
väter selber diese Paradoxie nicht klar beabsichtigt und daher auch nicht streng
durchgeführt haben. Daß in der Nachgeschichte von Chalcedon weder diese
Aufgabe noch die, auch das „Werk" Christi in die Lehrformeln gebührend ein-
zubeziehen, entschieden angefaßt wurden, lag großenteils an dem lähmenden
Traditionalismus der Spätzeit. Außerdem hemmte das Mißverständnis, das
Chalcedonense sei ein selbständiges, in sich abgerundetes Symbol, was es nie
hatte sein wollen (s. die Anm. 1 zu Nr. 172). So erweist sich die dogmatische
Arbeit der Alten Kirche auch darin als eine geschichtliche, daß sie keine zeit-
los gültige war, sondern sich unter den Bedingungen und Begrenzungen ihrer
Zeit vollzog.

4.    Die Einsicht in die Geschichtlichkeit der altkirchlichen Christologie und
ihrer chalcedonischen Formulierung im besonderen leitet hinüber zu der Überlegung, welche *Aufgaben*, aber auch welche gültigen Hinweise auf die Sache
und welche Fragen dieses geschichtliche Erbe *an uns* und unsre eigenen Lö-
sungsversuche stellt. Auch hier müssen einige Hinweise genügen.
Im Rückgriff auf das Neue und Alte Testament wäre gewiß statt der zuständ-
lichen Sicht das göttliche Handeln in der Trinitätslehre und Christologie wieder mehr hervorzuheben. Dabei ergibt sich eine Zurückhaltung gegenüber dem
„Natur"-Begriff von selbst, doch sollte erst der Versuch zeigen, ob man ihn
ganz entbehren kann. Der Vorrang des geschichtlichen Handelns Gottes in der
Christologie wird auch stärker als einst die Pflicht der Christen bewußt machen,
den Anbruch der Gottesherrschaft in Christus selbst tätig zu bezeugen.
Weiter wäre im altkirchlichen Erbe auch der Gottesgedanke neu zu bedenken.
Gegenüber dem philosophischen Axiom der Unveränderlichkeit Gottes wäre
„die Veränderlichkeit Gottes als Horizont einer künftigen Christologie" (wie
es H. Mühlen ausgedrückt hat; s. Lit.-Vz.) eine notwendige Aufgabe dogmati-
scher Arbeit. Das Ja zu einer biblisch zu verstehenden Veränderlichkeit Gottes
würde es nicht überflüssig machen, die in Chalcedon erfaßte Paradoxie noch
auszudehnen und zu vertiefen. Vielleicht gelänge es dabei auch, aufzuzeigen,
daß nach einem Worte Tillichs „das christologische Paradox und das Paradox

der Rechtfertigung des Sünders . . . ein und dasselbe Paradox" sind (Syst.
Theol. 2, S. 154 ff.).

Die chalcedonische Christologie ist auch sehr wohl imstande, ihrerseits der
heutigen Theologie *Fragen* zu stellen, die diese nicht ohne eigenen Schaden
ungeprüft übergehen kann. Einige wichtige Beispiele seien genannt.
Wird die moderne Umwendung aus einer altkirchlichen Christologie *von oben
her* zu einer Christologie von unten her — die für die menschliche Erkenntnis
Gottes unentbehrlich ist — nicht bisweilen zu gewaltsam vollzogen, so daß sie
zu einer großen Einseitigkeit führt? Die Alte Kirche könnte uns fragen, ob es
genügt, Jesus als den Menschen für andere zu bestimmen, ob der wahre Mensch
als solcher auch schon der wahre Gott ist und ob Gott sich mit der Inkarnation aufgegeben hat; ja vielleicht würde sie zu der letztgenannten Behauptung
fragen, ob er dann überhaupt ernsthaft „vorher" „da" gewesen ist. Denn sie
ruft ja auf zu bekennen, daß der Mensch Jesus seine Existenz und seine Sündlosigkeit einzig von Gott selber habe, der in ihm kommt und doch auch außerhalb des Inkarnierten ist, wie die Unterscheidung der Personen in Gott unübersehbar anzeigt.

Es muß auch die Frage gehört werden, ob man die Christologia gloriae streichen darf, ohne ihren Anteil an der Wahrheit aufzunehmen. Sie verliert viel
von ihrer Gefährlichkeit, wenn deutlich wird, daß sie keinen herrlichen Be-
sitz der Menschen, sondern allein die Herrlichkeit Gottes meint. Damit macht
sie allerdings unübersehbar, daß die Schrift weder Gott noch Christus nur als
den Leidenden, sondern immer auch als den über das Leid Siegenden bezeugt.
Anders gewendet lautet die Frage, ob unsre Christologie nicht ebensosehr von
der Auferweckung wie von der Kreuzigung Jesu auszugehen hat.

Auch nach unserm Gebrauch des Wortes *Inkarnation* müssen wir uns fragen
lassen, wenn wir die Texte der alten Kirche ernst nehmen wollen. Es ist doch
nichts Selbstverständliches, wenn die evangelische Theologie diesen Begriff
wieder häufiger als früher gebraucht und in die Mitte rückt, nachdem die hi-
storisch-kritische Forschung und überhaupt das moderne wissenschaftliche
Denken seinen Wortsinn in den weitesten Kreisen außer Kraft gesetzt haben!
Es wäre gut, wenn viel deutlicher und offener gesagt würde, was mit Inkarnation gemeint wird. Wenn es so geschähe, daß dabei die unvergleichliche Zuge-
hörigkeit Jesu zu Gott und dessen Unabhängigkeit vom menschlichen Bewußtsein bewahrt würde, wäre auch den Gemeinden mehr gedient als mit einem un-
geklärten Wortgebrauch. Da dieses Bekenntnis zur Gegenwart Gottes in Jesus
Christus, wie die ältesten Zeugnisse beweisen, sich auch ohne die Vorstellung

der Jungfrauengeburt aussprechen läßt, versteht es sich, daß die Warnung vor ungeklärtem Gebrauch des Wortes Inkarnation nicht als Erneuerung jenes legendarischen Symbols zu verbindlicher Lehre gemeint ist. Vielmehr werden wir entschiedener als die Kirchenväter die Menschheit Jesu anerkennen und sagen, Christus habe nicht nur in einem Menschen, sondern als geschichtlicher, individueller Mensch seine Sendung ausgeführt. Damit hängt es auch zusammen, daß wir das Miteinander von Gott und Mensch in Christus grundlegend in dem Geschehen am Kreuz und in der Auferstehung erkennen und erst von hier aus auf das ganze Bild Christi übertragen werden.

Letztlich geht es unsrer und jeder christologischen Besinnung um die Frage nach *Gott* selber. Wollen wir mit der Alten Kirche das Heilsgeschehen als Handeln dessen verstehen, der nicht zeitlich und nicht wesenhaft, aber logisch auch vor und unabhängig von diesem Handeln „da" ist? Sie hat für ihre Zeit diese Unterscheidung und Reihenfolge mit dem schon mehrfach genannten Begriffspaar „Theologia und Oikonomia" umschrieben, das nicht so leicht von der Aseität und Transzendenz Gottes abzusehen gestattet wie das neuzeitliche Wort „Christologie", das sich leichter auf die Funktionalität zurücknehmen läßt. Wenn es oben als geschichtliche Leistung der Alten Kirche bezeichnet wurde, daß sie bekannte, es gehe an erster und letzter Stelle um Gott, so ist diese Leistung von uns als Frage an unsere heutige Theologie aufzunehmen, die offensichtlich vom Verlust der göttlichen Transzendenz bedroht oder sogar begeistert ist. Diese Transzendenz, mit der die Immanenz zusammengehört, ist m. E. nur in einem primitiven Denken an das sogenannte dreistöckige Weltbild gebunden, fällt also auch nicht mit diesem dahin. Oder ist auch sie schon als verdächtige *Objektivierung* ohne weiteres unhaltbar geworden?

Zu dieser Frage könnte die Alte Kirche ihre Gegenfragen stellen: Kann eine *Kirche* als sichtbare Gemeinschaft auf objektivierende Aussagen und gemeinsame Lehrbekenntnisse verzichten, wenn sie nicht zu einer losen Vereinigung religiöser Einzelner werden will? Entzöge sie sich dann nicht ihrer Aufgabe? Genügt es angesichts der Gefahr, die mit den Objektivierungen verbunden ist, nicht, darauf hinzuweisen, daß sie für uns nur in ihrer geschichtlichen Bedingtheit gelten und es folglich zur Sache gehört, sie auf ihren kerygmatischen Sinn und ihren Entscheidungscharakter hin auszulegen?

Doch noch einmal zurück zu dem Gottesgedanken! Mit ihm hängt der der *Erlösung* fest zusammen, weil vor dem heiligen Gott die Menschheit aus sich heraus unrettbar verloren wäre. Gegen diesen alten Glauben richtet sich heute der Einwand, Christentum könne nicht mehr als „Erlösungsreligion" verstan-

den werden. Soweit diese Kritik eine egozentrische und weltflüchtige Frömmigkeit treffen will, hat sie ihre Berechtigung. Richtet sie sich aber gegen die
Erlösungsbotschaft überhaupt, so kehrt sie das frühere Urteil über die altkirchliche Christologie völlig um: Fanden frühere Theologen dort zu wenig Soteriologie, so heutige noch zuviel. Gegenüber dem wechselnden Winde neuzeit-
licher Kritik mahnt das alte Dogma unverändert, das Erlöseramt Christi nicht
zu rasch aufzugeben, und diese Mahnung wie alle seine Fragen an uns wurzeln
zutiefst in der einen Frage, ob es auch heute noch zuerst um Gottes Gottheit
gehe.

5. Wie soeben die Fragen der Alten Kirche an uns inhaltlich in eine einzige
zusammengefaßt wurden, so kann man sie auch in *formaler* Hinsicht zusammenfassen in den Satz: Will der moderne Gesprächspartner das alte Bekenntnis *in-
terpretieren oder negieren?* Interpretation früherer kirchlicher Lehraussagen
liegt dann vor, wenn der Auslegende mit deren Verfassern wenigstens darin
übereinstimmt, daß auch für ihn die angesprochene „Sache" existiert. Unter
dieser Voraussetzung ist die Kritik an der Beschreibung der „Sache" und an
ihrem bisherigen Verständnis freizugeben, weil der Auslegende ein eigenes,
wenn auch vermitteltes Verhältnis zu derselben „Sache" haben kann. (Dabei
handelt es sich wieder um Sprach- und Sachfragen.) Wer aber etwa meint, Glaube und Unglaube auf einen gemeinsamen Nenner zurückführen zu können, oder
wer mit Gott nicht als einem wirklichen Gegenüber rechnet, der kann die chalcedonische Christologie nicht mehr auslegen, sondern nur wünschen, sie möchte möglichst bald vergessen sein. Die gegenwärtige Christenheit würde echtes
geschichtliches Verstehen beweisen, wenn sie im Gespräch mit den Vertretern
der altkirchlichen Christologie nicht nur ihre eignen Fragen an jene ernst näh-
me, sondern sich ihrerseits von jenen zur Entscheidung rufen ließe, ob sie die
alte Lehre noch verstehen und gemäß ihrer neuen Situation erneuern oder sie
nur als bloß historische Erinnerung beiseite legen will, weil der Gott, um den
es damals ging, nicht mehr lebt — oder überhaupt nie gelebt hat.
Ein beachtenswertes Beispiel kühner, aber zugleich ehrfürchtiger und ehrlicher
Interpretation der auch ihm nicht „ausreichenden" altkirchlichen Christologie
hat Luther gegeben. Es möge diese Überlegungen abschließen. Luther sagte in
einer seiner Exodus-Predigten (WA 16, 217 f.) folgendes: „ . . . Christus ist nicht
darum Christus genannt, daß er zwei Naturen hat. Was geht mich das an? Sondern er trägt diesen herrlichen und tröstlichen Namen von dem Amt und Werk,
das er auf sich genommen hat; dasselbige gibt ihm den Namen. Daß er von Na-

tur Mensch und Gott ist, das hat er für sich; aber daß er sein Amt dahin gewendet und seine Liebe ausgeschüttet, und mein Heiland und Erlöser wird,
das geschieht mir zu Trost und Gut."

# Texte

# I

# Die Vorbereitung der kirchlichen Christologie

### Erster Klemensbrief (um 96)

**Text:** Die apostolischen Väter. Hrsg. von K. Bihlmeyer. 1, 1924 (2. Aufl. mit einem Nachtrag von W. Schneemelcher) – (mit Übers.) Schriften des Urchristentums 1. Die Apostolischen Väter. Hrsg. von J. A. Fischer, ⁵1966 – **Übers.:** BKV 35 (F. Zeller) – (mit Kommentar) Handbuch zum NT, Ergänzungsband (= Hdb., Erg.) – **Lit.:** Altaner § 7

**(1)** 36, 1–2. 4

1 Dies ist der Weg, Geliebte, auf dem wir unser Heil gefunden haben, Jesus Christus, den Hohenpriester unsrer Opfergaben . . . 2 . . . Durch ihn sehen wir wie im Spiegel[1] sein (sc. Gottes) untadeliges, erhabenes Aussehen . . . 4 Von seinem Sohne (υἱός) hat der Herr so gesagt: „Mein Sohn bist du; heute habe ich dich gezeugt . . .” (Ps. 2, 7–8).

**(2)** 59, 4 (aus dem römischen Gemeindegebet)

. . . Alle Völker sollen dich erkennen, daß du der einzige Gott bist und Jesus Christus dein Knecht und wir dein Volk und Schafe deiner Weide[1].

### Ignatius von Antiochien (um 110)

**Text und Übers.:** wie Nr. 1 – **Lit.:** Altaner § 8 – Liébaert § 2 – Gr.-B. 1, S. 30 f.

zu **(1)**  1 Vgl. 1. Kor. 13, 12; 2. Kor. 4, 4 u. a.
zu **(2)**  1 Vgl. Ps. 100, 3. Παῖς θεοῦ bezeichnet im AT den Knecht Gottes. Als Titel Jesu findet es sich im NT fünfmal (davon viermal in Apg. 3 und 4), in der nachapostolischen Literatur nur einige Male in liturgischen Gebets- und Bekenntnisformeln. Vielleicht ist oben im Text schon „Kind” oder „Sohn” gemeint und der Übergang von der Würde- zur Wesensbezeichnung bereits vollzogen (vgl. ThWB z NT 5, 702 f.).

*An die Epheser*

(3)  7, 1–2

1 Gewisse Leute pflegen ja mit böser List den Namen (sc. Christi) umher-
zutragen, dabei aber anderes zu tun,was Gottes unwürdig ist. . . . Vor denen
müßt ihr euch hüten; sie sind schwer zu heilen.   2 Nur Einen Arzt gibt es.
Er ist

| fleischlich | und auch geistlich, |
| gezeugt | und ungezeugt,[1] |

ins Fleisch gekommener Gott[2],

| im Tode | wahrhaftiges Leben, |
| sowohl aus Maria | wie aus Gott, |
| zuerst leidensfähig | und dann leidensunfähig,[3] |

Jesus Christus, unser Herr.[4]

(4)  18, 2 – 19, 3

18, 2 Unser Gott[1] Jesus der Christus[2] wurde nämlich von Maria nach Gottes
Heilsplan[3] als Leibesfrucht getragen, zwar aus dem Samen Davids, doch aus
heiligem Geist; er wurde geboren (ἐγεννήθη) und getauft, um durch das Erleiden[4] das Wasser zu reinigen.   19,1 Und verborgen blieb dem Herrscher dieser Weltzeit die Jungfräulichkeit der Maria und ihr Gebären, ebenso auch der
Tod des Herrn: drei lautstarke Geheimnisse, die in der Stille[5] Gottes vollbracht
wurden.   2 Wie wurden sie nun den Äonen offenbart? Ein Stern erglänzte
am Himmel, heller als alle Sterne . . .   3 . . . Die Unwissenheit wurde beseitigt, die alte Königsherrschaft ging zugrunde, als Gott sich in menschlicher
Weise offenbarte zu neuem, ewigem Leben.[6]

*An die Magnesier*

(5)  6, 1

. . . Ich ermahne Euch: seid bemüht, alles in göttlicher Eintracht zu tun. Dabei führe der Bischof den Vorsitz an Gottes Stelle und die Presbyter an Stelle
der Ratsversammlung der Apostel, und die Diakonen, die mir besonders lieb
sind, seien betraut mit dem Dienst Jesu Christi, der vor den Weltzeiten (vgl.
1. Kor. 2, 7) bei dem Vater war[1] und am Ende erschienen ist.

(6)  7, 2

Kommt alle zusammen . . . zu dem Einen Jesus Christus, der von dem Einen
Vater hergekommen ist[1] und bei dem Einen war[2] und zu dem Einen fortge-

zu (3)   1 Γεννητός und ἀγέννητος könnten auch mit „geworden" oder „geboren" und „ungeworden" oder „ungeboren" übersetzt werden. Ign. verwandte als erster diese der Philosophie geläufigen Begriffe in christologischen Aussagen.
2 Zitate des 4. – 6. Jh.s bieten – wahrscheinlich aus dogmatischen Gründen – statt „im Fleische" die Lesart „im Menschen"; vgl. Gr.-B. 1,30 f.
3 Ἀπαθής (= unfähig zu leiden oder von etwas betroffen zu werden) entstammt wie viele andere negative Gottesprädikate der Philosophie.
4 Die Einheit des geschichtlichen Offenbarers setzt Ign. als selbstverständlich voraus. Dessen paradoxes, gott-menschliches Sein beschreibt er in scharfen Antithesen, mit denen zusammenfassende Wendungen abwechseln. Vermutlich benutzte er eine Bekenntnisformel, deren Grundform schon Paulus (Röm. 1, 3) kannte. Auch die Titel Gottessohn und Menschensohn versteht Ign. als Wesensbezeichnungen (Eph. 20, 2).

zu (4)   1 Ign. nennt Jesus Christus Gott, aber mit Vorliebe „unsern Gott" (siebenmal), einmal „meinen Gott" (s. Hdb., Erg. S. 193 f.). Das Possessivpronomen besagt an erster Stelle eine persönliche, enge Verbundenheit des Gläubigen mit Christus, der in ihm wohnt und den er liebt. Es unterscheidet aber auch den Sohn vom Vater insofern, als Christus nicht der ungewordene und unveränderliche Gott ist, sondern der in die Welt des Werdens und der Vergänglichkeit eingegangene. Diese Unterscheidung enthält eine Unterordnung gegenüber dem Vater (vgl. unten Nr. 8); sie hilft den Monotheismus wahren. Das Attribut „unser" oder „mein" konnte zugleich die selbständige Existenz (Subsistenz) des Sohnes neben dem Vater andeuten, ohne daß Ign. in ihr ein Problem gesehen hätte; er dachte sie nicht auf die Zeit der irdischen Erscheinung Jesu beschränkt. Zur Präexistenz Jesu vgl. Nr. 5, zur eigenständigen Postexistenz z. B. Ign.: Eph. 21, 1: „Gedenket meiner wie Jesus Christus euer." Andere Stellen klingen freilich, als stehe Ign. modalistischem (und doketistischem ?) Denken nahe (vgl. Nr. 9). – Einmal hat Ign. die Bezeichnung „mein Gott" vielleicht für den Vater gebraucht (Philad. 6, 3).
2 Das Wort Christus wird in der nachapostolischen Literatur öfter wie hier mit dem Artikel gebraucht, ein kaum noch empfundener Nachhall der ursprünglichen Amtsbezeichnung.
3 Hier begegnet in dieser Textsammlung erstmals der Begriff Oikonomia („Heilsveranstaltung", „Heilsplan"); vgl. im NT Eph. 3, 9 und 1, 10.
4 Die Taufe, die Christus für sich selbst nicht bedurfte, ist Teil seines Dienstes und seiner Erniedrigung und damit eines „Leidens" (anders W. Bauer z. St. im Hdb., Erg. und K. Wengst: Christolog. Formeln und Lieder des Urchristentums, Bonner theol. Diss. 1967, S. 115).
5 Oder: im Schweigen (vgl. 15, 2).
6 Schon im 2. Jh. wurde die Geburt aus der Jungfrau als Geheimnis und Wunder (virginitas in partu) ausführlich geschildert; s. Protev. Jacobi 11 – 20 (Hennecke-Schneemelcher: Neutest. Apokryphen (3. Aufl.), I, 1959, S. 284 ff.). – K. Wengst (Christolog. Formeln § 16) kennzeichnet 19, 2–3 als Inkarnationslied und rekonstruiert seine ursprüngliche Form.

zu (5)   1 Jesus Christus erscheint hier als selbständiges präexistentes Wesen neben dem Vater, nicht als erstes Geschöpf. Sein Ursprung bleibt völlig unbestimmt.

zu (6)   1 Es ist an die Fleischwerdung zu denken, nicht an ein Hervorgehen aus dem Vater noch in der Präexistenz.
2 Der Inkarnierte stand mit dem Vater ständig in Gemeinschaft (vgl. Joh. 10, 30), bis er zu ihm zurückkehrte; vgl. 7, 1: „Wie der Herr ohne den Vater nichts tat, weil er mit ihm geeint war", und unten Nr. 10 Ende.

gegangen ist[3].

(7)   8, 2
Denn die ganz göttlichen Propheten lebten nach der Weise Christi Jesu. Deshalb wurden sie auch verfolgt. Sie waren von seiner Gnade erfüllt, damit die Ungehorsamen ganz überzeugt würden, daß Ein Gott ist, der sich durch Jesus Christus, seinen Sohn, offenbart hat, der sein „Wort" ist, das aus dem Schweigen hergekommen ist[1], der in allem dem, der ihn gesandt hat, wohlgefiel.

(8)   13, 2
Ordnet euch dem Bischof und einander unter, wie Jesus Christus dem Vater nach dem Fleische[1] und die Apostel dem Christus und dem Vater und dem Geiste, damit Einheit bestehe, fleischliche und geistliche.

*An die Römer*
(9)   3, 3
Nichts sichtbar Erscheinendes ist gut. Unser Gott Jesus Christus kommt ja, indem er in dem Vater ist, um so mehr zu Erscheinung.[1]

*An die Smyrnäer*
(10)   1, 1 – 3, 3
1, 1   Ich preise Jesus Christus, den Gott, der euch so gut unterrichtet hat. Ich habe ja beobachtet, daß ihr . . . ganz erfüllt seid vom Glauben an unsern Herrn, der wahrhaftig „aus dem Geschlechte Davids nach dem Fleische ist", Sohn Gottes nach dem Willen und der Kraft Gottes, wahrhaftig geboren aus einer Jungfrau, getauft von Johannes, damit alle Gerechtigkeit von ihm erfüllt würde,
2   wahrhaftig unter Pontius Pilatus und Herodes, dem Tetrarchen, für uns angenagelt im Fleische, eine Frucht, von der wir stammen, (nämlich) von seinem gottseligen Leiden . . .
2, 1   Das alles hat er ja gelitten um unsertwillen, damit wir gerettet würden. Und er hat wahrhaftig gelitten, wie er sich auch wahrhaftig auferweckt hat[1], nicht wie gewisse Ungläubige sagen, er habe nur scheinbar gelitten – sie, die selbst nur scheinbar da sind; und wie sie denken, so wird es ihnen ergehen: körperlos und dämonenhaft werden sie sein[2].
3, 1   Denn ich weiß doch und glaube, daß er auch nach der Auferstehung im Fleische war.   2   Und als er zu Petrus und seinen Gefährten kam, sagte er zu ihnen: „Fasset, betastet mich und sehet, daß ich kein körperloser Dämon bin"[3].

... 3 Nach der Auferstehung aber aß und trank er mit ihnen als ein Fleischeswesen, obwohl er geistlich mit dem Vater vereinigt war.

**(11)** 4, 2

... Um mit ihm zusammen zu leiden, erdulde ich alles; denn er macht mich stark, der vollkommener Mensch geworden ist.[1]

*An Polykarp*

**(12)** 3, 2

Werde noch eifriger, als du schon bist. Erkenne die Zeiten. Harre auf den, der über der Zeit ist, den Zeitlosen[1], den Unsichtbaren, der um unsertwillen sichtbar wurde, den Unbetastbaren, den Leidensunfähigen, der um unsertwillen leidensfähig wurde, den, der um unsertwillen auf alle Weise ausgehalten hat.

---

*zu (6)*   3 Vielleicht ist mit Loofs (Leitfaden zum Studium der DG § 15, 4 Ende mit Hinweis auf 1. Kor. 15, 28) χωρήσοντα (statt – σαντα) zu lesen und zu übersetzen: „fortgehen wird".

zu (7)   1 Vgl. Nr. 6. – Das „Wort" (Logos) bezeichnet nach johanneischem Sprachgebrauch Jesus Christus als Gottes personifiziertes Offenbarungswort. Auf philosophischen Einfluß deutet nichts. Dagegen war es gnostisch, Gott oder einen göttlichen Äon als das Schweigen zu bezeichnen. S. dazu H. Schlier, Religionsgesch. Untersuchungen zu den Ignatiusbriefen, 1929.

zu (8)   1 Der Satz klingt, als sei Christus dem Vater nur untergeordnet, sofern er Mensch wurde, sonst aber nicht (vgl. Nr. 4 Anm. 1). Diese Deutung hat freilich bei Ign. keine Parallele.

zu (9)   1 Gerade der Erhöhte kann in der sichtbaren Welt wirksam werden. Es ist wohl nicht gemeint, daß er, „im Vater" seiend, seine selbständige Existenz verliert. Vgl. Joh. 14, 20 und oben Nr. 4.

zu (10)   1 Nach Trall. 9, 2 hat dagegen der Vater Christus, nach Smyrn. 7, 1 seine Sarx auferweckt. Vielleicht hat Ign. gemeint, daß die Menschheit Objekt des Auferweckens ist, ihr Subjekt aber der Vater oder die Gottheit Christi (vgl. auch Fischer zu Trall. 9, 2).

2 Die Stelle zeigt, wie eng für Ign. die Christologie mit dem Verständnis der Erlösung zusammenhängt; ähnlich 2. Klem. 9, 1–5. Die bekämpfte Irrlehre scheint einen entschiedenen Doketismus mit einer Neigung zum Judaismus verbunden zu haben (vgl. Hdb., Erg. zu Trall. 10).

3 Zu dem apokryphen Zitat vgl. Hdb., Erg. z. St.

zu (11)   1 Ign. denkt nur an die Wirklichkeit, noch nicht an die Vollständigkeit der Menschheit in Christus (Liébaert S. 25).

zu (12)   1 Christus ist zeitlos wie Gott selbst. In christologischem Zusammenhang begegnet das Wort ἄχρονος wieder bei Klem. v. Alex. (Str. 6, 145, 5 und 7, 2, 2). Erst im 4. Jh. wird ausdrücklich und häufiger erörtert, wie sich der „Anfang" des Gottessohnes zur Zeit verhält.

**Der Barnabasbrief** (um 130 – 140)

Text und Übers.: wie Nr. 1 – Lit.: Altaner § 11

(13)   5, 5–7.9–11

5 ... Wenn der Herr es auf sich genommen hat, für unser Leben zu leiden, er,
der doch der Herr der ganzen Welt ist[1], zu dem Gott gleich nach der Gründung
der Welt sprach: „ Laßt uns den Menschen machen nach unserm Bild und in
Gleichheit mit uns" (Gen. 1, 26) – wie hat er es dann auf sich genommen, von
Menschenhand zu leiden? Höret es.   6 Die Propheten hatten, weil sie von
ihm selbst die Gnade empfangen hatten, auf ihn geweissagt. Da er im Fleische
erscheinen mußte, um den Tod zu vernichten und die Auferstehung von den
Toten zu erweisen, hat er es auf sich genommen,   7 damit er den Vätern die
Verheißung erfülle, sich das neue Volk bereite und auf Erden weilend zeige, er
werde selbst die Auferstehung bewirken und Gericht halten.   9 Als er seine
Apostel, die sein Evangelium verkündigen sollten und überaus sündig und gottlos waren, auswählte, weil er zeigen wollte, daß er nicht gekommen war, Gerechte zu rufen, sondern Sünder, da offenbarte er, daß er der Sohn Gottes[2]
sei.

10 Wenn er nämlich nicht im Fleische gekommen wäre, wie hätten ihn die
Menschen erblicken können, ohne zu vergehen, wenn sie schon beim Anblick
der Sonne, die vergänglich und das Werk seiner Hände ist, nicht geradewegs in
ihre Strahlen zu schauen vermögen?   11 Dazu also kam der Sohn Gottes im
Fleische, um denen, die seine Propheten bis zum Tode verfolgt hatten, das
Maß ihrer Sünden voll zu machen.[3]

(14)   12, 9–10

9 Mose sagt also zu Jesus, dem Sohn Naues,[1] ... : „Nimm ein Buch in deine
Hände und schreibe, was der Herr sagt: Am Ende der Tage wird der Sohn Gottes das ganze Haus Amaleks mit den Wurzeln ausrotten."[2]   10 Siehe wiederum: Jesus, nicht Menschensohn, sondern Gottessohn, im Vorausbild (Typos)
aber im Fleische offenbart[3].

**Hermas: Der Hirte** (um 140)

Diese Sammlung von Geschichten, Geboten und Gleichnissen ist so wenig einheitlich, daß
man an drei verschiedene Verfasser gedacht hat. Vielleicht lassen sich die Unterschiede

innerhalb der Äußerungen zur Person Christi schon aus der Unselbständigkeit desselben Verfassers gegenüber mannigfachen Einflüssen und Überlieferungen (darunter jüdischen und judenchristlichen) erklären.
Text: GCS (48, 1956) 48², 1967 von Molly Whittaker – Übers.: wie Nr. 1 – Lit.: Altaner § 1 A.

### 5. Gleichnis

**(15)** Kap. 5, 2–3; 6, 1–2. 4–7

Der Hirte erläutert Hermas das Gebot des rechten Fastens mit einem Gleichnis. Ein Sklave sollte in der Abwesenheit seines Herrn einen Weinberg einzäunen. Er führte nicht nur diesen Befehl aus, sondern grub auch den Weinberg um und säuberte ihn vom Unkraut. Daraufhin beschloß der Herr mit Zustimmung seines Sohnes und Erben und nach Beratung mit seinen Freunden, den bewährten Knecht frei und zum Miterben des Sohnes zu machen (Kap. 2, 7). Zu diesem Gleichnis gibt der Hirt folgende Deutung.

5, 2 Der Acker ist diese Welt. Der Herr des Ackers ist der, der alles gegründet, vollendet und in Kraft erhalten hat. (Der Sohn ist der heilige Geist.)[1] Der Sklave ist der Sohn Gottes; die Weinstöcke sind dieses Volk, das er selbst[2] gepflanzt

---

zu (13) 1 Das Gottesprädikat „Herr der Welt" ist hier zum ersten Male auf Christus angewandt, doch vgl. schon Phil. 2, 11, Matth. 28, 18 und Hdb., Erg. z. St.
2 „Sohn Gottes" meint bei Barn. auch den Ursprung und das Wesen Christi, aber vor allem dessen Macht zu richten und zu erlösen (vgl. Nr. 14).
3 Der Abschnitt soll den Anstoß an der irdischen Gestalt und Niedrigkeit des Herrn überwinden helfen. Dessen Göttlichkeit bereitet Barn. keine Schwierigkeit; aber die Wirklichkeit seiner Menschheit bleibt ganz unbestimmt.

zu (14) 1 Septuaginta-Form für „Josua, dem Sohn Nuns".
2 Das Zitat ist eine freie Nachbildung von Ex. 17, 14. 16; sie macht den ständigen geschichtlichen Kampf des Herrn gegen Amalek zur eschatologischen Vernichtung und deutet dabei den Kyrios (= Gott) als Sohn Gottes.
3 Der nicht ganz klare Satz soll wohl besagen: (1) Die Weissagung an Josua zeigt typologisch, daß Jesus der Sohn Gottes und Richter der Endzeit ist, obwohl er ins Fleisch gekommen ist, (2) die Person Josuas aber bedeutet typologisch die Fleischwerdung des Gottessohnes. (Es könnte auch gemeint sein, Josua habe Jesus nur nach seiner menschlichen Seite dargestellt.) – Anschließend bestreitet Barn. die Davidsohnschaft Jesu.

zu (15) 1 Die eingeklammerten Worte finden sich nur in einer der beiden lateinischen Übersetzungen; der griechische Text bietet sie an anderer Stelle (Sim. 9, 1, 1). Die Ergänzung ist inhaltlich nicht zu beanstanden; sie spricht aus, was man sich bei den weiteren Ausführungen vorstellen muß. Das besagt freilich nicht, der Verfasser von Sim. 5 habe diese Erklärung selbst gegeben. Denn er vermeidet es offensichtlich, von zwei Söhnen Gottes zu sprechen. Im Gleichnis selber wird der Knecht zum Miterben des himmlischen Sohnes erhoben, aber nicht Sohn genannt. (Kap. 2, 7 f. und 11). Dieser Begriff fehlt auch in dem zweiten Teil der Deutung (der „Allegorie von Christi Person", wie Dibelius im Hdb. Kap. 6, 4b–8 überschreibt), wo der irdische Diener des Geistes dessen Gefährte oder Teilhaber

hat.    3 Die Pfähle sind die heiligen Engel des Herrn[3], die sein Volk behüten.
6,1 . . . Der Sohn Gottes steht (sc. im Gleichnis) nicht als Sklave da, sondern
er besitzt große Macht und Herrschaft.    2 . . . Denn Gott hat den Weinberg
gepflanzt, d. h. er hat das Volk geschaffen und seinem Sohne übergeben. Und
der Sohn hat die Engel über sie gesetzt, um jeden von ihnen zu bewahren, und
er selbst hat sie unter vielen Mühen und vielen Beschwerden von ihren Sünden
gereinigt. . . . 4 . . . Dazu aber, daß der Herr als Ratgeber über das Erbe des
Knechtes seinen Sohn hinzuzog und die erhabenen Engel, höre folgendes.    5
Den heiligen präexistenten Geist, der die ganze Schöpfung geschaffen hat, ließ
Gott in einem Fleischeswesen[4] wohnen, das er auswählte. Dieses Fleischeswesen nun, in welchem der heilige Geist wohnte, diente dem Geiste vortreff-
lich in ehrbarem und keuschem Wandel, ohne den Geist im geringsten zu beflek-
ken.    6 Als es nun einen guten und heiligen Wandel geführt hatte, sich zusammen mit dem Geiste abgemüht und an jederlei Werk zusammen gearbeitet hatte
. . ., erwählte er es zum Teilhaber am heiligen Geiste. . .    7 Er zog daher als Be-
rater den Sohn und die erhabenen Engel hinzu, damit auch dieses Fleischeswesen, das dem Geiste untadelig gedient hatte, eine Stätte zur Bleibe erhielte und
es nicht schiene, als wäre es um den Lohn für seinen Knechtsdienst gekommen.
Denn jedes Fleischeswesen, in dem der heilige Geist gewohnt hat, wird Lohn
empfangen, wenn es sich als unbefleckt und makellos erweist.

## 9. Gleichnis
**(16)**    Kap. 12, 1–3. 7–8

Der Hirt oder Engel der Buße stellt den Bau der Kirche bildlich dar, indem er schilderte,
wie auf einem Felsen aus verschiedenen, nicht in gleicher Weise brauchbaren Steinen ein
Turm errichtet wird.

1 Herr, sagte ich, zuallererst erkläre mir dies: Was bedeutet der Felsen und das Tor?
Dieser Felsen, antwortete er, und das Tor ist der Sohn Gottes. Herr, entgegnete ich,
ist der Felsen alt, das Tor aber neu? Höre, sprach er, und verstehe, du Unverstän-
diger!    2 Der Sohn Gottes ist älter als dessen ganze Schöpfung, so daß er des
Vaters Ratgeber[1] bei seiner Schöpfung wurde. Deshalb ist der Felsen auch alt.
Herr, fragte ich, warum ist aber das Tor neu?    3 Er antwortete: Weil er in den
letzten Tagen der Endzeit offenbar geworden ist, deshalb wurde ein neues Tor
geschaffen, damit die, welche gerettet werden sollen, durch es in das Reich Gottes eingehen. . .    7 Er fuhr fort: Hast du die sechs Männer gesehen und in ihrer Mitte den herrlichen, großen Mann, der um den Turm herumging und die

Steine aus dem Bau aussonderte? Ja, Herr, erwiderte ich.   8 Der herrliche
Mann ist der Sohn Gottes, sagte er, und jene sechs sind die erhabenen Engel,
die ihn zur Rechten und Linken umgeben. Von diesen erhabenen Engeln, fuhr
er fort, wird keiner zu Gott eingehen ohne ihn[2].

## Sog. zweiter Klemensbrief (um 140 – 150)

**Text und Übers.:** wie Nr. 1 – **Lit.:** Altaner § 25, 1

*zu (15)*  wird und eine himmlische Heimstätte erlangt. Wenn diese Teilgabe am Geist das „Miterben mit dem Sohne" aus Kap. 2 ist, ergibt sich die Identität des präexistenten Geistes mit
dem himmlischen Gottessohn. Dagegen heißt der Knecht im ersten Teil der Erklärung, der
„Allegorie vom Werk Christi" (Dibelius zu Kap. 5, 2–6, 4a), im Vorausblick der Sohn, weil
er die Stätte des Geistes auf Erden, Träger großer Macht und der zukünftige Gefährte des
Geistes in der Erhöhung ist. (Diese Aussagen sind von der einen geistleiblichen Erlöserge-
stalt aus entworfen.) Aber dafür heißt hier das Pneuma nicht „Sohn", obwohl es mit diesem identisch sein muß. Das mit Gott zusammen schon vor der Schöpfung existierende
himmlische Wesen heißt also, sofern es im Himmel bei Gott und den Engeln gedacht wird,
Sohn, sofern es zur Erlösung ins Fleisch kommt, Geist. Da es neben Gott nicht Sohn und
Geist, sondern nur Ein Wesen unter diesen beiden Namen gibt, kann man von einem „bini-
tarischen Monotheismus" sprechen (vgl. Dibelius S. 574 mit Verweis auf die Ausführungen
von Loofs in (Protest.) Realencyklopädie 4, S. 26, 35 ff.). – Bei Hermas fehlt die Bezeichnung Logos für den präexistenten Gottessohn. Den geschichtlichen Erlöser nennt er (s. ob.)
Sohn, aber niemals mit dem Namen Jesus oder Christus. Zur Christologie des H. im ganzen
vgl. Dibelius: Hdb., Erg. Exkurs S. 572 ff.

2 D. h. Gott; s. Kap. 6, 2.

3 Mit Kyrios bezeichnet H. meistens Gott selbst.

4 Die Sarx scheint hier, da H. ihr Zusammenwirken mit dem Geist unterstreicht, mehr zu
sein als ein niederer Teil in der Gestalt des Erlösers. Auch die Übersetzungen „Fleischesnatur" (Dibelius) und „Fleischesleib" (Weinel bei Hennecke: Neutest. Apokryphen, [2]1924)
sind noch zu schwach. Gilg sagt S. 19: „Die Fleischesnatur ist für Hermas . . . nur das mit
dem ‚personbildenden' Göttlichen in Christus verbundene menschliche Element." An Adoptianismus ist also nicht zu denken.

*zu (16)*  1 Der Sohn gleicht als Ratgeber des Vaters der Weisheit Gottes im AT. Die Abhängigkeit
des H. von jüdischem Messianismus hat Audet besonders herausgestellt (vgl. Liebaert S. 22).
– Indem der präexistente Sohn dem geschichtlichen gegenübergestellt wird (als der alte
Felsen, dessen Tor neu ist), gewinnt er schärfere Umrisse, als die Bezeichnung Geist oder
Ratgeber und die Beziehung zur Weisheit sie bei H. geben. Über die Anfänge einer „perso-
nalen" Vorstellungsweise, in der Christus und der Geist deutlich geschieden sind, vgl. die
„Studien zur frühchristlichen Trinitätstheologie" von G. Kretschmar, 1956.

2 Hermas will der Meinung entgegentreten, der Sohn sei nur einer der hohen Engel (vgl.
Nr. 15, Kap. 6, 2; auch Nr. 67). Um das Jahr 100 bezeugt Elkesai die Vorstellung, Christus
und der heilige Geist seien die obersten Engelwesen und bildeten mit Gott eine Dreiheit;
s. G. Strecker: Art. Elkesai in: RAC 4, 1180.

**(17)   1, 1–2**

Brüder, von Jesus Christus müssen wir denken wie von Gott, wie von einem
Richter über Lebende und Tote[1], und wir dürfen nicht gering denken von unserer Errettung.   2 Denn wenn wir von ihm gering denken, dann hoffen wir
auch nur Geringes zu empfangen. Und wenn wir (nur) hinhören wie bei gerin-
gen Dingen, sündigen wir; denn dann wissen wir nicht, von wo wir berufen
worden sind und von wem und zu welcher Stätte und was alles Jesus Christus
an Leiden auf sich genommen hat um unsertwillen.

**(18)   9, 5**

Wenn der Herr Christus, der uns errettet hat, der zuerst Geist war, Fleisch geworden ist und uns so berufen hat, werden auch wir ebenso in diesem Fleische
den Lohn empfangen.[1]

**(19)   14, 2–4**

2 Ihr wißt, glaube ich, sehr wohl, daß die lebendige Kirche der Leib Christi.
ist. Denn die Schrift sagt: „Gott schuf den Menschen als Mann und als Weib"
(Gen. 1, 27) – der Mann ist der Christus, das Weib die Kirche[1]. ...   3 Die
Kirche, die geistlich war, wurde im Fleische Christi offenbar und lehrte uns,
daß der von uns, der sie im (sc. eignen) Fleische bewahrt und nicht verdirbt,
sie empfangen wird im heiligen Geist. ...   4 Wenn wir aber sagen, das Fleisch
sei die Kirche und der Geist sei Christus, dann hat also der, welcher am Fleische gefrevelt hat, an der Kirche gefrevelt. Ein solcher wird daher keinen Anteil am Geist empfangen, der der Christus ist.[2]

## Justin († um 165)

**Text** der Apologien: Die Apologien J. s des Märtyrers, hrsg. von G. Krüger, [4]1915 – Justi-
nus' des Philosophen und Märt. Apologie. Hrsg. und erkl. von J. M. Pfättisch. Text und
Kommentar, 1912 – Text des Dialogs mit Tryphon bei E. J. Goodspeed: Die ältesten Apo-
logeten, 1914 – **Übers.:** BKV 12 (G. Rauschen) und 33 (Ph. Häuser) – **Lit.:** Altaner § 16 –
Liébaert § 3 A – Gr.-B. 1, S. 54–60 – B. Reinhold: Trinität und Inkarnation bei den
griechischen Apologeten des zweiten Jahrhunderts. Bonner theol. Dissertation, 1961 –
J. H. Waszink: Bemerkungen zu J. s Lehre vom Logos spermatikos. In: Mullus. Festschrift
Th. Klauser (Jahrb. f. Antike u. Christentum, Erg.-Bd. 1, 1964), S. 380–390 – J. Howton:
The Theology of the Incarnation in Justin Martyr. In: Stud. Patr. 9 (=TU 94), 1966, S. 231
–239

*Erste Apologie* (um 150)

**(20)** 5, 4

Dies[1] wurde ja nicht allein unter den Hellenen durch Sokrates von der Vernunft aufgedeckt, sondern auch unter den Barbaren, (und zwar) von dem Logos[2] selber, der Gestalt[3] annahm und Mensch[4] wurde und Jesus Christus genannt wurde...

**(21)** 13, 1. 3–4

1 ... Gottesverächter sind wir ... nicht. Denn wir verehren den Schöpfer[1] dieses Alls... 3 Den, der darin unser Lehrer geworden und dazu geboren ist, Jesus Christus, der gekreuzigt wurde unter Pontius Pilatus (der in Judäa zur Zeit des Kaisers Tiberius Statthalter war), haben wir als Sohn des wahren Gottes selber[2] erkannt und geben ihm die zweite Stelle und dem prophetischen Geist[3] die dritte. Daß diese Verehrung der Vernunft gemäß ist, werden wir

---

zu **(17)**    1 Die Gleichstellung Christi mit Gott erfolgt unspekulativ und vorsichtig; sie bezieht sich auf Macht und Amt des Richters und dient der Erlangung des Heils.

zu **(18)**    1 B. wendet sich gegen die Meinung, unser Fleisch werde nicht gerichtet und nicht auferweckt (9, 1). Dabei hat er die „Geistchristologie" (nach Harnack: DG 1, 212, Anm. 1) klassisch formuliert.

zu **(19)**    1 Zu dieser präexistenten Syzygie „Christus und Kirche" und der exegetischen Begründung vgl. Knopf im Hdb., Erg. z. St.
2 Der Abschnitt zeigt eine grobe Pneuma-Christologie in Verbindung mit Ekklesiologie, Soteriologie und asketischer Ethik.

zu **(20)**    1 Das verderbliche Treiben böser Dämonen, die sich als Götter verehren ließen.
2 Es empfiehlt sich nicht, hier und an verwandten Stellen bei J. Logos mit „Wort" zu übersetzen. Denn J., der Joh. 1, 1 ff. nie wörtlich zitiert, hat bewußt den philosophischen Wortgebrauch aufgenommen. In diesem bedeutet Logos (wie in der Umgangssprache) bekanntlich sowohl den Gedanken oder die Vernunft (vgl. Nr. 30, § 1) als auch das ausgesprochene Wort. Im christologischen Sinn hat J. den Logosbegriff im Dialog selten, in der Apologie ziemlich häufig gebraucht. Er glaubte also, mit ihm die Bedeutung Christi der heidnischen Umwelt besonders gut verständlich machen zu können. Zugleich eröffnete er so der Philosophie auch einen inhaltlichen Einfluß auf die Theologie, der für ihre wissenschaftliche Ausgestaltung unentbehrlich wurde. J. hat die philosophische und die johanneische Linie der Logos-Vorstellung in der Menschwerdung des personhaften Logos fest miteinander verbunden und diesem so einen Vorrang vor dem allgemeinen Logos gesichert. Vgl. Nr. 27.
3 Während die Stoiker bestritten, daß die Gottheit eine Gestalt annehme, sah J. gerade darin einen Vorzug, weil die Gestalt dem geistigen Wesen Individualität und Dauer verleiht.
4 J. spricht häufiger als die Apostolischen Väter von dem Menschen Jesus, nicht nur seinem Fleische. Vgl. Nr. 32, 10: „Fleisch geworden, wurde er Mensch."

zu **(21)**    1 Demiurg heißt bei Platon der göttliche „Werkmeister", der die sichtbare Welt erschafft. Erst Numenius von Apamea deutet ihn als „zweiten Gott", die Welt als dritten (s. Ueberweg-Praechter: Die Philosophie des Altertums, [12]1926, S. 521). Für die Kirche ist der „De-

nachweisen.    4 Gerade darin wirft man uns ja Wahnsinn vor, daß wir, wie sie
sagen, nach dem unwandelbaren, immer seienden Gott und Schöpfer des Alls
den zweiten Platz einem gekreuzigten Menschen geben[4]. Sie kennen ja das darin liegende Geheimnis nicht, zu dessen Beachtung wir euch mit unsern Darle-
gungen einladen.

**(22)    23, 2**
Jesus Christus ist allein in besonderer Weise als Sohn von Gott gezeugt: er ist[1]
sein Logos, sein Erstgeborener (vgl. Kol. 1, 15) und seine Kraft[2]; und als er
nach seinem Beschluß Mensch geworden war, hat er uns dies gelehrt zur Umwandlung und Emporführung des Menschengeschlechtes.

**(23)    33, 6**
Unter dem Geist und der von Gott (stammenden) Kraft darf man also nichts
anderes verstehen als den Logos, der auch der Erstgeborene Gottes ist . . .
Und dieser Geist hat, als er über die Jungfrau kam und sie überschattete, sie
nicht durch Beiwohnung, sondern durch Kraft schwanger gemacht[1].

**(24)    63, 10–14**
10 Aber diese Worte[1] dienen zum Beweis, daß Jesus der Christus Gottes Sohn
und Gesandter[2] ist, der vorher Logos war und bald in Gestalt von Feuer, bald
in der Gestalt körperloser Wesen erschien; jetzt aber hat er es nach Gottes Willen auf sich genommen, für das menschliche Geschlecht Mensch zu werden und
alles das zu leiden, was ihm auf Betreiben der Dämonen die unverständigen Juden angetan haben.    11 Diese finden in den Schriften des Mose wörtlich gesagt:
„Und es sprach der Engel Gottes zu Mose in einer Feuerflamme im Dornbusch
und sagte: Ich bin der Seiende, der Gott Abrahams, der Gott Isaaks und der
Gott Jakobs"[3], und sie behaupten, der Vater des Alls und Schöpfer sei der Spre-
cher dieser Worte.    12 Daher hat der prophetische Geist sie zurechtgewiesen
mit den Worten: „Israel hat mich nicht erkannt, und das Volk hat mich nicht
verstanden" (Jes. 1, 3).    13 Und weiter hat, wie erwähnt, Jesus gesagt, als er
bei ihnen weilte: „Niemand kennt den Vater denn nur der Sohn, und niemand
den Sohn denn nur der Vater und wem es der Sohn offenbart" (Matth. 11, 27).
14 Da die Juden also glauben, immer habe zu Mose der Vater des Alls gesprochen, während doch der Sohn Gottes, der auch Engel und Gesandter heißt, der
zu ihm Sprechende ist, werden sie mit Recht sowohl durch den prophetischen
Geist wie durch Christus selbst getadelt, daß sie weder den Vater noch den Sohn

erkannt haben.

**(25)** 66, 2

Denn wir empfangen sie (sc. die geweihten Elemente) nicht als gewöhnliches
Brot und gewöhnlichen Trank; sondern wie Jesus Christus, unser Erlöser, durch

___

*zu (21)*  miurg" mit Gott (oder seinem Sohn) identisch (vgl. Hebr. 11, 10), für die Gnosis steht er
tief unter diesem. Vgl. auch ThWB z NT, Art. κτίζω.
2 „Selber" gehört nach dem überlieferten Text (anders Krüger) zu „Gott". Christus ist also unmittelbar der Sohn des Einen Gottes; vgl. Nr. 22 und 26. Durch seine Unterordnung
unter Gott bleibt der Monotheismus ungefährdet. Die Unterordnung zeigt sich im Kultus
darin, daß (nach 1. Apol. 65, 3) das eucharistische Gebet dem Vater des Alls „durch den
Namen des Sohnes und des heiligen Geistes" dargebracht wird.
3 „Pneuma" begegnet bei J. meist im Zusammenhang der Prophetie und ist dort als Gabe
oder Kraft gedacht, nicht als „Person". Den Geist als solche neben dem Logos darzustellen wäre J. sehr schwer gefallen (s. Nr. 23). Er erwähnt ihn hier nur um des Tauf- und Glaubensbekenntnisses willen.
4 Nach J. liegt deshalb keine Menschenvergötzung vor, weil Christus kein Mensch wie andere ist. Dieser apologetische Gedanke trägt dazu bei, den Begriff Sohn nicht als Titel,
sondern in ontologischem, „physischem" Sinne zu verstehen.

*zu (22)*  1 Ὑπάρχων. Das Verb begegnet in unsern Texten hier zum ersten Male. Im engeren Sinne
bezeichnet es nicht das allgemeine und beständige Sein (εἶναι; ὑφεστάναι), sondern das sich
vollziehende und vorübergehende, also das Sein in einem bestimmten Zustand (vgl. M. Elze:
Tatian und seine Theologie, 1960, S. 64 f.). Man könnte daher übersetzen: „Er existiert als
sein Logos . . . und als seine Kraft" – um danach Mensch zu werden. Wo J. aber den allgemeinen Logos meint, „an dem das ganze Menschengeschlecht Anteil erhielt", sagt er λόγου
ὄντα (46, 2).
2 Das Wort „Dynamis" ist mit „Kraft" nicht genau wiedergegeben. Denn es schließt oft
eine gewisse Personalität ein; vgl. Apg. 8, 10 und den Namen des Häretikers Elkesai (= große
Kraft). J. nennt daher den Logos 32, 10 „die erste Kraft nach dem Vater des Alls . . . und
Sohn". Es gibt auch eine Dynamis des Logos selber (46, 5), zu der seine Gerichtsgewalt gehört (53, 2).

*zu (23)*  1 J. trägt hier seine personhafte Logoslehre in Luk. 1, 35 ein. Zugleich lehnt er die mythi-
sche Vorstellung von geschlechtlicher Gemeinschaft einer Gottheit mit einem Menschen
ab; nur die bösen Dämonen haben derartiges getan (21, 5 f.).

*zu (24)*  1 Zuletzt wurde Ex. 3, 2–15 zitiert.
2 Bei J. begegnet der Titel Apostolos öfter, sonst fast ausschließlich im Zitat Hebr. 3, 1;
vgl. Lampe s. v.
3 In das Zitat Ex. 3, 2 und 6 hat J. aus V. 14 „der Seiende" (ὁ ὤν) eingefügt, um die Göttlichkeit des Offenbarers zu unterstreichen. Sehr deutlich sagt er Dial. 60, 4 zu derselben
Gotteserscheinung: „Er wurde ‚Engel' genannt und war Gott." Sein göttliches Wesen wird
durch sein Wirken als „Angelos" und „Apostolos" nicht geschmälert. Aber dieses erfordert
die (funktionale oder personale) Unterscheidung vom unveränderlichen (Nr. 21) und na-
menlosen (1. Apol. 63, 1) Gott, die J. schon im AT findet (s. Nr. 29). Er versteht seine Got-
tes- und Christuslehre als Schlüssel zur atl. Exegese.

den Logos Gottes[1], als er ein fleischliches Wesen wurde, zu unserer Erlösung
sowohl Fleisch als auch Blut erhielt, so sind auch wir belehrt worden, daß die
Speise, die durch die Bitte um den von ihm[2] (sc. kommenden) Logos[3] geweiht
ist und von der unser Blut und Fleisch mittels Umwandlung genährt wird,
Fleisch sowohl wie Blut jenes fleischgewordenen Jesus ist.

*Zweite Apologie*

(26)   6, 2—4 (nach anderer Zählung Kap. 5, 2—4)
2 Die Worte Vater, Gott, Schöpfer, Herr und Gebieter sind keine Namen, sondern nach den Wohltaten und Werken gegebene Prädikate.   3 Sein Sohn dagegen, der allein im eigentlichen Sinne Sohn genannt wird, der Logos, der vor
den Geschöpfen bei (ihm) war und der gezeugt wurde, als er am Anfang durch
ihn alles schuf und ordnete[1], wird Christus genannt, weil er gesalbt ist[2] . . .
Und auch dieser Name enthält eine unbegreifliche Bedeutung[3], so wie auch die
Bezeichnung Gott kein Name ist, sondern eine der menschlichen Natur ange-
borene Vorstellung einer schwer erklärbaren Sache.   4 (Das Wort) Jesus aber
enthält den Namen und die Bezeichnung eines Menschen und Erlösers.

(27)   10, 1—3
1 Es zeigt sich also, daß unser Glaube erhabener ist als jede menschliche Lehre, weil der um unsertwillen erschienene Christus ganz und gar logoshaft[1] ist,
an Leib wie an Vernunft (logos) und Seele[2].   2 Denn was die Philosophen oder
Gesetzgeber jemals richtig gesagt und gefunden haben, das haben sie alles gemäß ihrem Anteil am Logos[3] . . . erarbeitet.   3 Da sie aber nicht das Ganze
des Logos, der Christus ist, erkannten, haben sie oft auch einander Widerspre-
chendes gelehrt.

*Dialog mit dem Juden Tryphon*

(28)   48, 1—2. 4
1 Tryphon[1] sagte: . . . Du erklärst, dieser Christus präexistiere als Gott vor
den Äonen[2]; danach habe er es auf sich genommen, Mensch zu werden und
geboren zu werden, und er sei nicht ein Mensch von einem Menschen. Das
scheint mir nicht bloß sonderbar (paradoxon) zu sein, sondern auch töricht.
2 Ich erwiderte hierauf: Ich weiß, daß die Lehre sonderbar zu sein scheint,
am meisten den Angehörigen eures Volkes . . . Offenbar wird aber die Auffassung, daß dieser der Christus Gottes ist, nicht hinfällig, wenn ich nicht beweisen kann, daß er, der Sohn des Weltschöpfers, als Gott im voraus existierte

und durch[3] eine Jungfrau als Mensch geboren ist. .... 4 Es gibt ja ... aus eurem Volke einige, die bekennen, er sei Christus, aber erklären, er sei Mensch aus Menschen geworden. Ich stimme ihnen nicht zu, und sehr viele, die so denken wie ich, würden das auch nicht sagen.

**(29)** 56, 11

Ich will zur Schrift zurückkehren[1] und versuchen, euch davon zu überzeugen,

---

zu (25) 1 Der Logos selbst bringt das Menschliche an Christus hervor oder veranlaßt es wenigstens, aber Genaueres sagt J. darüber nicht. Vgl. Nr. 23 und 27.
2 „Logos von ihm" (Gott) kann auch bloße Umschreibung für „sein Logos" sein.
3 Δι'εὐχῆς λόγου wird die Logosepiklese in der Eucharistiefeier bezeichnen; vgl. H. Lietzmann: Messe und Herrenmahl (Arb. z. KG. 8), 1926, S. 77. Möglich wäre aber auch die Übersetzung „durch das Wort des Gebetes" (vgl. Pfättisch z. St.).

zu (26) 1 „Durch ihn" (vgl. Joh. 1, 3) weist auf die kosmologische Wurzel der Logoslehre, die aber für J. nicht die einzige ist. Gott zeugte den Logos, indem (nicht bevor) er durch sein Schöpferwort die Welt schuf. Bis dahin existierte der Logos zwar bei Gott, aber wohl als Gedanke und noch nicht in eigener Subsistenz. Der johanneische Logosbegriff wird also hier im Sinne des philosophischen näher bestimmt. – Vgl. auch Nr. 30 Anf.
2 Wohl nach Jes. 61, 1 oder Apg. 10, 38 „mit dem hl. Geist"; stärker Pfättisch: „mit der Fülle göttlicher Macht, also mit der Gottheit".
3 J. meint nicht nur, der Name unterscheide als Eigenname viele Individuen, sondern diese seien auch jeweils in ihrem Namen ganz erkennbar. Das kann auf Gott gar nicht und auf Christus nur teilweise zutreffen, weil er das Geheimnis der Gottessohnschaft in seinem Menschsein umschließt.

zu (27) 1 Goodspeeds und Pfättischs Text, der näher bei der Handschrift bleibt, wäre zu übersetzen: „dadurch, daß das ganze Logikon der ... Christus ist" (oder „der ganze Logos ... ";
Gr.-B. 1, 58). Aber er ist sprachlich sehr hart, und das Wort „Logikon" im Sinne von Logos ist in christologischen Aussagen ohne Parallele.
2 Über die Schwierigkeiten der Deutung s. Gr.-B. 1, 57 ff. – J. hat nirgendwo erörtert, wie in Christus der Logos mit dem Menschen verbunden zu denken sei. Er hat also das christologische Problem im engeren Sinne noch nicht angefaßt.
3 Christus hat als „säender Logos" den Menschen schon vor seiner Menschwerdung Anteil an der Wahrheit gegeben; als Menschgewordener brachte er die volle Wahrheit. Die Verbindung mit dem Begriff des λόγος σπερματικός gibt J. s Christologie eine kosmische Weite. Über die stoische Grundlage jenes Begriffs und ihre Umbildung s. Waszink.

zu (28) 1 Vielleicht liegt der Schrift ein wirkliches Gespräch zugrunde.
2 Da προϋπάρχειν noch kein terminus technicus ist, bestimmt J. es näher durch „vor den Äonen".
3 „Durch" (eine Jungfrau; so auch 1. Apol. 22, 5; 31, 7; 32, 14 und 46, 5 sowie Dial. 85, 2) schwächt den menschlichen Anteil an der Geburt Christi ab. Die „ebionitischen" Gegner sagen daher „Mensch *aus* Menschen" (§ 4), doch gab es auch Ebioniten, welche die Jungfrauengeburt (mit und ohne Präexistenzvorstellung) bejahten. Vgl. G. Strecker: Art. Ebioniten in: RAC 4, 496 f.

zu (29) 1 Es geht um das Verständnis von Gen. 18. Über andere Auslegungen s. L. Thunberg: Early Chr. Interpretations of the Three Angels in Gen. 18. Stud. Patr. 7 (=TU 92), 1966, S. 560–570.

daß der Gott, von dem es heißt und geschrieben steht, er sei Abraham, Jakob und Mose erschienen, ein anderer[2] ist als der Gott, der das All geschaffen hat – ich meine (, ein anderer) nach der Zahl, doch nicht nach dem geistigen Wesen[3]. Ich behaupte nämlich, er habe niemals etwas getan, was nicht der Weltschöpfer selbst, über dem es keinen anderen (ἄλλος) Gott gibt, hat tun und sagen wollen.

(30)    61, 1–3

1 Noch ein anderes Zeugnis . . . will ich euch aus den Schriften dafür geben, daß Gott (ὁ θεός) am Anfang vor allen Geschöpfen aus sich eine vernünftige „Kraft" hervorgebracht hat, die vom heiligen Geist auch Herrlichkeit des Herrn genannt wird, ein andermal Sohn, auch Weisheit, Engel, Gott (θεός), auch Herr und Logos; ein andermal nennt er sich selber einen Oberfeldherrn, der dem Jesus, Sohn des Naue[1], als Mensch erschienen ist. Er kann das alles heißen, weil er dem väterlichen Willen dient und vom Vater durch den Willen gezeugt ist. 2 Aber sehen wir nicht etwas derartiges auch an uns geschehen? Wenn wir nämlich irgendein Wort (logos) vorbringen, erzeugen wir ein Wort, aber wir bringen es nicht aus uns hervor mittels Abtrennung, so daß das Wort in uns vermindert würde[2]. Und (ist es nicht so,) wie wir beim Feuer sehen, daß ein anderes entsteht, aber jenes nicht abnimmt, an dem es entzündet wurde . . . ? 3 Zeugnis wird mir aber das Wort der Weisheit geben, das selbst dieser Gott ist, der vom Vater des Alls hervorgebracht wurde und durch Salomo sagt: . . . (Prov. 8, 21a–36).

## Tatian

(31)    *Rede an die Griechen 5, 1–4. 6 (nach 165?)*

Text: nach Goodspeed (s. vor Nr. 20) – Übers.: BKV 12 (R. C. Kukula) – Lit.: Altaner § 17 – M. Elze: Tatian und seine Theologie (Forschungen zur Kirchen- und Dogmengeschichte 9), 1960

1 Gott war im Anfang; der Anfang aber ist nach unsrer Überlieferung die „Kraft" des Logos[1]. Denn der Herr des Alls, der selbst die Seinsgrundlage[2] (Hypostasis) des Ganzen ist, war, sofern die Schöpfung noch nicht erfolgt war, allein; sofern er aber selber jegliche „Kraft" des Sichtbaren und Unsichtbaren ist, dessen Hy-

postasis er ist, war alles bei ihm[3]. Bei ihm (aber) trat in die Existenz durch die logoshafte „Kraft" auch der Logos selber, der in ihm war[4]. 2 Durch den Willen aber springt aus seiner (sc. Gottes) Einfachheit der Logos heraus[5]. Und der Logos, der nicht umsonst sich bewegte[6], wird das erstgeborene[7] Schöpfungswerk

*zu (29)*    2 Ἕτερος ist eigentlich der andere von zweien, dann auch allgemein der Verschiedene, der „gezählt" werden kann. Zählbar ist, was gleichartig und gleich benannt ist, aber durch seine Stofflichkeit eine andere Stelle im Raum einnimmt und daher selbständig existiert. Dieser Sinn wird hier, soweit es angeht, auf das Göttliche übertragen. Die (oben Nr. 21) angewandten Ordnungszahlen können aber in die Artgleichheit auch noch Rang- oder Qualitätsunterschiede eintragen.

3 Haeuser (BKV 33) übersetzt: „nicht im Denken". Aber γνώμη schließt – wie der folgende Satz zeigt – auch Willen, Entschluß, Sinn mit ein – und hier wohl auch Gottes Güte, Weisheit, Gerechtigkeit u. ä. –. Um der Offenbarung und besonders der Menschwerdung Gottes willen (vgl. Nr. 24) versucht J. offenbar, in dem Einen göttlichen Wesen das zu umschreiben, was man später Hypostase oder Person des Vaters und des Sohnes nennen wird. Er vertritt eine gewisse Unterordnung, so daß Gottes „Monarchie" (Dial. 1, 3) nicht aufgehoben wird. Dazu dient in Nr. 30 die Unterscheidung von „theos" mit und ohne Artikel (vgl. Joh. 1, 1).

*zu (30)*    1 Vgl. Nr. 14.

2 Zur Unterscheidung des inneren, gedachten Wortes vom ausgesprochenen vgl. Nr. 40 und Nr. 70.

*zu (31)*    1 Das Verständnis des § 1 hat erst Elze (S. 70 ff.) ganz erschlossen. Insbesondere sind hier seine Satzabteilung und die Änderung von ὑπέστησεν in ὑπέστη übernommen. – In Kap. 4 hat Tat. Gott in negativen Begriffen wie anfangslos, unsichtbar, namenlos u. ä. bestimmt und auch als Ursprung oder Anfang (ἀρχή); diesem Begriff geht er in Kap. 5 nach. Daß sowohl Gott wie der Logos so genannt wird, verbindet beide eng. Den Übergang des Logos zur personhaften Selbständigkeit klärt Tat. nicht nur durch den Hinweis auf das ausgesprochene Wort (vgl. Nr. 30), sondern auch mittels des aristotelischen Schemas von Akt und Potenz.

2 So H. Dörrie (s. Lit.-Vz. III), S. 75, Anm. 5. Gottes Einsamkeit schließt die Ewigkeit der Materie aus.

3 Ich vermute, daß αὐτὸς ὑπόστασις nicht mit E. Schwartz und anderen zu streichen ist, sondern daß davor durch Haplographie ὤν ausgefallen ist. – Sofern alle Dinge ihre Existenz letztlich in Gott und seit der Schöpfung sozusagen von ihm zu Lehen haben, sind sie – in einem späteren christologischen Begriff zu reden – „enhypostatisch", d. h. sie haben ihr Sein in einem anderen.

4 Während Gott selbst die Potenz der Dinge ist, hat sein innerer Logos schon eine eigene Potenz. Unklar ist, warum Tat. hier das Sein des Logos im Aorist bezeichnet und nicht im Imperfekt.

5 Der Logos ist keine ungewollte Emanation. Die Einfachheit schließt die Teilbarkeit aus, die nach antikem Verständnis auch die Vergänglichkeit zur Folge hätte. – Das Bild des Herausspringens ist vom Lichtfunken genommen; vgl. Justin: Dial. 128, 3. Den Vergleich (des Pneumas) mit der Fackel hatte bereits Philo (De gig. 25) gezogen. Den Begriff Sohn mit seiner ganz anderen Symbolik hat Tat. nicht benutzt (Elze S. 74).

6 Oder: „der nicht aus dem Leeren (sondern aus Gott) kam"?

des Vaters. Er ist, wie wir wissen, der Anfang der Welt[8].   3 Geworden ist er durch Ausgliederung[9] (Merismos), nicht durch Abschneiden. Was man nämlich abgeschnitten hat, ist von dem Ersten getrennt, das Ausgegliederte aber empfängt die Unterteilung (Diairesis) einer Gesamtplanung (Oikonomia)[10] und läßt den, von dem es genommen ist, nichts vermissen.   4 Wie nämlich an einer einzigen Fackel viele Feuer entzündet werden, aber das Licht der ersten Fackel durch das Entzünden der vielen Fackeln nicht vermindert wird, so hat auch der Logos dadurch, daß er aus der „Kraft" des Vaters heraustrat, den Erzeuger nicht des Logos beraubt . . .   6 Der Logos, der am Anfang hervorgebracht wurde, hat seinerseits unsre Schöpfung für sich selber hervorgebracht, indem er die Materie bildete . . .

## Meliton von Sardes († um 180)

**Text:** Meliton de Sardes: Sur la Pâque. SChr 123, 1966 (O. Perler) – Die Fragmente anderer Schriften bei I. C. Th. von Otto: Corpus Apologetarum Christianorum . . . 9, 1872, S. 415 ff., die griech. Fragmente auch bei Goodspeed (s. vor Nr. 20) – **Übers.:** Meliton v. S. Vom Passa. Die älteste christliche Osterpredigt. Übers., eingel. u. kommentiert von J. Blank (= Sophia Bd. 3), 1963 – **Lit.:** Altaner § 14, 5 – Liébaert § 3 B – G. Racle: A propos du Christ-Père dans l'Homélie pascale de M. de S. Recherches de Science Religieuse (Paris) 50 (1962), S. 400–408 – R. Cantalamessa: Méliton de S. Une christologie antignostique du IIe siècle. Revue des Sciences Religieuses 37 (1963), S. 1–26 – G. Racle: Perspectives christologiques de l'Homélie pascale de M. de S. Stud. Patr. 9 (= TU 94), 1966, S. 263–269

*Passa-Homilie* (über Ex. 12)

(32)   V. 7–10

7 Denn das Gesetz wurde zum Wort (Logos) und das alte (sc. Gesetz) neu[1] . . ., und das Gebot wurde zur Gnade und das Vorausbild (Typos) zur Wirklichkeit . . .   8 Denn als Sohn geboren und als Lamm dahingeführt und als Schaf geschlachtet und als Mensch begraben, erstand er von den Toten als Gott, von Natur Gott seiend und Mensch.   9 Er ist das alles: sofern er richtet – Gesetz, sofern er lehrt – Wort[2], sofern er rettet – Gnade, sofern er zeugt – Vater[3], sofern er gezeugt wird – Sohn, sofern er leidet – Schaf, sofern er begraben wird – Mensch, sofern er aufersteht – Gott.   10 Er ist Jesus der Christus, dem die Ehre ist bis in die Äonen. Amen.

**(33)** V. 66

So kam er aus dem Himmel auf die Erde um des Leidenden willen[1], und nachdem er sich mit eben diesem durch[2] die Jungfrau Maria bekleidet hatte und als Mensch hervorgegangen war, nahm er die Leiden des Leidenden auf sich[3] mittels des Leibes, der zu leiden vermag, und vernichtete die Leiden des Fleisches. Aber mit dem Geiste (Pneuma), der nicht zu sterben vermag, tötete er den menschenmordenden Tod.

**(34)** V. 96

Der die Erde aufhängte, hängt da; ... Gott ist getötet worden[1].

---

*zu (31)*  7 Es ist den anderen Schöpfungswerken nicht gleichzustellen.

8 Diese Feststellung lenkt zum Ausgangspunkt zurück mit dem Ergebnis: Gott ist zwar ἀρχή, aber als die Potenz des Logos, der seinerseits aus der bloßen Logos-Potenz die ἀρχή des Kosmos wird. Insofern ist die Selbständigkeit des Logos auf die Weltschöpfung bezogen (vgl. § 6).

9 Nach rhetorischem Sprachgebrauch könnte man auch an „Unterteilung" denken. Harnack (DG 1, 738) spricht in diesem Zusammenhang von „realen Selbstentfaltungen". Zugrunde liegt die Denkweise des mittleren Platonismus.

10 Διαίρεσιν ist Verbesserung von E. Schwartz. Dagegen bleibt Elze bei dem überlieferten Wort αἵρεσιν und übersetzt: „das Vorhaben der Haushalterschaft". – Über Beziehungen des ganzen Kapitels zur Valentinianischen Gnosis s. H. Langerbeck: Aufsätze zur Gnosis, hrsg. von H. Dörries, 1967, S. 167 ff., bes. S. 179.

*zu (32)*  1 In V. 40 sagt Mel. dasselbe in anderen Begriffen: „Das Evangelium ist die Darlegung und die Fülle des Gesetzes."

2 Subjekt in V. 8 f. ist Jesus Christus; s. V. 10. D. h. Mel. setzt in seinen paradoxen Aussagen dessen Person-Einheit voraus; sie ist ihm und seinen Zeitgenossen noch kein Problem, da man vorwiegend von dem geschichtlichen Offenbarer aus denkt. – „Nomos und Logos" heißt der Erlöser auch in anderen Texten des 2. Jh. s (s. Lampe 922 a). Zu Justin s. Andresen: Logos u. N. (Lit.-Vz. II, 2), S. 312–344. Dahinter steht die jüdische Tora-Vorstellung, die die Christen übernehmen und in Christus überbieten. Vgl. Cantalamessa S. 11 ff.

3 Vermutlich will Mel. sagen, daß im Sohne die Eine volle Gottheit ist und wirkt, die auch der Vater ist. Oder an die Annahme des Menschen zu denken (vgl. Nr. 37)? Häretischer Modalismus scheint ebenso fernzuliegen wie in folgender Inschrift des 4. Jh.s: aus der Domitilla-Katakombe: Qui filius diceris et pater inveniris; s. A. Ferrua in: Atti della Pontif. Accad. Romana di Archeol., Rendiconti 33, für 1960/61, S. 209–224. Vgl. Nr. 35.

*zu (33)*  1 Da Gott – nach allgemein griechischer Lehre – leidensunfähig ist (weil unveränderlich), kann das Nichtgöttliche, Menschliche „das Leidende" heißen; dabei bezeichnet das Partiz. Präs. die dauernde Eigenschaft. Für das Geschehen des Leidens benutzt Mel. dagegen (V. 46 u. 96) das Partiz. Aor. „Der Leidende" ist auch in Christus der Mensch überhaupt, also die Menschheit oder menschliche Natur, nicht der individuelle Jesus v. Nazareth.

2 S. Nr. 28 Anm. 3

3 Der Sache nach vertritt Mel. den Austausch der Eigenschaften zwischen den beiden (getrennt handelnden?) Naturen.

*zu (34)*  1 Zum „theopaschitischen" Denken vgl. W. Elert (s. Lit.-Verz.) S. 71–132.

**(35)    V. 104–105**
104 Er ist der, welcher Himmel und Erde gemacht und im Anfang den
Menschen gebildet hat, der, welcher durch Gesetz und Propheten verkündigt
wird, der in einer Jungfrau Fleisch wurde[1], der am Kreuze aufgehängt wurde...
105 Er ist das A und das O, er ist Anfang und Ende, ... er ist der, welcher zur
Rechten des Vaters sitzt. Er trägt den Vater und wird vom Vater getragen[2]. ...

**(36)    *Fragment 6    Über die Fleischwerdung Christi*[1]**
Vernünftigen Menschen braucht man nicht aus Christi Taten nach der Taufe
zu beweisen, daß seine Seele und sein Leib, unsre menschliche Natur, wirklich
und keine Täuschung sind. Denn was Christus nach der Taufe tat, besonders
die Zeichen, offenbarte seine im Fleische verborgene Gottheit und machte sie
der Welt glaubhaft. Indem nämlich ein und derselbe zugleich Gott und vollkommener Mensch[2] war, bewies er uns seine zwei Substanzen[3]: seine Gottheit
durch die Zeichen in den drei Jahren nach der Taufe, seine Menschheit in den
dreißig Jahren vor der Taufe[4], in denen er wegen der Unvollkommenheit des
Fleisches die Zeichen seiner Gottheit verbarg, obwohl er wahrer Gott vor den
Äonen war[5].

**(37)    *Fragment 14    Vom Kreuze***
Deswegen ist er zu uns gekommen, deswegen hat er, obwohl unkörperlich, sich
einen Leib nach der Art des unsern gebildet. Der als Lamm erschien, blieb der
Hirt; der als Knecht angesehen wurde, verzichtete nicht auf die Würde des Sohnes[1]; von Maria (wurde er) getragen und mit[2] seinem Vater bekleidet; ... als
ein Kind erscheinend und die Ewigkeit seiner Natur nicht verhehlend; er bekleidete sich mit einem Leibe und schränkte die Einfachheit seiner göttlichen
Natur nicht ein; ... als Mensch der Nahrung bedürfend und als Gott unaufhörlich die Welt ernährend; mit dem Aussehen eines Knechtes bekleidete er sich
und änderte das Aussehen des Vaters nicht[3]. Alles dies war er in unveränderlicher Natur. Er stand vor Pilatus und saß bei dem Vater; er hing am Kreuze und
hielt das Weltall.

**Athenagoras aus Athen**

*Bittschrift für die Christen* (um 177)

**Text:** Goodspeed (s. vor Nr. 20) – **Übers.:** BKV 12 (A. Eberhard) – **Lit.:** Altaner § 18 – B.
Reinhold: s. vor Nr. 20

**(38)** 10

... Wir denken über den Gott und Vater oder über den Sohn nicht wie mythen-
erzählende Dichter ... Sondern der Sohn Gottes ist der Logos (das Wort) des
Vaters als Urbild und Verwirklichung (sc. der Weltschöpfung); denn von ihm
und durch ihn[1] ist alles geworden, wobei der Vater und der Sohn eines[2] sind.
Da der Sohn im Vater und der Vater im Sohne ist durch die Einheit und Kraft
des Geistes, ist Gottes Sohn Gedanke (Nus) und Wort des Vaters[3]. ... Was
„der Sohn" meint, will ich kurz erläutern. Er ist des Vaters erster Sproß. Nicht als
wäre er geworden – denn von Anfang an hatte Gott, der ewiger Nus ist, selbst das
Wort (Logos) in sich und war ewig worthaft[4] –; sondern er ist hervorgegan-
gen ($\pi\rho o\epsilon\lambda\vartheta\dot{\omega}\nu$), um für alles Materielle ... Urbild und Verwirklichung zu sein.
Dieser Erklärung stimmt auch der prophetische Geist zu, der sagt: „Der Herr

zu **(35)**  1 $\Sigma\alpha\rho\kappa\omega\vartheta\epsilon\acute{\iota}\varsigma$. Das Verbum „Fleisch werden" begegnet erstmals bei Meliton.
2 Vgl. Nr. 32, Anm. 3. Racle (TU 94, S. 268 f.) hat beobachtet, daß Mel. nirgends auf eine
Wiederkunft Christi hinweist; dieser ist schon jetzt König und Herr.

zu **(36)**  1 Anastasius Sinaita, der dieses Fragment erhalten hat (PG 89, 229 A–B), erklärt, Mel. s
Werk sei gegen Marcion gerichtet gewesen, und stellt diesen mit den Monophysiten zusammen, die die „im Fleisch geschehende Oikonomia" leugnen. Vgl. Nr. 48.
2 Es ist die Frage, ob das Attribut „vollkommen" auch schon zu dem Wort „Gott" gezogen werden soll. Vom Thema her ist es nicht nötig.
3 Auch diesen wichtigen Begriff bezeugt Mel. als erster in der christologischen Diskussion.
Zur Glaubwürdigkeit der Überlieferung s. Cantalamessa S. 23.
4 Anastas. Sin. weist darauf hin, daß nach Joh. 2, 11 Jesus vor der Taufe keine Wunder
getan habe.
5 $\Pi\rho o\alpha\iota\dot{\omega}\nu\iota o\varsigma$ begegnet hier zuerst in christologischen Texten (Lampe).

zu **(37)**  1 Mel. teilte gerade nicht die philosophische Voraussetzung, Gott müsse bei der Menschwerdung seine Gottheit vermindern oder einen Scheinleib annehmen. So kommt er schon
zu einer Zweisubstanzenlehre (vgl. Nr. 36).
2 Patre suo indutus (revêtu du Père, Cantalamessa S. 17). Der ungewöhnliche Ausdruck
unterstreicht die volle Göttlichkeit. Wenn „Vater" hier für „göttliche Natur" steht (Cantalamessa), dann ist von dieser die handelnde „Person" zu unterscheiden, ohne daß es deutlich gesagt wird.
3 Hier liegt vielleicht die früheste Anspielung auf Phil. 2, 6 f. in der Patristik vor (Cantalamessa S. 18).

zu **(38)**  1 Vgl. 1. Kor. 8, 6 und Joh. 1, 3.
2 Gegen die Übersetzung „einer" sprechen das Folgende und die Erinnerung an Joh. 10,
30. Vgl. Nr. 64.
3 Mit der Dynamis, durch welche das Pneuma die Einheit zwischen Vater und Sohn her-
beiführt, meint Ath. „wahrscheinlich die Kraft oder Macht, Dinge zu vollbringen, die ein
geschaffenes Wesen niemals tun kann, wie z. B. die Schaffung und Erhaltung der Welt"
(Reinhold S. 98). – Vielleicht will Ath. mit „Nus und Logos" begrifflich zwei (präexistente) Zustände (Denken und Aussprechen) unterscheiden; vgl. Nr. 30 und 40.
4 Oder: logoshaft ($\lambda o\gamma\iota\kappa\acute{o}\varsigma$).

schuf mich am Anfang seiner Wege zu seinen Werken" (Spr. 8, 22). Weiter lehren wir auch, daß der heilige Geist selber, der in den Stimmen der Propheten wirkt, eine Ausströmung Gottes ist, die wie der Strahl der Sonne herausfließt und wieder zurückkehrt (ἐπαναφερόμενον)[5]. Könnte da jemand ohne Verlegenheit mit anhören, daß man Leute Atheisten nennt, die Gott als Vater und einen Sohn als Gott und einen heiligen Geist[6] annehmen und an diesen die Dynamis in der Einheit und die Verschiedenheit in der Anordnung[7] nachweisen? Und nicht einmal dabei bleiben wir in unserer Theologie stehen, sondern wir lehren auch eine Menge von Engeln und Dienern, die Gott, der Schöpfer und Baumeister der Welt, durch seinen Logos (sc. zum Dienst an der Welt) eingeteilt und aufgestellt hat . . .[8].

**(39)**    12 (S. 326 unten)
Wir lassen uns (sc. nicht von irdischen Zielen, sondern) allein von dem Wunsch leiten, den wahren Gott und seinen Logos zu erkennen (nämlich): Welches ist die Einheit des Sohnes mit dem Vater, welches die Gemeinschaft des Vaters mit dem Sohne? Was ist der Geist? Welches ist die Einheit dieser Mehrheit und die Unterscheidung in ihrer Einheit: des Geistes, des Sohnes und des Vaters[1]?

### Theophilus von Antiochien

*An Autolykus* (um 180)

Text: SChr 20, 1948 (G. Bardy; franz. Übers. von Sender) – Übers.: BKV 14 (A. De Pauli) – Lit.: Altaner § 19 – Reinhold: s. vor Nr. 20

**(40)**    2, 10
Als erstes lehrten sie (sc. die Propheten) übereinstimmend, daß Gott das All aus dem Nichts erschaffen hat[1]. . . . Gott, der sein Wort (Logos) in seinem eigenen Innern ruhend trug[2], zeugte es, indem er es vor allen andern Dingen mit seiner Weisheit heraustreten ließ[3]. Dieses Wort nahm er zum Helfer bei seinen Schöpfungswerken, und durch es hat er alles gemacht.

**(41)**    2, 15 (Mitte)
Ebenso sind auch die drei Tage (Gen. 1, 3–13) vor (sc. der Erschaffung) der

Himmelslichter Vorausbilder der Dreiheit[1]: Gottes, seines Logos und seiner Sophia.

**(42)** 2, 22

Der Gott und Vater aller Dinge hat keine bestimmte Stätte und ist nicht im Raume zu finden. ..... Aber sein Logos ..., der seine Kraft und Weisheit ist, hat die „Rolle"[1] des Vaters und Allherrn übernommen. Er kam in der „Rolle" Gottes ins Paradies und sprach mit Adam. Die hl. Schrift lehrt uns ja selbst, daß Adam sagte, er habe die Stimme gehört[2]. Was ist aber die Stimme anders

---

zu *(38)* 5 Hier zuerst wendet ein kirchlicher Schriftsteller das Wort ἀπόρροια, das im Gnostizismus eine substantielle Emanation meint, auf eine der göttlichen „Personen" an. Eine Rückkehr der vom Vater ausgesandten Kraft hat Justin (Dial. 128, 3) gerade abgelehnt. Ath. dagegen scheint sich den Geist noch nicht als wirkliche Hypostase gedacht zu haben.
6 Dem Geist gibt Ath. nicht das Attribut „Gott".
7 Vgl. Nr. 21.
8 Die Trinität steht im Zusammenhang mit einem großen Hofstaat der göttlichen „Monarchie". Ähnlich schon Justin, 1. Apol. 6, 2.

zu **(39)** 1 Ath. erreicht einen Fortschritt, indem er sowohl nach der Verschiedenheit wie nach der Einheit der göttlichen „Personen" fragt. Mit Recht sagt daher Reinhold, es werde „hier nachweislich zum ersten Mal das trinitarische Problem klar formuliert". Aber zu Unrecht meint er, man könne „jedenfalls ... bei Ath. schon von einer *Trinitätslehre im vollen Sinne* reden" (S. 98 und 100). Dazu sieht Ath. den Geist noch zu sehr als Kraft und zu wenig als Hypostase Gottes.

zu **(40)** 1 Die hier zuerst klar bezeugte Formulierung der Schöpfung aus dem Nichts nötigte dazu, den Ursprung des Sohnes von dem des Kosmos genauer abzuheben.
2 Th. benutzt als erster die stoischen Begriffe λόγος ἐνδιάθετος und (Nr. 42) λόγος προφορικός (das gedachte und das gesprochene Wort). Aber er wandelt die philosophische Vorstellung dahin ab, daß „das Wort" stets auch beim Vater bleibt.
3 Bis zur Schöpfung sind also Sophia und Logos in, nicht neben Gott zu denken. Logos hat bei Th. so wenig selbständige, „personale" Züge, daß in der Übersetzung öfter „Wort" und nicht Logos gesagt wurde. Man könnte auch übersetzen: Gott zeugte in (μετά) seiner Weisheit das Wort. Aber irgendwie sollen doch beide als Helfer der Schöpfung zusammen heraustreten und daher unterschieden werden; vgl. Nr. 41 und Reinhold S. 102 ff.

zu **(41)** 1 Als erster faßt Th. – aber ohne das Bewußtsein einer Neuerung – Gott und seine beiden nächsten Gestalten mit einem einheitlichen Begriff (Trias) zusammen. Dieser meint zunächst nur die Zahl drei (wie Pentas die fünf; z. B. Platon, Phaed. 104 A), sagt aber noch nichts von einer inneren Zusammengehörigkeit und Einheit. (Noch Epiphanius (Pan. 62, 3, 3) hielt es für nötig, das Wort Trias zu erläutern als μονάδα ἐν τριάδι καὶ τριάδα ἐν μονάδι.)

zu **(42)** 1 Prosopon, eigentl. Antlitz, Gestalt, aber auch die „Rolle" oder „Person", die jemand im Drama übernimmt.
2 Gen. 3, 10. Die Stimme (φωνή) ist das sinnenfällig gewordene Wort.

als der Logos Gottes, der auch sein Sohn[3] ist? . . . Als Gott aber alles, was er beschlossen hatte, schaffen wollte, zeugte er dieses Wort als heraustretendes, den Erstgeborenen aller Schöpfung (Kol. 1, 15), ohne daß er dabei den Logos einbüßte; vielmehr zeugte er den Logos und blieb mit seinem Logos ständig in Gemeinschaft. . . . Der Logos also ist Gott und aus Gott geworden[4], . . . dieser wird von ihm gesandt und ist im Raum zu finden.

## Gnostizismus und Marcionitismus (Texte Nr. 43–49)

Die Christologie der Gnostiker mußte ihrem Dualismus von Gott und Materie, Schöpfung und Erlösung sowie den vermittelnden Äonenspekulationen gemäß gestaltet werden. Marcion teilte mit der Gnosis den Dualismus, aber nicht die Äonenlehre. Ein dem gnostischen verwandter Doketismus findet sich auch in manchen neutestamentlichen Apokryphen, nicht nur solchen gnostischer Herkunft. (Vgl. ferner Nr. 63.)
Einige wenige Beispiele mögen andeuten, vor welcher Vielfalt von Möglichkeiten die christliche Lehrbildung im 2. Jahrhundert noch stand.

**Lit.:** Altaner §§ 29–31 – Liébaert § 1 (Lit.)

### 1. Gnostiker

*Das Evangelium der Wahrheit* (Mitte des 2. Jh.s?)

Die synkretistische Pneuma-Christologie dieser Homilie ist dem valentinianischen Gnostizismus verwandt.

**Text:** Evangelium Veritatis . . . edd. M. Malinine, H.-Ch. Puech, G. Quispel, Zürich 1956 (mit franz., deutsch. u. engl. Übersetzung); dazu Supplement 1961 – **Lit.:** Altaner § 30, 2 – Sasagu Arai: Die Christologie des Evangelium Veritatis. Eine religionsgeschichtliche Untersuchung, 1964.

**(43)**  p. 16, 31 – 17, 1 (S. 62 f.)
Das Evangelium der Wahrheit ist Freude für diejenigen, welche die Gnade empfangen haben vom Vater der Wahrheit, ihn zu erkennen durch die Kraft des Logos, welcher gekommen ist aus dem Pleroma, das ist in dem Gedanken und dem Nous des Vaters, welcher der ist, den man nennt den Erlöser, weil es der Name des Werkes ist, das er tun muß zur Erlösung von denen, welche (p. 17) den Vater nicht kannten . . .[1].

**(44)** p. 30, 36 – 31, 8 (S. 76 f.)
Viele haben das Licht empfangen, sie haben sich (p. 31) zu ihm gewandt. Aber es waren (ihm) fremd und sahen seine Gestalt nicht und haben ihn nicht erkannt die (von der) Hyle[1]. Denn er ist gekommen in einem Fleisch des Gleichnisses, ohne daß etwas seinen Gang verhindern konnte, weil es unvergänglich, nicht aufzuhalten war[2].

**(45)** p. 38, 6–17 (S. 80)
Der Name nun des Vaters ist der Sohn. Er (sc. der Vater) ist es, der im Anfang dem den Namen gegeben hat, der von ihm ausgegangen ist und der er selbst war[1] und den er als Sohn erzeugt hat. Er hat ihm seinen Namen gegeben, den er hatte – er, der Vater, dem alle bei ihm seienden Dinge gehören. Er hat den Namen, er hat den Sohn: es ist ihnen möglich, diesen zu sehen. Der Name dagegen ist unsichtbar . . .

**(46)** *Irenäus:* Gegen die Häresien 4, Vorrede § 3 (SChr 100, Z. 29)
Sie lästern auch gegen unsern Herrn, indem sie Jesus von dem Christus abschneiden und trennen und den Christus von dem Erlöser und den Erlöser wiederum von dem Logos und den Logos von dem Einziggeborenen. Und wie sie den Schöpfer aus einem Fall oder Versagen hervorgegangen sein lassen, ebenso ha-

---

zu *(42)*  3 Vom Logos-Sohn spricht Th. nur hier. Deshalb braucht man aber die Echtheit des Textes nicht zu bezweifeln; vgl. F. Loofs: Theophilus von Ant. adv. Marcionem usw. (TU 46/2), 1930, S. 394 ff.
4 Vorher hat Th. Joh. 1, 1. 3 zitiert. – Die kosmologische Ausrichtung der Logos- (und Sophia-) Lehre des Th. ist sehr deutlich. Von der Inkarnation spricht er so gut wie gar nicht; daher fehlen bei ihm auch die Namen Jesus und Christus. Einen Blick für die christologische Frage im engeren Sinne darf man daher bei ihm nicht erwarten.

zu **(43)**  1 Das Ev. Veritatis bietet Erlösung mittels einer Gotteserkenntnis, die durch den Kreuzestod Jesu gewonnen wird.

zu **(44)**  1 Die Hyliker verkennen, daß der Erlöser in seinem Innern der Logos und letztlich Gott selbst ist (Arai S. 84). Sie werden daher nicht von ihm erlöst. Person und Werk Christi bilden hier eine feste Einheit.
2 Arai (S. 80 und 85) übersetzt p. 31, 4b–8 so: Denn er ist herausgekommen mittels einer fleischlichen Gestalt, während nichts seinen Gang hinderte, weil es (=σάρξ ?) die Unvergänglichkeit (und die) Unfaßbarkeit ist. Nach seiner Deutung zieht der Sohn außer einem unvergänglichen Fleisch auch ein vergängliches an, welches das Leiden ermöglicht. Röm. 8, 3 dient dazu, Christi Fleisch von unserm sündigen Fleische zu unterscheiden; vgl. Nr. 68.

zu **(45)**  1 Zum personifizierten Namen Gottes vgl. Ev. Ver. S. 40, 9 ff.: „Er (sc. der Sohn) hat mithin den Namen nicht als Lehen empfangen wie die andern", und W. Bauer: Wörterb. z. NT, Art. ὄνομα I, 4b.

ben sie gelehrt, auch der Christus und der heilige Geist sei des Falles wegen
hervorgebracht worden (emissum) und der Erlöser sei die Frucht aus den gefallenen Äonen[1], so daß bei ihnen nichts von Lästerung verschont bleibt[2].

## 2. Marcion und Marcioniten

**(47)**   *Tertullian:* Gegen Marcion 1, 15, 6 (CC L 1)
Hinzu[1] kommt auch jeweils der zugehörige Christus, der eine, der unter Tiberius erschien, der andere, der vom Schöpfergott verheißen wird[2]. . .

*Tertullian:* Über das Fleisch Christi (CC L 2)
**(48)**   1, 2–4
(Z. 14) Um das Fleisch Christi zu leugnen, hat Marcion auch seine Geburt geleugnet, oder um die Geburt zu leugnen, hat er auch das Fleisch geleugnet . . .
3 Als ob er nicht mit derselben häretischen Willkür gleichfalls bei Anerkennung des Fleisches die Geburt hätte leugnen können wie sein – später abtrün-
niger – Schüler Apelles[1], oder sowohl das Fleisch wie die Geburt hätte bekennen, aber beide anders erklären können wie . . . Valentinus.   4 Aber natürlich – er, der ein nur vermeintliches Fleisch Christi eingeführt hat, konnte ebenso auch die Geburt als bloßen Schein (phantasma) denken, so daß Empfängnis, Schwangerschaft und Geburt der Jungfrau und danach der Lebenslauf des
Kindes für Schein gehalten wurden[2]. . .

**(49)**   5, 1–2
1 . . . Halte es für vernünftig, daß Gott gekreuzigt wurde, oder streiche auch
dies, Marcion . . .   2 Oder hast Du etwa deshalb die Leiden nicht von Christus weggestrichen, weil er als Phantasma keine Empfindung von ihnen hatte?[1]

**(50)**   **Das altrömische Symbol (R)** (Ende des 2. Jh.s)[1]

R war zunächst ein Tauf-, kein Lehrbekenntnis. Es wurde hier auch deshalb aufgenommen,
weil es, um einige Zusätze erweitert, später als „Apostolikum" in der ganzen abendländi-
schen Kirche verbreitet wurde.
Text: Hahn § 18 – H. Lietzmann: Symbole der Alten Kirche, [6]1968 (Kleine Texte 17/18),
S. 10 – **Übers.:** Steubing S. 16 – **Lit.:** Altaner § 24 – K. Holl: Zur Auslegung des 2. Artikels des sog. apostol. Glaubensbekenntnisses. Ges. Aufsätze zur KG 2, 1928, S. 115–128
– J. N. D. Kelly: Early Chr. Creeds (s. Lit.-Vz.), S. 119 ff. – A. Adam: DG 1, S. 194 ff.

Ich glaube an Gott, den Vater[2], den Allmächtigen;
und an Christus Jesus, seinen einziggeborenen[3] Sohn, unsern Herrn[4],
>    der geboren wurde aus dem heiligen Geist
>> und Maria der Jungfrau,
>    der unter Pontius Pilatus gekreuzigt und begraben wurde,
>    am dritten Tage auferstand von den Toten,
>    aufstieg zum Himmel,
>    sitzt zur Rechten des Vaters,
>> von wo er kommen wird, zu richten die Lebenden
>>> und die Toten;

und an den heiligen Geist, die heilige Kirche, Vergebung der
Sünden und Auferstehung des Fleisches. Amen.

---

zu **(46)**  1 Zur Übersetzung vgl. SChr. z. St.

2 Nach Gr.-B. 1, 34 trifft diese Darstellung auf die Ptolemäer zu, welche die Lehre Valentins weiterbildeten.

zu **(47)**  1 Nämlich zu den beiden Gottheiten (dem guten Gott des NT und dem gerechten des AT) und den ihnen von Tertullian durch Konsequenzmacherei zugewiesenen Mächten.

2 Nach Marcion hat Christus, dessen Epiphanie erst mit der Taufe beginnt, nichts zu tun mit dem kriegerischen Messias des alttestamentlichen Demiurgen (Adv. Marc. 3, 14) und mit der materiellen Welt (s. Nr. 48).

zu **(48)**  1 Nach Apelles hat Christus einen Fleischesleib aus der himmlischen Welt mit herabgebracht (Tert.: De carne Chr. 6, 3). Die Änderung der christologischen Vorstellung entspricht der Abweichung des Apelles von Marcion in der Gotteslehre. Denn er läßt die Welt zwar unvollkommen, aber doch von einem Engel des Einen, höchsten Gottes geschaffen sein.

2 Marcion hielt Gal. 4, 4 für eine Fälschung, Phil. 2, 6 f. und Röm. 8, 3 für Stützen seiner Auffassung.

zu **(49)**  1 Nach Marcion hat der Demiurg unwissend das Leiden Christi veranlaßt, das zu unsrer Erlösung dient. Offenbar meinte er mit dem Phantasma keinen bloßen Schein, sondern ein Sein ohne die menschliche Fleischesmaterie (vgl. Harnack: Marcion [2]1924, S. 125 f.).

zu **(50)**  1 Nach D. L. Holland (The earliest Text of the Old Roman Symbol; Church History 34, 1965, S. 262–281) ist R erst in der 2. Hälfte des 3. Jh.s nachzuweisen. Das älteste römische Taufsymbol läge daher in den Tauffragen der Traditio Apostolica Hippolyts vor. In dieser fehlen die Worte „unsern Herrn".

2 Marcell von Ancyra, der älteste Zeuge des Symboltextes (um 340), hat πατέρα ausgelassen, wahrscheinlich mit Absicht; s. W. Gericke: Marcell v. Ancyra, 1940, S. 116 ff.

3 Μονογενῆ (vgl. Joh. 1, 14. 18; 3, 18) könnte antignostisch gemeint sein (Kelly S. 118).

4 Da der Titel Sohn im ersten Relativsatz der Übersetzung durch die irdische Geburt erläutert (und begründet) wird (vgl. Luk. 1, 35; Matth. 1, 20), scheint der Verfasser die Logoschristologie mit ihrem Präexistenzgedanken nicht zu kennen oder beiseite zu rücken; so Holl, anders (mit ernsten Gründen) Kelly. Dagegen spricht die Grundform der orientalischen Bekenntnisse (s. Lietzmann: Symbolstudien; Kleine Schriften 3, 1962, S. 194 ff.)

**Irenäus von Lyon** (Ende des 2. Jh.s)

Irenäus stellte dem gnostischen Dualismus in der Gottes- und Erlösungslehre die Einheit
des Schöpfer- und Erlösergottes und seines Heilsplanes (Oikonomia) von Schöpfung und
Fall bis zu einer realen Erlösung und Vollendung durch den inkarnierten Logos entgegen.

**Text:** s. vor den einzelnen Nummern – **Übers.:** BKV 3–4, 1912 (E. Klebba; die Demonstratio von S. Weber) – Lateinische Übers. der (nur armenisch erhaltenen) Demonstr. von S.
Weber: S. Irenaei Demonstratio Apostolicae Praedicationis, 1917 – **Lit.:** Altaner § 34 –
Liébaert § 4 – Gr.-B. 1, S. 33–38 – A. Houssiau: La christologie de S. Irenée, Louvain
1955

*Gegen die Häresien*

**(51)**   3, 18, 7 (SChr 34; F. Sagnard)
Er (sc. Christus) hat also (in sich) den Menschen mit Gott vereinigt. Wenn nämlich nicht ein Mensch den Feind des Menschen besiegt hätte, wäre der Feind
nicht in gerechter Weise besiegt worden. Wenn andererseits nicht Gott das Heil
geschenkt hätte, würden wir es nicht sicher haben. Und wenn nicht der Mensch
mit Gott fest vereinigt worden wäre, hätte er nicht der Unvergänglichkeit teilhaftig werden können.[1]

**(52)**   3, 19, 2–3
2 (S. 334, 12) Dies[1] würden die Schriften nicht von ihm bezeugen, wenn er,
gleich wie alle anderen, nur Mensch gewesen wäre. Aber weil er, anders als alle
andern, in sich die erhabene Geburt[2] von dem Höchsten Vater hatte, aber auch
die erhabene Geburt (generatione) aus der Jungfrau erfahren hat, bezeugen die
göttlichen Schriften von ihm beides: einerseits, daß er Mensch ist, ohne Herrlichkeit und leidensfähig und auf einem Eselsfüllen reitend . . ., andererseits,
daß er Herr ist, der Heilige und Wunderbare . . .   3 Wie er nämlich Mensch
war, um versucht zu werden, so war er auch das Wort (der Logos), um verherr-
licht zu werden. In Ruhe blieb der Logos ($\dot{\eta}\sigma\upsilon\chi\acute{\alpha}\zeta\text{o}\nu\tau\text{o}\varsigma$), wenn er versucht, ge-
schmäht und gekreuzigt wurde und starb; er kam aber dem Menschen zu Hilfe,
wenn er siegte, im Leiden aushielt, auferstand und erhöht wurde.[3]

**(53)**   4, 20, 1 (SChr 100; A. Rousseau u. andere)
Nach seiner Größe kann man also Gott nicht erkennen, denn es ist unmöglich,
den Vater zu messen; aber nach seiner Liebe – sie ist es ja, die uns durch sein
„Wort"[1] zu Gott führt – lernen die, die ihm gehorchen, zu allen Zeiten, daß
Gott so groß ist[2] und daß er selbst durch sich selbst[3] alles geschaffen, gemacht,

ausgestattet hat und erhält . . . (Z. 11) Nicht also die Engel haben uns gemacht
oder uns gebildet – denn Engel hätten ja nicht ein Ebenbild (imago) Gottes
machen können – und auch kein anderer außer dem wahren Gott noch eine
Macht (virtus), die von dem Vater aller Dinge weit entfernt ist.[4] Denn Gott
hatte diese nicht nötig, um zu machen, was zu machen er bei sich selbst im
voraus beschlossen hatte, als hätte er gleichsam keine eignen Hände.[5] Immer
ist ja bei ihm das Wort und die Weisheit, der Sohn und der Geist, durch die
und in denen er alles frei und ungenötigt geschaffen hat; zu ihnen redet er auch,
wenn er sagt: ,Lasset uns einen Menschen machen . . .' (Gen. 1, 26). Aus sich
selbst hat er die Substanz der Geschöpfe und das Vorbild des Gemachten . . .
genommen.

**(54)**     5, 14, 2–3 (SChr 153; A. Rousseau, L. Doutreleau, Ch. Mercier)

2 (Z. 43) Was verloren gegangen war (sc. der Mensch), besaß Blut und Fleisch.

---

*zu (50)*     von der vorzeitlichen Zeugung des Sohnes und danach von seiner Fleisch- oder Menschwerdung oder von beidem (s. Nr. 90), ohne die Geburt aus Maria und dem Geiste zu erwäh-
nen.

zu **(51)**     1 Ir. formuliert gegen die Gnostiker deutlich die drei Hauptprobleme der späteren Streitigkeiten: wahre Gottheit, wahre Menschheit und Einheit Christi, und zwar um der wirklichen Erlösung willen. (Vgl. dazu Gilg S. 38 f.) Selbstverständlich ist in Christus das „Wort"
führend; der Mensch „in ihm" ist „sein Mensch" (homo eius), der den Satan entlarvt, so
daß der Logos diesen binden kann (5, 21, 3; dazu Liébaert S. 32).

zu **(52)**     1 Nämlich die Bezeichnungen Gott, Herr, ewiger König, Einziggeborener und fleischge-
wordenes Wort, die vorher genannt wurden.
2 Vielleicht ist genitura mit Zeugung zu übersetzen. Wichtig war, daß Ir. beide Geburten
demselben Subjekt (Christus, dem fleischgewordenen Logos) zuschrieb. Mit der Formel
vere homo et . . . vere deus (4, 6, 7) kommt Ir. der späteren Zweinaturenlehre sehr nahe.
3 § 3 ist nach dem griechischen Fragment übersetzt, von dem die alte lateinische Übersetzung mehrfach abweicht. – Der obige Text läßt es offen, ob Ir. seine dreiteilige Anthropologie (caro, anima, spiritus; 5, 9, 1) auch auf die Christologie übertragen hat; vgl. Liébaert
S. 32.

zu **(53)**     1 Den Logos.
2 In Kap. 19 hat Ir. die gnostische Unterscheidung eines oberen und unteren, also eines
jeweils durch den anderen begrenzten Gottes verworfen.
3 Da Ir. das „durch sich selbst" nachher als „durch das Wort und die Weisheit" erklärt,
sind diese in bestimmtem Sinne „Gott selbst". Vgl. Nr. 55.
4 Wie der Demiurg der Gnostiker dem Pleroma fernsteht (Kap. 19, 3).
5 Die Hände sollen auf die sichtbare Verwirklichung des göttlichen Planes hinweisen (Par-
allelen bei Lampe, Art. χείρ Nr. 11), sind aber nicht – wie etwa bei Anaxagoras (Diels-Kranz:
Die Fragmente der Vorsokratiker . . . I, Nr. 46 A 102) – vernunftlose Werkzeuge. Vgl. zur
obigen Stelle auch G. Kretschmar: Studien zur frühchristlichen Trinitätslehre, 1956, S.
34 f.

... Folglich hatte auch er (sc. der Herr) Fleisch und Blut, als er das Verlorene suchte und in sich nicht irgendeine andere, sondern die ursprüngliche Schöpfung des Vaters rekapitulierte [1] ... 3 Wenn nun jemand sagt, das Fleisch des Herrn sei insofern von unserm Fleisch verschieden, als es nicht gesündigt hat ..., wir aber Sünder sind, so hat er damit recht [2]. Wenn er jedoch dem Herrn eine andere Fleischessubstanz andichtet, dann wird für ihn das Wort von der Versöhnung nicht mehr seine Gültigkeit behalten.

(55)    *Erweis der apostolischen Verkündigung* 47 (SChr 62; Froidevaux)
Also ist der Vater Herr und ist der Sohn Herr, und der Vater ist Gott und der Sohn ist Gott; denn wer von Gott erzeugt ist [1], ist Gott. Und in dieser Weise wird nach Dasein und Kraft seines Wesens Ein Gott erwiesen, aber als Vollstrecker der Ordnung unsrer Erlösung (ist er) sowohl Sohn als auch Vater [2]. Denn da der Vater des Alls für die Geschöpfe unsichtbar und unnahbar ist, so bedurfte es für diejenigen, welche zu Gott gelangen sollten, der Hinführung zum Vater durch den Sohn.

### Die ersten christologischen Streitigkeiten (etwa seit 190):

### Adoptianismus und Modalismus (Texte Nr. 56—62)

Die aufkommende Logoschristologie stieß auf den lebhaften Widerstand der Monarchianer. Sie führten die unbestrittene Göttlichkeit des Erlösers entweder auf die Erfüllung eines erwählten Menschen mit göttlicher „Kraft" und „Adoption" zum Sohne Gottes zurück und wurden daher Dynamisten oder Adoptianer genannt, oder sie sahen in dem Sohn eine andere Seins- und Offenbarungsweise Gottes und waren „Modalisten". Beide Richtungen wahrten die „Monarchie", d. h. die strenge Einzigkeit Gottes, der keine andere präexistente göttliche Person neben sich hat. Im Altertum trugen nur die Modalisten den Namen Monarchianer. Die führenden Männer stammten aus dem Osten, fochten aber wie die Gnostiker den Kampf hauptsächlich in Rom aus.

Lit.: Liébaert § 5 A

### 1. Der Adoptianismus

(56)    *Hippolyt:* Widerlegung aller Häresien 7, 35, 2

Text: Hrsg. von P. Wendland, GCS 26, 1916 – Übers.: BKV 40, 1922 (K. Preysing)

Theodotus von Byzanz[1] . . . behauptet . . ., Jesus sei ein Mensch, der aus einer Jungfrau geboren ist nach dem Willen des Vaters; er lebte wie alle Menschen, erwies sich als sehr gottesfürchtig[2] und nahm später bei der Taufe am Jordan den Christus auf, der in Gestalt einer Taube von oben herabkam. Daher hätten die (sc. göttlichen) Kräfte nicht eher in ihm gewirkt, als bis sich das Pneuma als auf ihn herabgekommen zeigte, und dieses nennt er den Christus[3]. Sie wollen aber nicht (zugeben), daß er selbst bei der Herabkunft des Geistes Gott geworden sei; andere dagegen wollen es nach der Auferstehung von den Toten[4].

(57) *Epiphanius:* Panarion (Arzneikasten) gegen die Häretiker 54, 3, 1 und 5

Text: Hrsg. von K. Holl, GCS 31, 1922

1 Wiederum sagt derselbe Theodotus: „Das Gesetz hat von ihm gesagt: ‚Einen Propheten wird euch der Herr aus euren Brüdern erwecken wie mich; höret auf ihn' (Deut. 18, 15). Mose aber war ein Mensch. Der aus Gott Erweckte war also dieser Christus", so versichert er, „aber Mensch, da er aus ihnen kam, wie auch Mose ein Mensch war." 5 . . . „Und das Evangelium selber hat zu Maria gesagt: ‚Der Geist des Herrn wird über dich kommen' (vgl. Luk. 1, 35), und es hat nicht gesagt: Der Geist des Herrn wird in dir geboren werden."[1]

---

zu (54)  1 D. h. er faßte zusammen, erneuerte und vollendete. Über diesen Hauptbegriff des Ir. vgl. E. Scharl: Recapitulatio mundi, 1941. – Ir. kann auch vom „Annehmen" des Fleisches sprechen (adsumpsit carnem: 3, 9, 3).
2 Im Gegensatz zu den Gnostikern leitet Ir. das menschliche Unheil aus dem Sündenfall ab, nicht aus der materiellen Leiblichkeit. Am Ende von § 2 hat er Kol. 1, 22 zitiert.

zu (55)  1 Oder „gezeugt", „geboren".
2 Um der Oikonomia willen sind also in Gott der Vater und der Sohn zu unterscheiden. Der Begriff der göttlichen „Personen" ist für Ir. nicht sicher bezeugt. (Über einige unsichere armenische Belege s. Gr.-B. 1, 36 Anm. 20.)

zu (56)  1 Oder Th. der Gerber. Er nannte Jesus einen „bloßen Menschen". Vgl. auch Nr. 28 Anm. 4.
2 Die besondere sittliche Bewährung ist die Voraussetzung für die Adoption und Erhöhung.
3 Vgl. Harnack: DG 1, 709 Anm. 2.
4 Obwohl Papst Zephyrin den Theodot verurteilte, gab es in Rom vorübergehend eine Gemeinde von Dynamisten.

zu (57)  1 Man warf den Dynamisten vor, sie legten die Schrift mit Hilfe wissenschaftlicher Logik und mathematischer und naturwissenschaftlicher Studien falsch aus und schreckten auch vor Änderungen des Textes nicht zurück; vgl. Harnack: DG 1, 711 f. und H. Schöne: Ein Einbruch der antiken Logik und Textkritik in die altchr. Theologie. In: Pisciculi Fr. J. Dölger dargeboten, 1939, S. 252–265.

## 2. Der Modalismus

### a) Noet von Smyrna

Wahrscheinlich hatte vor Noet schon Praxeas in Rom modalistische Anschauungen vertreten; da sie weitgehend dem Gemeindeglauben entsprachen, hatte er dort keinen Streit erregt (vgl. Nr. 69).

(58)    *Hippolyt*[1]*:* Gegen Noet 2

> **Text:** P. Nautin: Hippolyte. Contre les hérésies, fragment, étude et édition critique. Paris 1949, S. 237

(Z. 8) Wenn ich nun Christus als Gott bekenne, dann ist er also der Vater; denn Gott ist Einer. Gelitten hat Christus, er, der Gott ist. Folglich hat also der Vater gelitten[2] . . . (Z. 28) Christus war ja Gott und litt um unsertwillen, er, der der Vater war, um uns retten zu können. Etwas anderes, erklärte er, können wir nicht sagen. Denn auch der Apostel bekennt einen einzigen Gott (Röm. 9, 5) . . . [3].

(59)    *Hippolyt:* Widerlegung aller Häresien 9, 10, 9 und 11 (vgl. Nr. 56)

9 . . . Ein und derselbe Gott . . . sei, wenn es ihm beliebte, den Gerechten der Vorzeit erschienen, obwohl er unsichtbar ist . . .    11 „Als nun der Vater nicht geboren war, wurde er (doch) mit Recht Vater genannt. Als er aber geruhte, sich einer Geburt zu unterziehen, wurde er als Geborener sein eigener Sohn, nicht der eines anderen." So nämlich meint er die „Monarchie" zu sichern . . . Mit Namen werde er gemäß dem Wechsel der Zeiten Vater und Sohn genannt. . . . Er habe sich vor denen, die ihn sahen, um seiner Geburt willen als Sohn bekannt; daß er aber der Vater sei, habe er denen nicht verborgen, die es fassen konnten.

### b) Sabellius

(60)    *Epiphanius:* Panarion 62, 1, 4.6.8 (vgl. Nr. 57)

4 Er und die auf ihn zurückgehenden Sabellianer[1] lehren, derselbe sei Vater, derselbe sei Sohn, derselbe sei heiliger Geist, wie an Einem Wesen (Hypostasis) drei Namen sind[2] oder wie am Menschen Leib, Seele und Geist sind, und der Leib sei sozusagen der Vater, der Sohn sozusagen die Seele, und wie der Geist am Menschen bestehe, so der heilige Geist in der Gottheit.    6 Oder es sei wie bei der Sonne, die als ein einziges Wesen besteht, aber drei „Energien" hat . . . 8 Der Sohn sei zu einer gewissen Zeit wie der Strahl gesandt worden, habe in

der Welt alles bewirkt, was zur evangelischen Heilsveranstaltung und zur Rettung der Menschen gehört, und sei dann wieder in den Himmel aufgenommen worden, so wie der Strahl von der Sonne entsandt wird und wieder in die Sonne zurückkehrt.

**(61)** *Ps.-Athanasius:* Vierte Rede gegen die Arianer 25

Text: PG 26, 505 C

(Sabellius sagt:) Wie es Verschiedenheiten der Gnadengaben gibt, aber denselben Geist (vgl. 1. Kor. 12, 4), so ist auch der Vater derselbe, dehnt sich aber zum Sohn und Geist aus ($\pi\lambda\alpha\tau\acute{\upsilon}\nu\epsilon\tau\alpha\iota$)[1].

**Lehräußerungen der römischen Bischöfe Zephyrin und Kallist**
(etwa 199 – etwa 217 und etwa 217 – 222)

**(62)** *Hippolyt:* Widerlegung aller Häresien 9, 11, 3 und Kap. 12, 15–19

Text: wie Nr. 56

11, 3 (Kallist) verleitete den Zephyrin[1] und überredete ihn, öffentlich zu erklären: „Ich kenne (nur) Einen Gott Christus Jesus und außer ihm keinen anderen ($\emph{ἕτερον}$), der geboren und leidensfähig wäre." Ein andermal aber sagte

zu **(58)**   1 Die Echtheit des Textes ist umstritten; s. Altaner § 45.
2 Wegen dieser Formulierung nannte man die Modalisten im Abendland gern – vielleicht vergröbernd (vgl. Harnack: DG 1, 746) – Patripassianer. Manche Marcioniten und Montanisten teilten ihre Anschauung.
3 Wenn Vater und Sohn nur in unserer Vorstellung und Sprache unterschieden sind, ist der strenge Monotheismus und die Wirklichkeit der Erlösung gesichert. Die Absage an das philosophische Axiom der Unveränderlichkeit Gottes hatte gewiß auch einen positiven Sinn, vereinfachte aber das Problem geschichtlicher Offenbarung und viele Aussagen der Evangelien zu sehr.

zu **(60)**   1 Sabellius trat seit etwa 215 in Rom auf, wirkte aber besonders im Osten nach.
2 Die unübersehbaren drei (!) Aspekte des Handelns Gottes veranlassen keine Unterscheidung von Hypostasen. Dieses Wort bezeichnet hier eine Wirklichkeit, in der Substanz und Person nicht unterscheidbar sind. (Weitere Belege bei Lampe 1457 a unten.) – Zum Vergleich mit der Sonne siehe oben Nr. 38 bei Anm. 5.

zu **(61)**   1 Sabellius soll sogar den Begriff „Sohnvater" ($\emph{υἱοπάτωρ}$) geprägt haben (Nr. 87 § 3). Wenn die Sabellianer nach späteren Berichten (Lampe 1187 b) drei Prosopa unterschieden, so meinten sie damit nur vorübergehende Erscheinungswesen oder „Rollen". Vgl. auch Nr. 62.

er: „Nicht der Vater ist gestorben, sondern der Sohn." So hielt er den Streit in der Gemeinde wach[2]. Als wir seine Ansichten kennengelernt hatten, billigten wir sie nicht, sondern übten Kritik und widerstanden um der Wahrheit willen. Er . . . nannte uns Ditheisten . . .

12, 15 . . . (Kallist) exkommunizierte den Sabellius als heterodox . . ., 16 . . . Er erfand folgende Irrlehre. Der Logos[3] selbst, sagte er, sei Sohn; er werde auch Vater mit Namen genannt, aber er sei das Eine unteilbare Pneuma[4]; 17 nicht sei das eine Vater, das andere Sohn, sondern es existiere (nur) ein und dasselbe. Und alles sei voll von dem göttlichen Geiste, oben und unten; und das in der Jungfrau Fleisch gewordene Pneuma sei nicht vom Vater verschieden, sondern ein und dasselbe (sc. mit ihm). Und das sei gemeint mit dem Wort (vgl. Joh. 14, 11): „Du glaubst nicht, daß ich im Vater bin und der Vater in mir ist?" 18 Denn was man sieht, also der Mensch, das sei der Sohn, und der im Sohne enthaltene Geist, der sei der Vater. „Denn", sagt er, „ich werde nicht zwei Götter lehren, Vater und Sohn, sondern Einen." Der in ihm gekommene Vater nahm das Fleisch an, vergöttlichte es, indem er es mit sich einigte, und bewirkte ein Einziges, so daß Vater und Sohn Ein Gott genannt werden und diese Person (Prosopon), die Eine ist, nicht zwei sein kann; und so habe der Vater mit dem Sohn gelitten[5]. 19 Er will nämlich nicht sagen, der Vater habe gelitten und sei die Eine Person. . . . Er schämt sich nicht, bald in die Lehre des Sabellius zu fallen, bald aber in die des Theodotus[6].

## (63)    Klemens von Alexandrien († vor 215)

Der folgende Bericht über die verlorenen „Skizzen" des Kl. soll vor allem zeigen, mit welch tiefem philosophischem und gnostischem Einfluß die kirchliche Lehrbildung an der Wende zum dritten Jahrhundert noch zu rechnen hatte.

Text: Photius: Bibliothek Cod. 109 (ed. R. Henry 1960), Z. 9−29 − Lit.: Altaner § 54 − Gr.-B. 1, S. 60−63 − Liébaert § 7 A

Die Hypotyposen bringen Erwägungen über einige Stellen der Alten und Neuen Schrift, die er offensichtlich in großen Zügen erklärt und auslegt.
An einigen Stellen scheint er die rechte Lehre zu bieten, an anderen dagegen läßt er sich ganz und gar zu gottlosen, mythischen Lehren fortreißen. Er redet nämlich von einer zeitlosen Materie und von Ideen, die von gewissen Schriftstellen vorgebracht würden, und den Sohn drückt er zu einem Geschöpf ($\kappa\tau\iota\sigma\mu\alpha$)

herab. Ferner phantasiert er von Seelenwanderungen und vielen Welten vor
Adam . . ., (Z. 20) und der Logos sei nicht Fleisch geworden, sondern es habe
nur so geschienen. Man kann ihm nachweisen, daß er von zwei Logoi des Vaters spekuliert[1]; der niedere von ihnen sei den Menschen erschienen, vielmehr
auch der nicht[2]. Er sagt nämlich: „Auch der Sohn heißt Logos, gleichnamig
mit dem väterlichen Logos, aber er ist nicht der, der Fleisch geworden ist; aber
auch nicht (ist Fleisch geworden) der väterliche Logos, sondern eine gewisse
Kraft (Dynamis) Gottes, sozusagen eine Emanation seines Logos[3], wurde *Nus*
und hat die Herzen der Menschen aufgesucht." Dies alles versucht er aus gewissen Schriftstellen zu erweisen . . .[4].

---

zu (62)  1 Kallist war sein Diakon.
2 In dem ersten, modalistisch klingenden Satz lehnt Zephyrin es ab, in Gott eine leidensunfähige Person von einer leidensfähigen zu unterscheiden. Der zweite Satz schränkt den
ersten ein, meint aber im Grunde mit dem Sohn keinen präexistenten, sondern den als
Mensch geborenen Gott selber – oder sogar nur den Menschen in Christus (vgl. unten Nr.
73 Anfang)? Daß Zephyrin und Kallist mit Kompromißformeln ihre Gemeinde zusam-
menhielten, bekämpfte Hippolyt als Heuchelei und Wankelmütigkeit bis zum Schisma.
Vgl. Harnack: DG 1, 739 ff.
3 Erst im Verlauf des Kampfes hat Kallist den Logosbegriff aufgenommen, aber nicht im
Sinne einer zweiten präexistenten Hypostase Gottes.
4 Statt der Worte ἓν δὲ ὅν τὸ πνεῦμα, die ohne grammatische Beziehung sind, lese ich
ἓν δὲ ὄντα (τὸ?) πνεῦμα. Die nähere Bestimmung der identischen göttlichen (Geist-) Substanz erinnert an stoische Vorstellungen.
5 Die Vereinigung des Gott-Geistes mit dem angenommenen Fleische ist so eng, daß der
„Sohn", d. h. der Inkarnierte, mit „Gott" identisch ist und die Einheit des göttlichen Prosopon nicht mindert. Weil der Eine Gott aber doch nicht unmittelbar, sondern erst als
„Mensch" litt, deshalb litt er als Sohn, und der Vater litt nur mit.
6 Vgl. hierzu Harnack: DG 1, 743. – Gerade wenn der Geist keine Hypostase ist, nähert
man sich der adoptianischen Vorstellung, der Sohn werde von einer Kraft erfüllt. Kallist
hat aber den Geist nicht vom Vater unterscheiden wollen, so daß der Modalismus in seiner
Christologie überwiegt. – Zum ganzen Text und besonders zum Begriff Prosopon vgl. Andresen (Lit.-Verz. III) in ZNW 1961, S. 5 f.

zu (63)  1 Zum doppelten Logos vgl. Nr. 88.
2 Μᾶλλον δὲ οὐδὲ ἐκεῖνον übersetzt Henry: „et non pas l'autre". Das verfehlt m. E. den
Sinn. Denn daß der höhere (väterliche, d. h. innere) Logos nicht erschien, ist selbstverständlich. Kl. sagt, auch der niedere (äußere) Logos oder Sohn (wohl als zweite „Person"
Gottes gedacht) sei nicht selbst, sondern nur als Nus zu den Menschen gekommen.
3 Vermutlich dachte Kl. über das Wirken des Nus ähnlich wie später Apollinaris von Laodicea; s. Gr.-B. 1, 60 ff. und Liébaert S. 47.
4 Die christologischen Theorien dienten großenteils dazu, die Mannigfaltigkeit und Ge-
gensätzlichkeit biblischer Aussagen und Andeutungen zu einem geschlossenen Ganzen zu
verarbeiten. Vgl. Einführung Abschn. II.

## Tertullian († nach 220)

Der Afrikaner Tert. hat die kirchliche Christologie gegen Gnostiker, Marcioniten und Modalisten verteidigt und – namentlich durch treffende Formulierungen und Begriffe – weiterentwickelt.

**Text:** Opera. CC L 1-2, 1954 – **Übers.:** Tertullians sämtliche Schriften . . . übers. von K. A. H. Kellner, 1882 – BKV (7 und) 24 – Apologeticum. Verteidigung des Christentums. Lat. und deutsch. Hrsg. . . . von C. Becker, [2]1961 – **Lit.:** Altaner § 44 – Liébaert § 6 – R. Cantalamessa: La cristologia di Tertulliano, Friburgo 1962 (Paradosis 18) – R. Braun: „Deus Christianorum". Recherches sur le vocabulaire doctrinal de Tertullien, Paris 1962 – W. Marcus: Der Subordinatianismus, 1963

**(64)**    *Apologetikum* 21, 13–14 (v. J. 197)

13 So (sc. wie der Strahl aus der Sonne) ist auch das, was von Gott ausgegangen ist, Gott und Gottes Sohn, und beide sind einer[1]; so hat der Geist vom Geiste und Gott von Gott, der Größe nach ein zweiter, die (Zwei-) Zahl dem Rang, nicht dem Wesen nach hervorgebracht und hat sich vom Urgrund nicht entfernt, sondern ist daraus hervorgetreten[2]. 14 Dieser Strahl Gottes also hat sich, wie früher immer wieder vorausgesagt wurde, in eine Jungfrau herabgelassen[3] und wird, in ihrem Leibe Fleisch geworden, geboren als ein Mensch, der mit Gott eng vereint ist[4]. . . . Nehmt diesen Mythus (fabula) einstweilen hin – er ist den euren ähnlich –, bis wir zeigen, wie man Christus (sc. als wirklichen Gottessohn) beweisen kann . . .

**(65)**    *Gegen Hermogenes* 3, 2–4 (um 200)

2 . . . „Gott" ist ja die Bezeichnung der Substanz selber, d. h. der Gottheit, „Herr" aber ist nicht die der Substanz, sondern der Macht. 3 Die Substanz war immer da zusammen mit ihrem Namen, nämlich Gott; erst danach wird der „Herr" genannt als etwas, was hinzutritt. Denn erst von da an, seit es Dinge gab, auf die sich die Macht eines Herrn richten konnte, wurde er, weil die Macht hinzukam, zum Herrn gemacht und Herr genannt. Gott ist ja auch Vater, und Gott ist auch Richter, aber er ist nicht deshalb immer Vater und Richter, weil er immer Gott ist. Er konnte ja weder Vater sein, bevor ein Sohn war, noch Richter, bevor Sünde war. 4 Es gab aber eine Zeit, als es die Sünde und den Sohn nicht gab, sie, die Gott zum Richter und ihn, der ihn zum Vater machen sollte . . .[1].

**(66)**    *Über das Fleisch Christi* (208–212 oder 206)

5, 7–8

7 So hat der Ursprung beider Substanzen (sc. in Christus) den Menschen und

Gott gezeigt: einerseits geboren, anderseits ungeboren, einerseits aus Fleisch, anderseits aus Geist, einerseits schwach, anderseits äußerst stark, einerseits sterbend, anderseits lebend. Diese Besonderheit der Seinsweisen, der göttlichen und der menschlichen, ist mit ganz derselben Wahrheit an jeder Natur, am Geiste wie am Fleische, verwirklicht[1]. Mit derselben Glaubwürdigkeit haben die Wunder des Gottesgeistes den Gott, die Leiden das Fleisch des Menschen erwiesen. 8 ... Wenn das Fleisch mit den Leiden vorgetäuscht ist, dann ist auch der Geist mit den Wundertaten unecht. Was spaltest du Christus durch eine Lüge? Nur als ganzer ist er Wahrheit gewesen.

**(67)** 14, 1 und 3

1 „Aber Christus hat auch", so sagt man, „ein Engelwesen (angelum) an sich genommen." Wie? So wie einen Menschen?[1] ... 3 ... Genannt wurde er zwar „Engel des großen Rates"[2], d. h. Bote — eine Bezeichnung des Dienstes, nicht des Wesens. ... Aber man darf ihn sich deshalb nicht so als einen Engel denken wie Gabriel oder Michael.

**(68)** 16, 2—5

2 ... Wir halten aber daran fest, daß nicht das Fleisch der Sünde in Christus

---

zu **(64)**  1 Um nicht modalistisch mißverstanden zu werden, sagte Tert. später mit Hinweis auf Joh. 10, 30: „Diese drei sind eines, nicht einer" (Adv. Prax. 25, 1).
2 A matrice non recessit, sed excessit. Die Unterscheidung von göttlichen Personen darf die Wesenseinheit nicht antasten.
3 Tert. hat die Jungfräulichkeit der Maria gerühmt, aber keine virginitas in partu und post partum angenommen; s. besonders De carne Chr. 23, 12 und H. Koch: Virgo Eva-Virgo Maria, 1937, S. 8 ff. sowie H. v. Campenhausen: Die Jungfrauengeburt in der Theologie der alten Kirche (SB Heidelberg, Phil.-hist. Kl. 1962, 3) S. 37 f.
4 „Mixtus" meint kein gottmenschliches Zwischenwesen (was Adv. Prax. 27, 8 verworfen wird), sondern die feste Einheit des Offenbarers (vgl. Liébaert S. 44 f.).

zu **(65)**  1 Da Tert., dem NT folgend, mehr an Gottes Handeln in Schöpfung und Erlösung denkt als an sein ewiges Sein, erscheint ihm der logische Unterschied zwischen der Gottheit und ihrem Handeln auch als ein zeitlicher. Die „spätere" Entstehung des Sohnes (vgl. Nr. 70) mindert aber nicht seine Göttlichkeit. Daher kann Tert. Christus dort, wo er ihn nicht als „Herr" vom Vater unterscheiden will, „Gott" nennen (z. B. Nr. 64).

zu **(66)**  1 Tert. spricht in der Christologie meist von Substanzen, selten von Naturen. „Seinsweise" (conditio) läßt an die äußeren Umstände denken. Zum Begriff Natur s. Nr. 68, zur Wirklichkeit beider Substanzen s. Nr. 73.

zu **(67)**  1 In der Auseinandersetzung mit den Valentinianern folgert Tert. daraus, daß Christus nicht die Engel erlösen sollte, er habe nicht deren Wesen angenommen.
2 Mit dieser Septuaginta-Fassung von Jes. 9, 5 haben schon die Apologeten gearbeitet, z. B. Justin: Dial. 126, 1.

beseitigt wurde, sondern die Sünde des Fleisches, nicht die Materie, sondern die Natur[1], nicht die Substanz, sondern die Schuld, gemäß dem Zeugnis des Apostels, der sagt: „Er hat die Sünde im Fleische zunichte gemacht" (vgl. Röm. 6, 6? ).   3 Wenn er nämlich an anderer Stelle (Röm. 8, 3) sagt, Christus sei „im Abbild (similitudo) des Sündenfleisches" gewesen, dann will er nicht so verstanden werden, daß er das „Abbild des Fleisches" wie ein Bild des Leibes, aber nicht dessen Wirklichkeit angenommen habe, sondern das Abbild des sündigen Fleisches[2] . . .   4 Deshalb behaupten wir auch, in Christus sei eben das Fleisch gewesen, dessen Natur im Menschen sündig ist . . . Was wäre es denn Großes, wenn er in einem besseren Fleische von anderer, d. h. nicht-sündiger Natur die Macht der Sünde beseitigt hätte? . . .   5 . . . Indem er unser Fleisch anzog, machte er es zu dem seinen; indem er es zu dem seinen machte, machte er es zu einem sündlosen. Im übrigen – das sei all denen gesagt, die meinen, in Christus sei deshalb nicht unser Fleisch gewesen, weil er nicht aus dem Samen eines Mannes stamme – möge man sich erinnern, daß auch Adam in diesem Fleische nicht aus dem Samen eines Mannes gebildet worden ist.

(69)   *Gegen Praxeas* (bald nach 212)
3, 1–2. 5; 4, 1 und 3
3, 1  Alle schlichten Leute, um nicht zu sagen die Unvernünftigen und Unwissenden – die immer die Mehrzahl der Gläubigen bilden –, . . . begreifen nicht, daß man zwar an nur Einen (unicum) Gott zu glauben hat, aber zusammen mit seiner Ökonomie, und erschrecken deshalb vor der Ökonomie[1]. Zahl und Entfaltung[2] der Trinität[3] halten sie für Teilung (divisio) der Einheit, während doch eine Einheit, die aus sich selbst[4] die Dreiheit hervorgehen läßt, von dieser nicht zerstört, sondern ausgeführt wird (administretur). Daher halten sie uns dann vor, wir lehrten zwei oder drei (sc. Gottheiten), sich aber rühmen sie als Verehrer des Einen Gottes, als ob nicht auch eine unvernünftig eingeschränkte Einheit zur Irrlehre führe und die vernünftig gedachte Dreiheit die Wahrheit bilde. 2 . . . Aber von Monarchia reden die Lateiner eifrig, Oikonomia wollen nicht einmal die Griechen verstehen.[5] . . . Dagegen erkläre ich: Keine Herrschaft gehört so einem allein, ist so Sache eines einzelnen, ist so „Monarchie", daß sie nicht auch durch andere, nächststehende Personen verwaltet würde, die sie sich selbst als ihre Amtsträger (officiales) beschafft hat. . .   5 Wie kann man also meinen, Gott erleide im Sohne und im heiligen Geiste, die die zweite und die dritte Stelle erhalten haben und so sehr Mitbesitzer der Substanz des Vaters sind, eine Teilung und Aufspaltung (dispersio), die er nicht erleidet durch so

zahlreiche Engel, die doch der Substanz des Vaters fremd sind?[6]
4, 1 Ich leite den Sohn nicht anderswoher ab als aus dem Wesen (substantia)
des Vaters: er tut nichts ohne des Vaters Willen (vgl. Joh.
5, 19), er hat alle Ge-
walt vom Vater erhalten (vgl. Matth. 28, 18). Wie könnte ich da in der Glaubenslehre die Monarchie aufheben, die ich doch, sofern sie dem Sohne vom Vater
übergeben wurde, im Sohne aufrecht erhalte? Das will ich auch für die dritte
Stufe gesagt haben; denn ich denke mir den Geist nicht anderswoher als vom
Vater durch den Sohn . . . 3 Wir sehen also, daß der Sohn die Monarchie
nicht beeinträchtigt, auch wenn sie heute bei dem Sohne ist; denn sie ist in
ihrem eignen Wesen (status) bei dem Sohne und wird mitsamt ihrem eignen
Wesen dem Vater vom Sohne wieder übergeben werden.[7]

zu **(68)** 1 Die Natur des Menschen ist die durch den Sündenfall näher bestimmte Substanz, eine
„zweite Natur" (vgl. hierzu H. Karpp: Probleme altkirchlicher Anthropologie, 1950, S. 57 f.).
2 Die Sündlosigkeit des Fleisches Christi schränkt nach Tert. dessen Realität nicht ein, daher auch nicht die Erlösung der Menschheit. Diese umfaßt (vgl. Nr. 75) Fleisch und Seele,
die für Tert. auch die höheren Geisteskräfte einschließt (vgl. Karpp S. 42 f. und 49).

zu **(69)** 1 Der Begriff Oikonomia (lat. dispositio oder dispensatio) (vgl. Nr. 4 und 31), der auch die
Inkarnation bezeichnet, ist nicht frei von einer zeitlichen Bedeutung; vgl. Nr. 70. Weiteres
in der Ausgabe von E. Evans (2. Aufl. 1956) u. bei Braun (s. dessen Register).
2 Dispositio; vgl. 2, 4: oikonomiae sacramentum, quae unitatem in trinitatem disponit.
Dabei sind, wie es dort weiter heißt, status, substantia und potestas von Vater, Sohn und
Geist dieselben, während gradus, formae, species (Würde, Erscheinung, Auftreten) drei-
fach sind. Die Abstufung zeigt, daß der Unterschied der Personen kein bloßer Schein ist,
wie die Modalisten meinen.
3 Der Begriff trinitas begegnet erstmals in dieser Schrift und nimmt den valentinianischen
Begriff Trias auf. Als Ableitung von trinus bezeichnet er von vornherein stärker als das
griechische Wort „trias" auch die Einheit der gezählten Dinge.
4 Ex semet ipse bezeichnet zunächst die Herkunft der Trinität aus dem Einen Gott, dann
aber auch die Freiwilligkeit seines Sichentfaltens. Durch diese unterscheidet sich die Trinität von innerlich notwendigen Emanationen. Noch deutlicher wird das Moment der Freiwilligkeit zuweilen in der Inkarnation hervorgehoben; s. Nr. 155.
5 Sie müßten doch dieses Wort aus ihrer Sprache besser begreifen als die Lateiner!
6 Zum Problem der „Monarchie" Gottes vgl. auch R. Bring: Die Bedeutung des AT usw.
(s. Lit.-Verz.), bes. S. 21 f.
7 Wenn die Ausübung der Einen Macht verteilt oder durch die Auferstehung auf den Sohn
vorübergehend übertragen wird, ändert sich an ihrer Einheit und ihrem Wesen nichts. —
Die Stelle 1. Kor. 15, 24—28 hat Tert. als erster Kirchenvater zitiert; s. dazu E. Schendel
(s. Lit.-Vz. III) S. 30 ff. — Auch für Novatian (De trinitate, hrsg. von H. Weyer, 1962, §§
191—193) bleibt der vorübergehende Machtwechsel zwischen Vater und Sohn innerhalb
ihrer Wesenseinheit (substantiae communio, 192), wie ihm 1. Kor. 15, 24 ff. beweist.

**(70)**   5, 2–4. 6–7

2 Bevor alle Dinge waren, war Gott allein; er war sich selbst Welt und Raum
und alles. Allein aber war er, weil nichts sonst außer ihm war. Jedoch war er
nicht einmal damals allein; denn bei sich hatte er ja seine Vernunft (ratio), die
er in sich selbst hatte[1]... 3 Die Griechen nennen sie Logos, womit wir auch
das Wort (sermo) bezeichnen; deshalb ist es dann bei uns Christen üblich geworden, in schlichter Übersetzung zu sagen, das Wort sei im Anfang bei Gott
gewesen (vgl. Joh. 1, 1 f.), während es doch angemessen wäre, die Vernunft für
älter zu halten[2]. Denn Gott war nicht von Anfang an worthaft (sermonalis),
sondern vernunfthaft, und zwar vor dem Anfang, und das Wort selbst zeigt, indem es in der Vernunft gründet, daß diese als seine Substanz älter ist.   4 Doch
macht es auch so keinen Unterschied. Wenn Gott nämlich sein Wort auch noch
nicht ausgesprochen hatte, so hatte er es ebensogut mit und in der Vernunft
innerhalb seiner selbst, während er schweigend mit sich selbst bedachte und
plante, was er dann durch das Wort sagen wollte[3]...   6 So ist das Wort (sermo), durch das du denkend sprichst und durch das du sprechend denkst, ge-
wissermaßen ein zweiter in dir; das Wort selbst ist ein anderer (alius)[4].   7...
Ich kann also ohne Leichtfertigkeit feststellen, auch damals vor der Schöpfung
des Alls sei Gott nicht allein gewesen, weil er vielmehr in sich die Vernunft
hatte und in der Vernunft das Wort, das er durch seine innere Tätigkeit zu einem zweiten nächst ihm gemacht hatte.

**(71)**   7, 1. 5

1 Damals also empfing auch das Wort selbst seine Gestalt und Ausstattung,
nämlich Ton und Klang (vox), als Gott sprach: „Es werde Licht." Das ist die
vollkommene Geburt des Wortes, als es aus Gott hervortrat (procedit)[1]...
5 „Dann nimmst du also an", fragst du, „daß das Wort eine Art Substanz ist,
die aus Geist (spiritus) und Weisheit und Vernunft besteht? " Natürlich. Du
willst es dagegen nicht als wirklich substanzhaft kraft der Besonderheit seiner Substanz ansehen, so daß es als Sache und Person[2] zu erscheinen vermag
und, als zweiter neben Gott gestellt, bewirken kann, daß zwei da sind, Vater
und Sohn, Gott und der Logos (sermo).

**(72)**   12, 3

Ja, weil ihm (sc. dem Vater) bereits der Sohn, sein Wort als zweite Person (se-
cunda persona), beigesellt war und als dritte der Geist im Wort, deshalb sagte
er in der Mehrzahl „Laßt uns machen", „unser" (Gen. 1, 26) und „uns" (Gen. 3, 22).

**(73)** 27, 1. 6. 11–13

1 ... Durch die Unterscheidung von Vater und Sohn, die wir bei fortbeste-
hender Verbundenheit entfalten wie bei Sonne und Strahl, Quelle und Fluß,
ohne daß die Zahl zwei oder drei eine Teilung besagt[1], werden (die Modalisten)
von allen Seiten zurückgewiesen. Deshalb versuchen sie, jene Unterscheidung
anders, aber um nichts weniger in ihrem Sinn zu deuten, (nämlich so,) daß sie
unverändert in der Einen Person (sc. Gottes) beides unterscheiden, Vater und
Sohn, und erklären, der Sohn sei das Fleisch, d. h. der Mensch, d. h. Jesus, der
Vater aber sei der Geist, d. h. Gott, d. h. Christus[2]... 6 Welcher Gott ist nun
in ihm (sc. dem Fleische) geboren worden? Der Logos und der Geist, der mit
dem Logos nach dem Willen des Vaters geboren wurde. Also befindet sich der
Logos im Fleische; daher ist weiter zu fragen, wie der Logos Fleisch geworden
ist, ob er sozusagen in Fleisch verwandelt wurde (transfiguratus) oder mit dem
Fleische bekleidet (indutus). Auf jeden Fall wurde er damit bekleidet; man
muß doch Gott für unveränderlich und gestaltlos halten, da er ewig ist...
11. So lehrt auch der Apostel von seinen beiden Substanzen; er sagt (Röm. 1, 3
f.): „Der geworden ist (factus est) aus dem Samen Davids" — das wird der
Mensch und Menschensohn sein —, „ der zum Sohn Gottes erklärt (definitus)
worden ist nach dem Geist" — das wird Gott sein und der Logos Gottes, der
Sohn. Wir erkennen also ein doppeltes Wesen (status), nicht vermischt, sondern
in Einer Person vereinigt, Jesus — als Gott und als Mensch[3] —, von Christus aber

---

zu (70)  1 Vgl. Nr. 65. – Mittelbar existiert auch der Sohn immer, aber Tert. nennt ihn nicht gleich ewig.
2 Tert. gibt „logos" vorzugsweise durch sermo wieder, während sonst ratio üblich war; er
folgte entweder der nordafrikanischen Umgangssprache oder der ihm vorliegenden Bibel-
übersetzung. Vgl. Braun S. 256 ff. Zuweilen sagt Tert., weil ihm weder „Wort" noch „Vernunft" allein genügt, sermo et ratio; so Apol. 21, 10.
3 Zum doppelten „Wort" s. Nr. 40. – Tert. zeigt im Folgenden ausführlich, wie Denken
und Sprechen beim Menschen immer zusammen da sind.
4 Kurz vorher hat er das Wort als conlocutor (Gesprächspartner) personifiziert.

zu (71)  1 Das Dasein als ratio in Gott beruhte sozusagen auf unvollkommener Geburt.
2 Die Zusammenstellung „res et persona" lehrt (wie der griechische Gebrauch von πρᾶγμα),
daß dem trinitarischen Personbegriff der neuzeitliche Begriff der Persönlichkeit ganz
fern lag; gedacht ist an das konkrete Einzelne.

zu (73)  1 Die Übersetzung der Worte per individuum tamen numerum duorum et trium ist uns
sicher.
2 Vgl. Nr. 62 (§ 18).
3 In der Abwehr des Modalismus wendet Tert. hier (und nur hier) als erster auf Christus
oder Jesus den Personbegriff an und kommt beiläufig ganz nahe an die chalcedonische
Formel heran, indem er von Einer Person und zwei Substanzen spricht, die je nach ihrer
Besonderheit handeln. Dagegen spricht Cantalamessa (S. 150 ff.) Tert. den christologischen

rede ich später[4]; und die Besonderheit (proprietas) jeder der beiden Substanzen ist so sehr gewahrt, daß sowohl der Geist seine Tätigkeiten in ihm ausgeübt
hat, d. h. Wundertaten, Werke und Zeichen, als auch das Fleisch seine Leiden
auf sich genommen hat, als es gegenüber dem Teufel Hunger spürte und gegenüber der Samariterin Durst, über Lazarus weinte, betrübt war bis in den
Tod und schließlich starb.    12. Wäre er aber etwas Drittes, aus beidem Ver-
mischtes (confusum) wie das Elektron[5], dann wären nicht so unterschiedliche
Zeugnisse beider Substanzen zu sehen, sondern der Geist hätte fleischliche Tätigkeiten und das Fleisch geistliche verrichtet aufgrund von Übertragung[6] oder
weder fleischliche noch geistliche, sondern solche von einer dritten Art aufgrund von Vermischung.    13. Ja das „Wort" wäre gestorben oder das Fleisch
wäre nicht gestorben, wenn sich das „Wort" in das Fleisch verwandelt hätte
(conversus esset); denn das Fleisch wäre unsterblich gewesen oder das „Wort"
sterblich. Aber da beide Substanzen, jede in ihrem Sein (status), unterschiedlich (distincte) handelten, deshalb wurden ihnen auch ihre eigenen Tätigkeiten und Ausgänge zuteil.

**(74)**    29, 1–2. 6

1 . . . Es mag genug sein zu sagen, Christus, der Sohn Gottes, sei gestorben,
und auch das nur, weil es so geschrieben steht[1]. Denn auch der Apostel, der
nicht ohne (ein Gefühl der) Bedrückung es ausspricht, Christus sei gestorben,
fügt hinzu „nach den Schriften" (vgl. 1. Kor. 15, 3), um durch die Autorität der
Schriften die Härte des Satzes zu mildern und beim Hörer den Anstoß zu beseitigen.    2 Da nun in Christus Jesus zwei Substanzen erkannt sind, die göttliche und die menschliche, und es feststeht, daß die göttliche unsterblich ist,
die menschliche aber sterblich, ist es doch klar, in welchem Sinne er ihn gestorben nennt, nämlich als Fleisch, Mensch und Menschensohn, nicht als Geist,
„Wort" und Gottessohn. Kurz, wenn er sagt, der Christus ist gestorben, d. h.
der Gesalbte, dann macht er deutlich, gestorben sei, was gesalbt wurde, d. h.
das Fleisch.    6 . . . Der Vater ist ebenso unfähig, mit zu leiden, wie der Sohn
zu leiden. . .

**(75)**    30, 1–4

1 . . . Du liest, daß er in seinem Leiden ausrief: „Mein Gott, mein Gott, warum hast du mich verlassen?" . . .    2 Aber dieser Ausruf des Fleisches und
der Seele – d. h. des Menschen, nicht des Logos und nicht des Geistes, also
nicht Gottes – wurde dazu ausgestoßen[1], um Gott als leidensunfähig zu erwei-

sen; er hat den Sohn (nur) in der Weise „verlassen", daß er dessen (sc. zugehö-
rigen) Menschen[2] in den Tod gab.   3 ... So verließ er ihn: indem er ihn nicht
schonte; so verließ er ihn: indem er ihn dahin gab.   4 Doch den Sohn hat der
Vater nicht verlassen, wenn der Sohn in dessen Hände seinen Geist legte (vgl.
Luk. 23, 46). Er (sc. der Sohn) legte ihn (sc. den Geist) also dorthin und starb
alsbald; denn solange der Geist im Fleische bleibt, kann das Fleisch überhaupt
nicht sterben. So wurde das Verlassenwerden vom Vater für den Sohn zum
Sterben.


## Origenes († 254)

Text: siehe vor den einzelnen Nummern – Lit.: Altaner § 55 – Liébaert § 7 B – Gr.-B. 1,
S. 63–68 – F.-H. Kettler: Der ursprüngliche Sinn der Dogmatik des Origenes, 1966 (Bei-
heft 31 zur ZNW) – M. Eichinger: Die Verklärung Christi bei Origenes. Die Bedeutung des
Menschen Jesus in seiner Christologie. Wien 1969. (Wiener Beiträge zur Theologie, hrsg. von
der Kath.-theolog. Fakultät der Univ. Wien, 23)


### Von den Prinzipien (220–230)

**(76)**   2, 6, 3–4. 6[1] (Hrsg. von P. Koetschau, GCS 22, 1913, S. 141, 27–145, 22)
3 Da (der einziggeborene Sohn Gottes) selbst das unsichtbare „Bild" des „un-

Personbegriff ab und bezieht das Wort auf die zweite Person der Trinität; aber s. meine
Besprechung im ZKG 75, 1964, S. 369 ff. – Tert. entnahm den Begriff Person der profanen
Sprache. In der Personeinheit Christi sah er noch kein besonderes Problem. Er scheint sie
gemäß der stoischen Lehre als eine κρᾶσις δι' ὅλων zu denken, bei der die „gemischten"
Substanzen erhalten bleiben und kein Drittes bilden; s. Cantalamessa Kap. 8. – Über die
prosopographische Exegese als Voraussetzung für Tert.s trinitarischen Personenbegriff s.
Andresen (Lit.-Verz. III) S. 18 ff.
4 In Kap. 28.
5 Elektron bezeichnet nicht nur den Bernstein, sondern auch ein Gemisch von Gold und
Silber.
6 Tert. läßt hier keinen Raum für die spätere Theorie einer communicatio idiomatum zwischen den beiden vollständigen Naturen Christi.

zu **(74)**   1 Die lästerhafte Folgerung aus dem Modalismus, der Vater sei gestorben und auferweckt
worden, will Tert. gar nicht in Betracht ziehen (Kap. 28). Gegen die Marcioniten hat er sich
De carne Christi 5, 4 sehr viel weiter vorgewagt, indem er schrieb: Crucifixus est dei filius,
non pudet, quia pudendum est. Et mortuus est dei filius; credibile est, quia ineptum est.

zu **(75)**   1 Tert.s Rhetorik macht eine Einzelheit der Leidensgeschichte zu einem geplanten Be-
weisstück für rechte Lehre. Vgl. Nr. 168.
2 Hominem eius (vgl. Anm. zu Nr. 51) unterstreicht die Ganzheit der menschlichen Natur
und zugleich die Einheit Christi.

sichtbaren Gottes" (vgl. Kol. 1, 15) ist, hat er allen vernünftigen Geschöpfen in unsichtbarer Weise derart Anteil an ihm selber gewährt, daß jeder an ihm soviel Anteil nahm, wie er ihm in inniger Liebe anhing. Aber je nach dem Vermögen des freien Willens hatten Veränderlichkeit und Verschiedenheit eine jede Seele[2] (animus) ergriffen, so daß die eine ihren Schöpfer brennender, die andere schwächer und matter liebte. Dagegen hing jene Seele (anima), von der Jesus gesagt hat: „Niemand reißt meine Seele von mir" (Joh. 10, 18), im Anfang der Schöpfung und fortan ihm – als der Weisheit und dem Worte Gottes und der Wahrheit und dem wahren Licht – untrennbar und unablösbar an, und ganz nahm sie ihn ganz (tota totum) auf und ging selbst in sein Licht und seinen Glanz über. So wurde sie vom Ursprung an mit ihm Ein Geist[3] (unus spiritus), wie auch der Apostel denen, die ihn nachahmen sollten, verspricht: „Wer sich mit dem Herrn verbindet, ist Ein Geist (mit ihm)" (1. Kor. 6, 17).

Indem also dieses Seelenwesen (substantia animae) zwischen Gott und dem Fleische vermittelte – es wäre ja unmöglich gewesen, daß sich Gottes Wesen (natura) ohne Mittler mit einem Leibe vereinigte (misceri[4]) –, wurde, wie gesagt, der Gott-Mensch[5] geboren, da es jenes mittlere Wesen gab, dessen Natur es selbstverständlich nicht widersprach, einen Leib anzunehmen. Aber andererseits ging es jener Seele als einer Vernunft-Substanz nicht wider ihre Natur, Gott aufzunehmen, in (S. 143) den als in das Wort, der Weisheit und die Wahrheit sie, wie gesagt, schon ganz übergangen war. Deshalb wird sie auch mit Recht dafür, daß sie ganz im Sohne Gottes war oder den Sohn Gottes ganz in sich faßte, auch selbst mit dem angenommenen Fleische Sohn Gottes und Kraft Gottes, Christus und Gottes Weisheit genannt. Und andererseits wird Gottes Sohn, „durch den alles geschaffen ist" (vgl. Kol. 1, 16), Jesus Christus und Sohn des Menschen genannt. Denn einerseits heißt es vom Sohne Gottes, er sei gestorben, nämlich gemäß jener Natur, die ja den Tod erleiden konnte[6]; andererseits wird er Menschensohn genannt, der gemäß der Verkündigung „kommen wird in der Herrlichkeit Gottes des Vaters mit den heiligen Engeln" (vgl. Matth. 16, 27 Par.). Aus diesem Grunde wird in der ganzen Schrift ebenso die göttliche Natur mit menschlichen Begriffen bezeichnet, wie die menschliche Natur mit den Merkmalen göttlicher Benennung geschmückt wird. Von ihm kann ja mit mehr Recht als von irgendeinem andern gesagt werden, was geschrieben steht: „Die beiden werden in (!) Einem Fleische sein, und sie sind nicht mehr zwei, sondern Ein Fleisch" (Matth. 19, 5 f.; Gen. 2, 24). . . . Und wem sollte es wiederum mehr zukommen, mit Gott „Ein Geist" zu sein (vgl. 1. Kor. 6, 17), als dieser Seele, die sich mit Gott so in Liebe verbunden hat, daß

sie verdientermaßen „Ein Geist" mit ihm genannt wird?
4 Deshalb ist Christus auch Mensch geworden, indem er diesen (sc. Menschen) aufgrund menschlicher Bewährung fand. . . (Ps. 45, 8)[7]. Es war in der Ordnung, daß der, der niemals von dem Einziggeborenen getrennt war, mit dem Einziggeborenen zusammen benannt und zusammen mit ihm verherrlicht wurde. . . (S. 144) Dank der Liebe also wird er mit „Freudenöl" gesalbt, d. h. wird die Seele mit dem „Wort" Gottes zum Christus. . . . Wenn er aber „vor den Gefährten" sagt[8], gibt er zu verstehen, daß ihm die Gnadengabe des Geistes nicht gegeben worden ist wie den Propheten, sondern in ihr die wesenhafte (substantialis) „Fülle" des Gott-Logos selbst war . . . (Kol. 2, 9).

---

zu (76)  1 Der Text gehört zum Kapitel De incarnatione Christi. Er ist zwar nur in Rufins ziemlich freier lateinischer Wiedergabe erhalten, wird aber in allem Wesentlichen durch griechische Fragmente bestätigt (s. Koetschaus Anmerkungen).
2 D. h. das noch nicht zur anima oder Psyche „erkaltete" Vernunftwesen (Nus). Die menschliche Erlösung ist die Rückkehr in jene präexistente Geistigkeit.
3 Der Logos und Sohn Gottes hat also die Eine rein gebliebene Geistseele nicht erst zur Menschwerdung mit sich vereint (so dagegen Adam: DG 1, 185). – Or. wollte gewiß die Identität des fleischgewordenen Logos mit dem Logos, der Sohn ist, festhalten (s. den ganzen Text und Gr.-B. 1, 65). Aber er bot doch den Kritikern des 6. Jh.s die Möglichkeit, ihn oder die zeitgenössischen Origenisten so zu verstehen, als sei nur der (mit dem Logos geistig vereinte) *Nus* in Christus gekommen; s. Anathematism. 8 und 9 von 543, Hahn § 175. – Bei Or. hat nur der denkende, fortgeschrittene Christ Einsicht in die ontologische Verschiedenheit zwischen Christus und dem ewigen Gott-Logos. Der einfache Gläubige hält sich an die Heilsgeschichte und sieht den Sohn (mit dem heiligen Geist) so nahe bei Gott und so eng mit der Geistseele vereint, daß er Gott heißen darf und als solcher in Christus gegenwärtig ist. In dieser abstufenden Verbindung des personalen, mehr anschaulichen Denkens mit dem ontologischen Denken spiegelt sich die Vorordnung der „Theologia" vor der „Oikonomia" (s. Einleitung I, 1 und IV, 4).
4 Das platonische Axiom (z. B. Timäus 30 b) wurde für die Entwicklung der Christologie sehr wichtig; s. Apollinaris v. Laod. – Zu ‚misceri' vgl. Nr. 64.
5 Deus homo steht wohl für θεὸς ἄνθρωπος. Die Zwillingsbildung θεάνθρωπος ist bei Or. noch nicht belegt. – Über die Realität beider Naturen s. Gr.-B. 1, 63. Zum angenommenen Fleische gehört auch eine menschliche (niedere) Seele; s. Nr. 82 und 83 sowie H. Karpp (Lit.-Vz. III) S. 188 f.
6 Or. war kein Doketist. Im Gespräch mit Heraklides (7, Z. 5; SChr 67, S. 70) sprach er den Grundsatz aus: „Der Mensch wäre nicht ganz gerettet worden, wenn er (Christus) den Menschen nicht ganz angenommen hätte." Trotzdem „entschärft" sein System die Inkarnationslehre in anderer Weise; vgl. Elert, Ausgang (Lit.-Vz.) S. 271 ff. (über die Synkatabasis).
7 Die Willensfreiheit und damit die eigne Bewährung sind im System des Or. grundlegend für Fall und Erlösung.
8 D. h. mehr als sie (sc. wird der gerechte Herrscher gesalbt) und, auf die Substanz gesehen, nur er.

6 (S. 145, 17) Auf diese Weise ist auch jene Seele, die wie das Eisen im Feuer
so immer im Wort, immer in der Weisheit, immer in Gott gelegen hat, daher
in allem, was sie tut, was sie empfindet, was sie erkennt, Gott[9]. Deshalb kann
man sie nicht wandelbar oder veränderlich nennen; denn da sie aufgrund der
Einheit mit dem Gott-Logos für immer (indesinenter) zu Feuer geworden ist,
hat sie die Unveränderlichkeit erworben.

(77)    4, 4, 1 (S. 349, 11–350, 11)
Aus dem Willen[1] des Vaters wurde dieser Sohn geboren, der „das Bild des unsichtbaren Gottes" und „Abglanz seiner Herrlichkeit und Abdruck seines Wesens", „Erstgeborener vor aller Schöpfung", Geschöpf und „Weisheit" ist[2]. Die
Weisheit selber sagt nämlich: „Gott schuf mich als Anfang seiner Wege für seine Werke" (Spr. 8, 22). . . . Ich möchte es aber wagen hinzuzufügen, daß er
auch, wenn er die „Ähnlichkeit" des Vaters ist, niemals nicht war. Wann hatte
denn Gott, der nach Johannes Licht heißt – denn „Gott ist Licht" (vgl. 1. Joh.
1, 5) –, keinen „Abglanz seiner Herrlichkeit, so daß man den Anfang eines
Sohnes setzen dürfte, der vorher nicht war? . . . Denn wer zu sagen wagt: „Der
Sohn war einmal nicht"[3], der soll doch einsehen, daß er auch sagen wird: Die
Weisheit war irgendeinmal nicht, und der Logos war nicht, und das Leben war
nicht, während doch in ihnen allen das Wesen Gottes des Vaters vollkommen
gegenwärtig ist.

(78)    *Über das Gebet* 15, 1 (um 232/34) (GCS 3, 1899, S. 333, 26–334, 15)
Wenn wir hören, was denn „Gebet"[1] bedeutet, dann darf man zu keinem von
dem Gewordenen „beten", auch nicht zu Christus selber, sondern allein zu
dem Gott des Alls und Vater, zu dem auch unser Erlöser selbst gebetet hat. . . (S.
334, 4) Wenn nämlich . . . der Sohn im wesenhaften Sein und der Substanz[2]
(κατ᾽ οὐσίαν καὶ ὑποκείμενον) vom Vater verschieden ist, dann muß man entweder zum Sohn und nicht zum Vater beten oder zu beiden oder nur zum Vater. . . (Z. 13) Es bleibt also nur übrig, allein zu Gott, dem Vater des Alls, zu
beten, aber nicht ohne den Hohenpriester, der „unter Eid" vom Vater eingesetzt wurde. . .

(79)    *Jeremia-Homilien* 9, 4 (um 245? ) (GCS 6, 1901, S. 70, 14–16)
Wenn ich dir nun an dem Erlöser nachweise, daß der Vater den Sohn nicht gezeugt hat und der Vater ihn nicht nach seiner Geburt entlassen hat[1], sondern
ihn immer zeugt, dann werde ich ähnliches auch hinsichtlich des Gerechten

entsprechend sagen dürfen[2].

(80) *Gespräch des Origenes mit Bischof Heraklides und seinen Mitbischöfen über den Vater, den Sohn und die Seele.*

Text: SChr 67, 1960 (J. Schérer), Kap. 2, Z. 3–6 und 26–27 – Lit.: Liébaert S. 50

Origenes sprach: „Gottes Sohn, der Einziggeborene Gottes, der Erstgeborene der ganzen Schöpfung (Kol. 1, 15), war Gott, und wir haben keine religiösen Bedenken, teils „zwei Gottheiten" (δύο θεούς) zu sagen, teils „Ein Gott" zu sagen."

zu (76)    9 Aber, genau besehen, gewordener Gott oder dem Handeln nach Gott. – Das Bild vom Eisen, das im Feuer selbst Feuer wird, hat man bald gern in der Zweinaturenlehre benutzt, so z. B. Gregor von Nyssa (Orat. catech. 10; PG 45, 41 D); es bereitete den Begriff der Perichorese vor.

zu (77)    1 Zur Zeugung aus dem Willen vgl. auch Wolfson (Lit.-Vz.) 1, Kap. 11, bes. S. 224 ff. Der Sohn soll nicht als unfreiwillige Emanation Gottes gedacht werden, doch kommt Or. dieser Vorstellung als Exeget von Weish. Sal. 7, 25 (die Weisheit ist „ein Ausfluß aus der Herrlichkeit des Allherrschers") nahe. Wenn Gottes Wesen in der Weisheit und dem Logos gegenwärtig ist (s. Ende des Textes), könnte man für den Sohn die Bezeichnung homo-usios erwarten, doch ist sie bei Or. (z. B. PG 14, 1308 D) nicht ganz sicher belegt. Vielleicht wollte er nicht durch diesen Begriff die Vorstellung eines teilbaren Substrates aufkommen lassen (vgl. Nr. 87).

2 Vgl. Kol. 1, 15; Hebr. 1, 3. Nur hier nennt Or. den Sohn ein κτίσμα (vgl. Nr. 63). Das Zitat Spr. 8, 22 (ἔκτισεν) konnte das Wort nahelegen. Doch bestehen ernste Bedenken gegen die Echtheit, s. H. Görgemanns: Die „Schöpfung" der „Weisheit" bei Or., in: Stud. Patr. 7 (= TU Bd. 92), 1966, S. 194 ff.; für Echtheit F.-H. Kettler: Die Ewigkeit der geistigen Schöpfung nach Or., in: Reformation und Humanismus. Festg. f. R. Stupperich, 1969, S. 278 f. Falls Or. das Wort „Geschöpf" gebraucht hat, bezeichnete er damit keinesfalls einen zeitlichen Anfang des Sohnes (auch wenn er diesen nicht gleich-ewig nannte; Kettler S. 293), und der Sohn wäre insofern „nicht wie eines der (anderen) Geschöpfe" (s. Nr. 87 § 2), als er allein unmittelbar aus dem Vater hervorgeht (Nr. .79). Dieses „Geschöpf" im Singular verhält sich zu „den Geschöpfen" wie bei Paulus „der" Sohn zu „den Söhnen" Gottes.

3 Zu ἦν ποτε ὅτε οὐκ ἦν ὁ υἱός s. Nr. 65 und 88.

zu (78)    1 Προσευχή; vgl. 1. Tim 2, 1.

2 Usia hat Or. nicht der Bedeutung „gemeinsames Wesen" (im Gegensatz zu Person oder Existenz) vorbehalten.

zu (79)    1 Das Bild der Zeugung (im Unterschied zum Schaffen) ist dadurch eingeschränkt (und entmythisiert), daß die Einheit des Sohnes mit dem Vater fortbesteht. Zur Begründung seiner Auffassung verweist Or. darauf, daß Spr. 8, 25 das Präsenz „er zeugt" steht; der Aorist „er schuf" in V. 22 stört ihn dabei nicht.

2 Nicht einmal die aeterna et sempiterna generatio (De princ. 1, 2, 4; GCS 22, S. 33, 1) ist dem Sohne absolut vorbehalten; denn wie Or. gerade vorher gesagt hat, „zeugt Gott . . . in jeder guten Handlung immer den Gerechten".

(Z. 26) „Bekennen wir zwei Gottheiten? " Heraklides sprach: „Ja. Die Macht
(Dynamis) ist Eine"[1].

*Gegen Celsus* (um 248)

(81)   3, 28 (GCS 2, 1899, S. 226, 6–18 – *Übers.*: BKV 52) (Text und Übers. von P.
Koetschau)
Jesus selbst und seine Jünger wollten ja, daß die Hinzutretenden nicht nur an
seine Gottheit und seine Wunder (παράδοξα) glaubten, als wäre er nicht in Gemeinschaft mit der menschlichen Natur getreten und hätte nicht das menschliche Fleisch angenommen, das „gegen den Geist" (vgl. Gal. 5, 17) begehrt. Sondern sie sahen die Kraft, die in die menschliche Natur und die menschlichen
Verhältnisse herabgekommen war und eine menschliche Seele und einen menschlichen Leib angenommen hatte. . . . . .(Die Gläubigen) sahen, daß in (Jesus)
die göttliche und die menschliche Natur sich miteinander zu verweben began-
nen, damit die menschliche Natur durch ihre Gemeinschaft mit dem Göttlichen nicht nur in Jesus, sondern auch in all denen göttlich werde, die mit dem
Glauben ein Leben beginnen, wie Jesus es lehrte; es führt jeden, der nach Jesu Geboten lebt, hinauf zur Freundschaft mit Gott und zur Gemeinschaft mit
jenem (Jesus)[1].

(82)   3, 41 (S. 237, 5–10)
. . . der, der nach unserer Überzeugung und unserem Glauben von Anfang an
Gott ist und Sohn Gottes, der ist der Logos schlechthin (ὁ αὐτόλογος) und die
Weisheit schlechthin und die Wahrheit schlechthin[1]. Wir erklären aber, daß sein
sterblicher Leib und die menschliche Seele in ihm nicht lediglich durch Gemeinschaft, sondern durch Einigung (Henosis) und Vermischung das Größte hinzu-
gewonnen und durch die Gemeinschaft mit seiner Gottheit sich in Gott verwandelt haben[2].

(83)   4, 15–16 (S. 285, 14–286, 1)
15. . . . Wenn aber Celsus meint, der unsterbliche Gott-Logos werde verändert
und umgestaltet, wenn er einen sterblichen Leib und eine menschliche Seele
annehme, dann möge er lernen, daß „der Logos" dem Wesen (Usia) nach Logos bleibt und nichts erleidet von dem, was der Leib oder die Seele erleidet.
Aber zuweilen läßt er sich zu dem, der sein Strahlen und den Glanz seiner Göttlichkeit nicht anzublicken vermag, herab[1] und wird sozusagen „Fleisch" und in
leiblichen Vorstellungen verkündigt, bis der, der ihn als solchen (sc. Fleischge-

wordenen) aufnimmt, allmählich von dem Logos erhoben wird und auch, um es so zu sagen, seine höchste Gestalt[2] schauen kann.

16. Es gibt nämlich sozusagen verschiedene „Gestalten" des Wortes. Das Wort zeigt sich ja jedem von denen, die zur Erkenntnis geführt werden, je nach dessen (derzeitigem) Stand, ob er nämlich eingeführt wird oder ein wenig oder auch weiter fortgeschritten ist oder schon der Tugend nahegekommen ist oder auch in der Tugend steht. Daher wurde unser Gott nicht (so) „verwandelt", wie Celsus und seinesgleichen es meinen: er stieg „auf den hohen Berg" und zeigte dort eine andere, viel höhere Gestalt seiner selbst als die, welche die sahen, die unten blieben und ihm nicht auf die Höhe folgen konnten (vgl. Mark. 9, 1 ff. Parall.).

**(84)**    5, 39 (GCS 3, 1899, S. 43, 22–44, 2 – BKV 53)
Wenn wir also von einem zweiten Gott[1] reden, dann soll man wissen, daß wir mit dem zweiten Gott nichts anderes meinen als die Tugend, die alle Tugenden in sich faßt, und die Vernunft (Logos), die jede beliebige Vernunft der Dinge in sich faßt, die gemäß der Natur geschaffen sind, sei es ursprünglich, sei es zum Nutzen des Ganzen. Dieser Logos ist, so behaupten wir, mit der Seele Jesu mehr als mit jeder (anderen) Seele verbunden und vereinigt. Denn er (Jesus) allein kann in vollkommener Weise die höchste Teilhabe an der Vernunft-an-sich, der Weisheit-an-sich und der Gerechtigkeit-an-sich fassen.

---

zu (80)    1 Heraklides entschärft die ihm auf der Synode aufgezwungene Formel „zwei Gottheiten" (d. h. zwei Hypostasen), indem er sofort die Einheit mit ausspricht. Zur Beruhigung erklärt Or. dann (2, 28 ff.), „in welcher Hinsicht" Zweiheit und Einheit gelten sollen; er will weder Adoptianer noch Modalist sein. Nicht begrifflich, aber in der Sache unterscheidet er deutlich zwischen der Einen Usia und der Mehrheit der Hypostasen. – Zu dem etwas unbestimmten Monarchianismus des Heraklides s. G. Kretschmar: Or. und die Araber, Zeitschr. f. Theol. u. Kirche 50 (1953), S. 274 f.

zu (81)    1 Die Menschwerdung dient einer zutiefst geistig und sittlich gemeinten Erlösung. Ohne die Verhüllung im Fleische könnten die Menschen aber die göttliche Weisheit und Herrlichkeit nicht wahrnehmen; s. Nr. 83.

zu (82)    1 Oder: der Logos usw. in Person, der absolute Logos. Auch αὐτοβασιλεία heißt Christus einmal bei Or.; s. Lampe s. v. Über die Zusammensetzung mit αὐτός s. G. Gruber: ΖΩΗ. Wesen, Stufen und Mitteilung des wahren Lebens bei Or., 1962, S. 104 f.
2 „Die Christologie des Or. ist dyophysitisch, aber in ihrem Anliegen monophysitisch" (Kettler: RGG 4, 1698).

zu (83)    1 Or. entgegnet dem Celsus, die Phil. 2, 6–8 gemeinte Entäußerung bedeute als eine freiwillige Tat zur Rettung anderer keine eigne Veränderung und sei daher nicht ungöttlich.
2 D. h. die eigentliche und ursprüngliche Gestalt (προηγουμένην μορφήν).

zu (84)    1 Vgl. Nr. 21 und 80. Philo hatte De leg. alleg. 2, 86 nur gesagt: „Zweiter ist Gottes Logos."

**(85)**    8, 12 (S. 229, 21 – 230, 4)

Wenn aber jemand . . . befürchtet, wir liefen vielleicht zu den Leuten über, die leugnen, daß es zwei „Wesen" (Hypostasen)[1] gibt, Vater und Sohn, der möge das Wort bedenken: „Das Herz aber aller Gläubigen und die Seele war Eine" (Apg. 4, 32), um die Worte zu verstehen: „Ich und der Vater sind Eines" (Joh. 10, 30). Wir verehren also den Vater und den Sohn als Einen Gott . . . (Z. 29) Keiner von uns ist so stumpfsinnig zu meinen, die wesenhafte Wahrheit sei vor der Zeit des Erscheinens Christi nicht da gewesen. Wir verehren also den Vater der Wahrheit und den Sohn, die Wahrheit, die zwei „Dinge"[2] sind nach der Verwirklichung, eines aber durch die Einmütigkeit und den Einklang und die Selbigkeit des Willens. Wer den Sohn gesehen hat, der „ein Abglanz der Herrlichkeit und Abdruck des Wesens" Gottes ist, hat aber in ihm, dem „Ebenbild Gottes", Gott gesehen.[3]

---

zu **(85)**    1 Im Joh.-Komm. 2, 10 (GCS 10, S. 65, 15 ff.) spricht Or. von drei „Hypostasen", unter denen sich der Vater als allein ungeworden heraushebt.
2 „Pragma" diente schon im klassischen Sprachgebrauch zur Umschreibung von Personen; vgl. res oben Nr. 71.
3 Der dem Or. so wichtige Bildbegriff soll die Wirklichkeit der Gottesoffenbarung nicht abschwächen; denn das Bild bleibt dem Abgebildeten stets verbunden. Hierzu und zu den Zitaten vgl. Nr. 77.

# II

# Die Ausbildung des christologischen Dogmas

## Arius und der frühe Arianismus

Nach Angriffen auf den Modalismus und auf die herkömmliche Logoslehre wurde der alexandrinische Presbyter Arius († 335/36) um 318 von ägyptischen Synoden wegen Irrlehre verurteilt. Aber Freunde wie Euseb von Nikomedien und Euseb von Cäsarea und auswärtige Synoden stimmten ihm zu. Die Verurteilung in Nicäa (325) beendete den Streit nicht. Doch wurde Arius 327 wieder in die Kirche aufgenommen. Dazu genügte nach dem Willen des Kaisers ein Bekenntnis (Hahn § 187), das vom „Wesen" des Sohnes und seinem Ursprung aus dem Nichts zu einer vom Vater gewählten Zeit schwieg; die Anerkennung des Nicänums wurde nicht gefordert. – Seine Schriften sind nur fragmentarisch erhalten.

**Lit.:** Altaner § 67, 2 – Liébaert § 9 – W. Elliger: Bemerkungen zur Theologie des Arius. Theol. Studien u. Kritiken 103. Jg., 1931, S. 244–251

(86)  *Arius: Brief an Euseb von Nikomedien* (um 318)

**Text:** Epiphanius: Panarion 69, 6 (GCS 37, 1933) – Athanasius: Werke 3/1: Urkunden zur Geschichte des arianischen Streites, hrsg. von H.-G. Opitz, 1934 ff., Urkunde 1, § 5

Verfolgt werden wir, weil wir gesagt haben: Der Sohn hat einen Anfang, Gott aber ist ohne Anfang[1]. Auch deshalb werden wir verfolgt, weil wir gesagt haben: Er ist aus Nichtseiendem (ἐξ οὐκ ὄντων ἐστίν). So haben wir uns aber deshalb ausgedrückt, weil er weder ein Teil von Gott noch aus irgendeinem vorgegebenen Seienden (ἐξ ὑποκειμένου τινός) ist[2].

(87)  *Glaubensbekenntnis* des Arius und einiger Anhänger (um 320 – oder 318? – an Bischof Alexander von Alexandrien übersandt)

**Text:** Epiphanius: (wie Nr. 86) 69, 7 – Athanasius: (wie Nr. 86) Urkunde 6 – Hahn § 186.

2 Unser von den Vorfahren stammender Glaube, den wir auch von dir gelernt haben, seliger Vater, ist folgender. Wir erkennen Einen Gott an, der allein ungeworden ist, allein ewig, allein ohne Anfang, allein wahrhaftig, allein unsterb-

lich, allein weise, allein gut, . . . unveränderlich und unwandelbar, . . . der vor
ewigen Zeiten einen einzigen Sohn erzeugt hat, durch den er auch die Äonen
und das All gemacht hat. Er hat ihn nicht zum Scheine, sondern in Wahrheit
erzeugt und durch seinen Willen ins Dasein gerufen als unveränderlich und un-
wandelbar[1], als Gottes vollkommenes Geschöpf ($\kappa\tau\iota\sigma\mu\alpha\ \tau\acute{\epsilon}\lambda\epsilon\iota\sigma\nu$), aber nicht
wie eines der (anderen) Geschöpfe, als Erzeugnis[2] ($\gamma\acute{\epsilon}\nu\nu\eta\mu\alpha$), aber nicht wie
eines der (anderen) Erzeugnisse; auch nicht so, wie Valentinus das Erzeugnis
des Vaters als eine Emanation gelehrt hat; auch nicht so, wie Mani das Erzeug-
nis als einen wesensgleichen Teil ($\mu\acute{\epsilon}\rho\sigma\varsigma\ \acute{\sigma}\mu\sigma\sigma\acute{\nu}\sigma\iota\sigma\nu$) des Vaters dargestellt hat;
auch nicht so, wie Sabellius die Einheit unterteilt und „Sohnvater" genannt
hat[3]; auch nicht (Erzeugnis in dem Sinne) wie Hierakas einen „Leuchter" von
einem „Leuchter" (herleitete) oder wie eine Fackel (von einer Fackel), so daß
zwei da sind[4]; auch nicht so, daß der, der vorher (schon) da war, danach als
Sohn geboren oder hinzugeschaffen wurde[5] – wie ja auch du selbst, seliger Vater, oftmals mitten in der Gemeinde und unter dem Klerus die, die solches vor-
brachten, zurückgewiesen hast. Sondern, wie gesagt, durch Gottes Willen wurde er vor Zeiten und Äonen geschaffen und empfing vom Vater[6] das Leben und
das Sein und die Ehren, die der Vater mit ihm zugleich ins Dasein treten ließ.
4 Denn der Vater hat sich, als er ihm alles zum Erbe gab, nicht selbst dessen
beraubt, was er ohne Werden in sich trägt[7]; er ist ja die Quelle von allem. Folglich gibt es drei „Hypostasen"[8]. . . . Der Sohn . . . war nicht, bevor er erzeugt
wurde, sondern unzeitlich ($\acute{\alpha}\chi\rho\acute{\sigma}\nu\omega\varsigma$) vor allem erzeugt, wurde er allein vom
Vater (selbst) ins Dasein versetzt. Denn er ist nicht ewig oder mit-ewig oder
mit-ungezeugt mit dem Vater. . .[9]  5 . . . Wenn aber die Worte „aus ihm", „aus
dem Schoße" (Ps. 109/110, 3) und „Aus dem Vater bin ich ausgegangen und gekommen" (Joh. 8, 42) von manchen so verstanden werden, daß er ein Teil von
ihm, dem Wesenseinen ($\acute{\sigma}\mu\sigma\sigma\nu\sigma\acute{\iota}\sigma\nu$), und eine Emanation ist, dann wird in ihrer Meinung der Vater zusammengesetzt, teibar ($\delta\iota\alpha\iota\rho\epsilon\tau\acute{\sigma}\varsigma$), wandelbar und
ein Körper sein, und, soweit es an ihnen liegt, wird der unkörperliche Gott lei-
den, was einem Körper zukommt[10].

(88)    *Arius:* Fragmente aus der *Thaleia* und Bericht des *Athanasius* (1. Rede gegen
die Arianer 5 (PG 26, 21 A–B)
„Gott war nicht immer Vater. . . .Nicht immer war der Sohn. Denn wie alles
aus Nichtseiendem entstand und alle Geschöpfe[1] und Werke entstanden, ist
auch der Logos Gottes selber aus Nichtseiendem entstanden, und es war einmal[2], als er nicht war; und er war nicht, bevor er wurde, sondern er nahm gleich-

falls einen Anfang des Geschaffenwerdens" (vgl. Spr. 8,22). „Denn", sagte er,

zu (86)  1 Damit widersprach A. der ewigen Zeugung des Sohnes (vgl. Nr. 79). Es ging ihm um die uneingeschränkte Einzigkeit, Einfachheit und Überweltlichkeit Gottes, und zwar nicht nur aus philosophischen Erwägungen. Denn zugleich sollte, wie es sein Lehrer Lucian von Antiochien vertreten hatte, die menschliche Gestalt Jesu zur Geltung kommen, der als Vorbild seine Nachfolger erlöst. Vgl. das Arius-Zitat bei Athan. De synod. 15: „Diesen (sc. Gott) rühmen wir als anfanglos wegen dessen, der in der Zeit geworden ist."
2 Das Nichtseiende ist nicht als ungeformte Urmaterie, sondern als „Nichts" gedacht.

zu (87)  1 Die Worte ἄτρεπτος und ἀναλλοίωτος, mit denen A. vorher die wesenhafte Unveränderlichkeit Gottes festgestellt hat, meinen beim Sohne nur die tatsächliche, auf seinem Willen beruhende Unveränderlichkeit, also eine „Tugend". Sie scheint ihm für das Erlösungswerk genügt zu haben. Vgl. Nr. 90.
2 Oder „Abkömmling".
3 Zu Sabellius s. Nr. 60 und 61. – Das Wort Monas schließt gern die Unteilbarkeit ein; s. Lampe s. v.
4 Die dunklen Worte λαμπάδα εἰς δύο übersetzte Böhringer (Die Kirche Christi u. ihre Zeugen 6, ²1874, S. 195): „eine in zwei Stücke geteilte Leuchte". Darf man an einen zweiarmigen Leuchter denken? – Zu Hierakas s. RGG s. v.
5 Das innergöttliche, „gedachte" „Wort" ist für A. nicht mit dem „ausgesprochenen" identisch; anders z. B. Nr. 38 und 70.
6 Nicht: *aus* dem Vater und seinem Wesen.
7 Vgl. Nr. 88.
8 Die Dreiheit Vater, Sohn, Geist ist dem A. natürlich aus der Tradition geläufig. Aber da er Usia und Hypostasis nicht unterscheidet, ist ihre Einheit nicht bewußt gemacht. Den Begriff homousios mußte A. auch deshalb ablehnen, weil er an die Einheit der Existenz denken ließ. – Übrigens mag A. auch an eine Dreiheit „Gott (vor Erzeugung des Sohnes), Vater und Sohn" gedacht haben; vgl. Athanasuis: De syn. 15 (S. 242, 25 ff. Opitz), dazu Böhringer a. a. O. (s. Anm. 4) S. 195 und Harnack: DG 2, 202 Anm. 3.
9 Συναγέννητος nannten den Sohn einige Gegner des A., die die Unterordnung des Sohnes nicht anerkennen wollten. Dagegen spricht A. diese aus durch die Verschiedenheit der „Substanz", die Entstehung durch einen Willensentschluß des Vaters und die Nicht-Ewigkeit, die – trotz des Wortes „unzeitlich" – die Vorstellung erweckt, daß er in einem Abstand zur Ewigkeit des Vaters existiert. – Bischof Alexander dagegen lehrte (Athan.: Werke 3/1, Urkunde 1, 2): „Immer ist Gott und immer der Sohn", der Vater geht „weder um einen Gedanken noch um einen Augenblick" dem Sohne voraus, und dieser ist „immergeworden" (oder „immerwerdend") und „ungeworden-geworden" (ἀγεννητογενής). Sollte Böhringers Übersetzung „gezeugt vom Ungezeugten" zutreffen, so würde das Wort ohne Paradoxie ausdrücken, daß der Sohn allein vom Vater unmittelbar erzeugt wurde, während alles andere der Vermittlung des Sohnes bedurfte; vgl. Athan.: 2. Rede geg. d. Arianer 24; PG 26, 200 A.
10 Damit in Christus nicht Gott leidend gedacht werde, spricht A. dem Göttlichen in ihm die volle Gottheit ab.

zu (88)  1 Statt πάντων ὄντων κτισμάτων ist wohl zu lesen: πάντων τῶν κτ. Zum Text wäre die ähnliche Stelle im Brief des Athanasius an die Bischöfe Ägyptens und Libyens Kap. 12 zu vergleichen.
2 Nach Kap. 13 Ende derselben Rede hätten die Arianer das mitzudenkende Wort „Zeit" absichtlich fortgelassen, um die Einfältigen zu täuschen. Anders Tertullian, oben Nr. 65.

„Gott war allein, und es gab noch nicht den Logos und die Weisheit. Danach, als er sich entschloß, uns zu schaffen, da also machte er einen Einzigen (ἕνα τινά) und nannte ihn Logos und Weisheit und Sohn, um uns durch ihn zu schaffen." Er sagt nun, es gebe zwei Weisheiten; die eine sei die eigene, die mit Gott zusammen existierte, der Sohn aber sei durch diese Weisheit geworden, und da er an ihr teilhatte, habe er lediglich den Namen Weisheit und Logos erhalten.[3] „Denn die Weisheit", sagt er, „entstand durch die Weisheit nach dem Willen des weisen Gottes." So ist nach seiner Behauptung auch der Logos in Gott ein anderer als der Sohn, und da der Sohn an diesem teilhabe, sei er seinerseits gnadenweise Logos und Sohn genannt.

(89)    Fragmente aus der *Thaleia (Athanasius* [wie Nr. 88] Kap. 6; PG 26, 24 A–B)
„Für den Sohn ist der Vater unsichtbar, und der Logos kann seinen Vater nicht vollkommen und genau sehen oder erkennen, sondern was er (sc. von dem Vater) erkennt und was er sieht, das erkennt und sieht er entsprechend seinen eigenen Maßen, so wie auch wir je nach der eigenen Kraft erkennen. . . Aber der Sohn erkennt auch selbst seine eigene Substanz (Usia) nicht. . . . Die ‚Substanzen' des Vaters und des Sohnes und des heiligen Geistes sind von Natur geteilt, fremd, abgetrennt und verschiedenartig und ohne gegenseitige Teilhabe und", wie er (sc. Arius) selbst sagte, „einander in den Substanzen und in den Ehren gänzlich und unendlich ungleich (ἀνόμοιοι)".[1]

(90)    *Arius:* Fragment aus einer ungenannten Schrift und Bericht des *Athanasius* (wie Nr. 88, Kap. 5; PG 26, 21 C)
Seiner Natur nach ist auch der Logos selbst so wie alle veränderlich, aber durch seinen eignen freien Willen bleibt er, solange er will, gut[1]. Wann er jedoch will, kann auch er sich ändern wie wir, da er von veränderlicher Natur ist. „Deshalb hat ihm ja auch Gott", sagt er, „im Vorauswissen, er (sc. der Sohn) werde gut sein, im voraus jene Herrlichkeit verliehen, die er als Mensch hernach aufgrund seiner sittlichen Bewährung (ἀρετή) erlangt hat. Aufgrund seiner vorausgewußten Werke also hat Gott ihn (schon) jetzt so entstehen lassen"[2].

(91)    **Das Symbol von Nicäa (N) (19. Juni 325)**

Um die wiedergewonnene Einheit des Reiches nicht durch den arianischen Streit gefährden zu lassen, berief Kaiser Konstantin die erste Reichssynode nach Nicäa. (Vielleicht ging ihr eine antiochenische Synode voraus, die den Euseb von Cäsarea und zwei andere Bischöfe vorläufig ausschloß, weil sie das antiarianische Bekenntnis der Synode nicht unterzeichneten.) Das Symbol von Nicäa brachte die Logoschristologie formell zum Abschluß; doch bedurfte die aufgenötigte Formel von der Homousie des Sohnes noch der theologischen Interpretation, bevor sie, zur Trinitätslehre erweitert, 381 auch im Osten allgemeine Zustimmung fand.

**Text:** Hahn § 142 – Lietzmann: Symbole (wie Nr. 50) S. 26 f. – G. L. Dossetti: Il Simbolo di Nicea e di Costantinopoli. Edizione critica. Rom, Freiburg usw. 1967 – **Übers.:** Steubing S. 21 – **Lit.:** Altaner § 63, 11 – D. L. Holland: Die Synode von Antiochien (324/25) und ihre Bedeutung für Eusebius von Caesarea und das Konzil von Nizäa. ZKG 81 (1970) S. 163–181

Wir glauben an Einen Gott, den Vater, den Allmächtigen,

 den Schöpfer alles Sichtbaren und Unsichtbaren.

Und an Einen Herrn, Jesus Christus, den Sohn Gottes,

 der gezeugt wurde aus dem Vater als einziggeborener

  – d. h. aus dem Wesen (Usia) des Vaters[1] –,

 Gott aus Gott, Licht aus Licht – wahrer Gott aus wahrem

  Gott, gezeugt, nicht geschaffen, wesenseins mit dem Vater[2] –,

---

*zu (88)*   3 Die innere Weisheit ist für A. Eigenschaft, nicht Hypostase Gottes, und der Logos ist um der Schöpfung willen geschaffen.

zu **(89)**   1 Die Ungleichheit der Ehren (doxai) zeigt sich liturgisch darin, daß der Lobpreis dem Vater „durch" den Sohn und „in" dem heiligen Geist dargebracht wird. Als später die Formel „mit" d. S. und „samt" d. hl. G. aufkam, wehrten sich arianische Kreise dagegen. Vgl. K. Holl: Amphilochius v. Ikonium, 1904, S. 142.

zu **(90)**   1 Vgl. Origenes (Nr. 76 Ende) und Nr. 87 bei Anm. 1. Welche Folgerungen A. aus seiner Logoslehre (und „Engelchristologie") für die Vorstellung von der Erlösung zog, weiß man nicht; vgl. Liébaert S. 63.
   2 Vgl. Nr. 76 § 4. Zur arianischen Christologie vgl. auch Nr. 92 und 94.

zu **(91)**   1 Die in Gedankenstrichen gedruckten Worte sind die wichtigsten Zusätze, welche die Synode in ein vorhandenes östliches Taufsymbol (nächst verwandt dem von Cäsarea und Jerusalem; Hahn § 123/188 und § 124) einfügte, um es als antiarianisches Lehrbekenntnis verwenden zu können. Zum einzelnen vgl. H. Lietzmann: Symbolstudien (Kl. Schriften 3, 1962, S. 248 ff.) und Kelly S. 205 ff. Der „Sohn" (von der Synode statt „Logos" eingesetzt) ist nicht uneigentlich (wie etwa Mose nach Ex. 7, 1), auch nicht aus Gnade und durch Teilhabe, sondern seinem Wesen nach Gottheit wie der Vater. Zwar lehrt die Synode nicht seine ewige Geburt, scheidet aber alle zeitlichen oder zeitlich deutbaren Bestimmungen, die Eusebs eingereichte Vorlage aus Cäsarea enthielt („erstgeborener vor aller Schöpfung, vor allen Äonen geworden"), aus. Das Bild der Zeugung oder Geburt soll die völlige Gleichartigkeit von Sohn und Vater dem bloßen „geschaffen" entgegensetzen. Weil der linke Flügel der Synodalen das Wort γεννηθέντα auch als „(vom Vater) erzeugt" hätte verstehen können, wurde der biblische Sohnesbegriff durch den philosophischen Begriff der Substanz näher bestimmt. Vgl. Nr. 125. – Die Nähe von N zum alttestamentlichen Gottesbegriff hat R. Bring (s. Lit.-Vz. II 1) S. 25 f. überschätzt.

> durch den alles geworden ist, sowohl das im Himmel
> wie das auf Erden,
> der wegen unser, der Menschen, und unsres Heiles wegen her-
> abgekommen ist und Fleisch geworden, Mensch geworden
> ist[3], gelitten hat und auferstanden ist am dritten Tage, auf-
> gestiegen in den Himmel und kommt, zu richten die Leben-
> digen und die Toten.

Und an den heiligen Geist.

Die aber, welche sagen: „Er war einmal nicht"[4] und „Bevor er gezeugt wurde, war er nicht" und „Aus Nichtseiendem ist er geworden", oder die behaupten, er stamme aus einer anderen Wesenheit oder einem anderen Wesen[5], oder der Sohn Gottes sei geschaffen oder veränderlich oder wandelbar, die bannt die katholische Kirche.

## Eustathius von Antiochien († gegen 337)

Nach kurzer Amtszeit (etwa 324–326) wurde der Nicäner E. vom Kaiser verbannt. Er scheint als erster die Mängel der arianischen Christologie aufgedeckt und bekämpft zu haben. Dabei näherte er sich selbst zuweilen der späteren antiochenischen „Trennungs-christologie".

Text: M. Spanneut: Recherches sur les écrits d'Eustathe d'Antioche, Lille 1948 – Lit.: Altaner § 76, 1 – Gr.-B. 1, S. 124–130 – Liébaert § 10 A.

(92) *Fragm. 15 Über die Seele gegen die Arianer* (Spanneut S. 100)
Warum bemühen sie sich sehr zu beweisen, daß Christus einen unbeseelten Leib angenommen hat. . .? Damit sie, falls sie einige zu dieser Meinung verführen können, dann die Veränderungen der Empfindungen dem göttlichen Pneuma anhängen und diese Leute leicht bereden, daß das Veränderliche nicht aus dem unveränderlichen Wesen (Physis) hervorgebracht worden ist[1].

(93) *Fragm. 24 Erklärung zu dem Wort: „Der Herr schuf mich am Anfang seiner Wege"* (um 327–328) (Spanneut S. 102, 33 ff.)
Das Wort „Ich bin noch nicht aufgestiegen zu meinem Vater" (Joh. 20, 17) hat nicht der Logos und Gott gesagt, der vom Himmel ausging. . ., auch nicht die alles Gewordene umschließende Weisheit; sondern der aus mancherlei Gliedern zusammengefügte Mensch selber hat das ausgesprochen. . .[1].

**(94)** *Fragm. 41 Abhandlungen gegen die Arianer* (Spanneut S. 108)

Wenn sich beides[1] wesenhaft (naturaliter) voneinander unterscheidet, dann darf weder das Leiden des Todes noch das Verlangen nach Speise noch das Begehren nach einem Trunk, nicht Schlaf, nicht Traurigkeit, nicht Müdigkeit, nicht das Vergießen von Tränen und keinerlei andere Veränderung mit der Fülle der Gottheit zusammen da sein, da diese durch ihre Natur unveränderlich ist. Sondern dies (alles) ist im eigentlichen Sinne dem Menschen zuzuschreiben, der aus Seele und Leib besteht. Denn es läßt sich aus den menschlichen, unschuldigen[2] Bewegungen entsprechend erweisen, daß nicht in der Einbildung und Mutmaßung, sondern in Wahrheit Gott sich mit einem ganzen Menschen bekleidet hat und ihn vollkommen angenommen hat.

---

*zu (91)* 2 Über den vom Kaiser selbst geforderten Begriff homousios vgl. außer den größeren Darstellungen: H. Kraft: OMOOTΣIOΣ. ZKG 66 (1954/55), S. 1–24 – G. C. Stead: The Significance of the Homoousios. Stud. Patr. 3 (= TU 78), 1961, S. 397–412.

3 „Mensch geworden" steht im Bekenntnis von Jerusalem, aber nicht in dem von Cäsarea. Die Synode könnte es gegen die Arianer (s. Nr. 92) eingefügt haben. Die späteren Arianer haben den Begriff ausdrücklich abgelehnt, so das Bekenntnis des Eudoxius (Hahn § 191), aber ob sie es auch schon vor 325 taten, ist ungewiß. Vgl. Liébaert S. 65, § 10.

4 Wörtlich: „Es war einmal, als er nicht war"; s. Nr. 88 Anm. 2.

5 Wörtlich: „aus anderer Hypostasis oder Usia". Die Übersetzung soll andeuten, daß die beiden griechischen Begriffe sich damals noch sehr nahestanden und für manche, so z. B. Athanasius, vertauschbar waren; beide konnten das Wesen, die eigentliche Wirklichkeit gegenüber individuellen Eigenschaften (z. B. die Gottheit oder Gott), aber auch die einzelne „Verwirklichung", die selbständige Existenz oder Subsistenz bezeichnen. Im zweiten Sinne verstand man damals im Osten meistens das Wort Hypostasis, also annähernd im späteren Sinne der Personen (der Einen Gottheit). Ohne Unterscheidung von solchen Hypostasen klang „homoousios" modalistisch. Umgekehrt wurden die origenistisch geschulten, auf Unterscheidung der Personen bis zur Unterordnung des Sohnes bedachten Antinicäner vom Westen in den nächsten Jahren wegen der Lehre von drei Hypostasen als Tritheisten verdächtigt. Die Einigung in der Unterscheidung von Usia und Hypostasis und der dadurch ermöglichten neuen Zuordnung beider Begriffe war eine Voraussetzung für die Bestätigung von N durch das zweite ökumenische Konzil (Nr. 125). Es handelte sich allerdings nicht um eine bloß sprachliche Verdeutlichung. – Vielleicht geht die Formulierung in N auf Ossius zurück, der 342 in Sardica dieselbe, dem Marcell von Ancyra nahekommende Anschauung vertrat; s. G. S. M. Walker: Ossius of Cordova and the Nicene Faith. In: Stud. Patr. 9 (= TU 94), 1966, S. 316–320.

*zu (92)* 1 Die Annahme des unbeseelten Fleisches liefert also den Arianern einen Beweis für die Wesensverschiedenheit des Sohnes vom Vater. – Zur Wort-Fleisch-Christologie der Lucianisten s. Gr.-B. 1, 68 ff.

*zu (93)* 1 Eust. vertritt selbst die Wort-Mensch-Christologie und schreibt daher in der Exegese die „Veränderungen" dem beseelten Menschen zu (Nr. 94).

*zu (94)* 1 Die in Christus wohnende Gottheit und ihre Wohnstätte.

2 In Christus ist das Menschliche sündlos.

## Eusebius von Cäsarea († 339/40)

Innerhalb der christologischen Tradition des Origenes zeigt E. wesentliche Abweichungen. Indem er wie Methodius von Olympus und andere nicht nur die Präexistenz der Seelen, überhaupt die Lehre von der Seele Christi aufgab, wurde er „der erste Theologe, der seine Menschwerdungslehre ausschließlich auf einem Schema vom Typ Wort-Fleisch aufgebaut hat" (Liébaert). Seine Gottes- und Logoslehre entsprach, da sie mit seiner Geschichts- und Reichstheologie innerlich zusammenhing, zugleich der neuen Situation der Kirche unter Konstantin.

**Lit.:** Altaner § 58 – Liébaert § 8 C – A. Weber: APXH. Ein Beitrag zur Christologie des Eusebius von Cäsarea, Rom 1964 – D. L. Holland: s. Lit. vor Nr. 91 (bes. S. 167 ff.)

*Evangelische Beweisführung (Demonstratio evangelica)* (um 320 oder vor 311? )

**(95)**    4, 13, 6–7 (GCS 23, 1913, S. 172, 15–26)

6 ... Aber auch zu der Zeit, als er unter den Menschen weilte, erfüllte er das All, war er beim Vater und war in ihm und kümmerte sich auch zu der Zeit ... um die Dinge im Himmel und auf Erden ...; er gab dem Menschen an dem Seinigen Anteil, nahm aber nicht dafür an dem Sterblichen Anteil... 7. Daher wurde der Unkörperliche nicht befleckt, als er von einem Körper geboren wurde, und der Leidensunfähige litt nicht an seinem Wesen (Usia) durch das Sterbliche, da ja bekanntlich auch, wenn etwa die Lyra geschlagen wird, der Spieler nicht leidet...[1].

**(96)**    *Brief an seine Gemeinde* (325)

**Text:** bei Athanasius: De decretis Nicaenae synodi 33, 16. Hrsg. von H.-G. Opitz: Athanasius Werke 2/1, 1935 ff., S. 31 – **Übers.:** BKV 51 (Theodoret, übers. von A. Seider) S. 54

Ferner erachtete man es auch für angebracht, den Ausdruck „Bevor er gezeugt wurde, war er nicht" zu anathematisieren.[1] Denn alle bekannten, der Sohn Gottes habe vor der Geburt im Fleische existiert. Unser gottgeliebter Kaiser wies jedenfalls nach, daß er auch hinsichtlich seiner göttlichen vor allen Weltzeiten (erfolgten) Zeugung existierte; denn auch bevor er in Wirklichkeit (Energeia) gezeugt wurde, war er der Möglichkeit nach ungezeugt im Vater, da der Vater immer Vater wie auch immer König und immer Erlöser und potentiell alles ist und sich immer in ebenderselben Weise verhält.[2]

*Über die kirchliche Theologie*[1] (nach 336)

**(97)**    1, 20, 40–41 (GCS 14, 1906, S. 87, 24–35)

40 Wenn nun der Logos, als er während seines irdischen Aufenthaltes im Flei-

sche wohnte, außerhalb des Vaters war, lebend, subsistierend und nach Art der Seele das Fleisch bewegend, dann war er offensichtlich vom Vater verschieden, und er und der Vater bildeten zwei Hypostasen[2]; 41 und aufgedeckt ist die ganze Mühe Marcells, festzustellen, der im Fleische Gekommene sei der wesenhafte, lebendige und existierende Logos. Wenn nun der im Leibe wohnende Logos außerhalb Gottes, aber mit Gott vereint und verbunden war, so daß er mit ihm ein und dasselbe war, dann wird er unbedingt zugeben müssen, daß entweder der Vater selber im Fleische war oder der für sich subsistierende und im Leibe wirkende Sohn oder eine menschliche Seele oder daß, wenn keines davon zutraf, sich das Fleisch, ohne Seele und ohne Logos, aus sich heraus bewegte.

**(98)** 2, 7 (GCS 14, S. 104, 3–20)
Aber fürchtest du, mein Lieber, du führtest, indem du zwei Hypostasen bekennst, zwei Prinzipien (ἀρχαί) ein und gäbest die monarchische Gottheit auf? Begreife doch folgendes. Wenn Ein anfangloser, ungezeugter Gott ist, der Sohn aber aus ihm gezeugt ist, wird es Einen Ursprung und Eine Monarchie und Herrschaft geben, da auch der Sohn selbst seinen Vater als Ursprung bekennt[1]. Denn „Christi Haupt ist Gott" nach dem Apostel (1. Kor. 11, 3)... (Z. 13). Wer die zwei Hypostasen annimmt, muß nicht zwei Götter zugeben. Denn wir bestimmen die Hypostasen nicht als gleicher Ehre und nicht beide als anfangslos und ungezeugt...

---

zu **(95)**  1 E. kann den Leib als Instrument des Logos bezeichnen, z. B. GCS 11, S. 143*, 3 ff. Die Einheit Christi will er nicht gefährden; geboren wird ja (Text § 7) der Logos selber, und der von ihm bei seiner Erhöhung vergottete „ganze Mensch" bleibt ihm verbunden – ein Zeichen für unsre Hoffnung auf Unsterblichkeit und Herrschaft (Dem. ev. 4, 14).

zu **(96)**  1 S. Nr. 91 Ende.
2 E. verteidigt nicht die Lehre des Origenes von der ewigen Zeugung (Nr. 79); s. Holland S. 171 Anm. 33. – Zur Theologie des Kaisers s. H. Dörries: Das Selbstzeugnis Kaiser Konstantins (Abhandlungen der Akademie der Wiss. in Göttingen, Ph.-Hist. Kl., 3. Folge Nr. 34) 1954, bes. S. 376 ff. und H. Kraft: Kaiser Konstantins religiöse Entwicklung, 1955, S. 108 ff.

zu **(97)**  1 Gegen Marcell von Ancyra gerichtet.
2 Die Menschwerdung kann ja nicht dem unveränderlichen Vater selbst zugeschrieben werden. – Der Logos übernimmt hier die Rolle der Seele, aber nicht wie bei Apollinaris, um die Einheit des Gottmenschen denkbar zu machen, sondern eher, weil dem E. das Menschliche neben dem Logos wenig bedeutet; vgl. Nr. 95.

zu **(98)**  1 Die Einheit Gottes wollte E. durch entschiedene Unterordnung des „zweiten Gottes" (Dem. ev. 5, 1, 28) wahren, so daß er das homousios – mindestens ohne begriffliche Klärung – nicht anerkennen konnte; doch war er kein Arianer. – In Konstantins christlicher Alleinherrschaft sah E. ein Abbild der göttlichen Monarchie; s. besonders seine Rede zum Regierungsjubiläum i. J. 335 (GCS 7).

Daher lehrt auch der Sohn selbst, sein Vater sei auch sein Gott... (Joh. 20, 17).
Gott wird also als Vater und Gott auch des Sohnes erwiesen.

## Athanasius († 373)

Text (wenn nicht anders vermerkt): PG 26 – Übers.: BKV 13 (A. Stegmann) – Lit.: Altaner § 68 – Liébaert § 11 B – J. Roldanus: Le Christ et l'Homme dans la Théologie d'Athanase d'Alexandrie. Leiden 1968 (Studies in the History of Christian Thought 4) – D. Ritschl: Athanasius. Versuch einer Interpretation. Theol. Studien 76, Zürich 1964

**(99)**  *Über die Beschlüsse der nicänischen Synode 20, 3. 5* (350/51)

Text: wie Nr. 96, S. 17

3  Aber die Bischöfe, die... die Heuchelei erkannten, sahen sich gezwungen, selber aus den (heiligen) Schriften den Sinn zu erheben[1] und das früher Gesagte noch einmal deutlicher auszusprechen und niederzuschreiben: der Sohn sei mit dem Vater eines Wesens (homousios). Damit wollten sie anzeigen, der Sohn sei aus dem Vater und nicht nur gleich (homoios), sondern in der Gleichheit (mit ihm) identisch (ταὐτόν), und sie wollten darauf hinweisen, daß die Gleichheit (Homoiosis) und Unwandelbarkeit des Sohnes eine andere ist als die an uns festzustellende Abbildlichkeit (Mimesis), die wir aufgrund von Bewährung erwerben, indem wir die Gebote halten.  5 ...die Geburt des Sohnes aus dem Vater ist anders als bei der Menschennatur, und er ist nicht nur gleich, sondern auch von der Substanz des Vaters nicht trennbar, und er und der Vater sind Eines, wie er selber gesagt hat (Joh. 10, 30); immer ist der Logos in dem Vater und der Vater in dem Logos, so wie sich der Abglanz zum Licht verhält...[2].

*Reden gegen die Arianer* (356 ff. oder um 335)

**(100)**  2, 68–69[1] (PG 26, 292 A–293 A)
68  Aber, so wenden sie ein, auch wenn der Erlöser ein Geschöpf (ktisma) war, konnte Gott bloß sprechen und (dadurch) den Fluch aufheben. Dasselbe könnten sie auch von einem anderen zu hören bekommen, der sagt: „Gott konnte, auch wenn er (sc. der Erlöser) überhaupt nicht erschien, bloß sprechen und (dadurch) den Fluch aufheben". Aber man muß auf das sehen, was den Menschen dienlich ist, und nicht bei allem bedenken, was Gott möglich ist...

(292 C 5) Hätte er, weil es ja möglich war, gesprochen und der Fluch wäre dadurch aufgehoben worden, so wäre zwar die Macht des Befehlenden sichtbar geworden, der Mensch aber wäre so geworden, wie auch Adam vor der Übertretung war, d. h. er hätte die Gnade von außen empfangen und besäße sie nicht in Verbindung mit seinem Leibe – denn so beschaffen war er seinerzeit ins Paradies gesetzt worden –; vielleicht aber wäre er auch schlechter geworden (sc. als Adam), weil er ja seitdem zu sündigen gelernt hat. Wenn er also, weil er so beschaffen ist, von der Schlange (wieder) verführt worden wäre, dann wäre es wieder notwendig geworden, daß Gott befehle und den Fluch löse, und so wäre die Notwendigkeit bis ins Unendliche gegangen, und nichtsdestoweniger würden die Menschen Schuldner und Knechte der Sünde bleiben. . .[2]. 69 Ferner würde der Mensch, wenn der Sohn ein Geschöpf wäre, nichtsdestoweniger sterblich bleiben, weil er nicht mit Gott verbunden wäre.

**(101)**   3, 31 (Sp. 389 A 11–B Ende)

(zu 1. Petr. 4, 1 u. Kol. 2, 9) Er, der Gott war, erhielt einen eigenen Leib, und indem er diesen als Werkzeug benutzte, wurde er um unsertwillen Mensch. Deshalb wird, was diesem (sc. dem Fleische) zukommt, ihm zugeschrieben[1], weil er in ihm war, z. B. Hungern, Dürsten, Leiden, Ermüden und ähnliches, dessen das Fleisch fähig ist[2]. Die dem Logos selber eigenen Tätigkeiten dagegen, daß

---

zu (99)   1 Es genügte nicht, biblische Wendungen zu wiederholen. Das ganze Schreiben des Ath. rechtfertigt den Gebrauch der unbiblischen Begriffe usia und homousios.
2 Die Abbildlichkeit des Sohnes versteht Ath. (anders als Origenes) als Beweis der Wesenseinheit, die ihm mehr bedeutet als die Gleichheit der Macht.

zu (100)   1 Die zweite Rede bringt den Schriftbeweis für die in der ersten Rede dargelegte Gottheit des Sohnes und seine Einheit mit dem Vater.
2 Wenn das Sündigen sozusagen zur zweiten Natur geworden ist, kann die Heilung nicht ohne Veränderung der Natur (Gnade auch für den Leib) geschehen. Der Logos rettet daher nicht durch das bloße Wort der Vergebung, sondern durch die Annahme der menschlichen Natur. Deren Unvollständigkeit konnte Ath. daher, als sie von Apollinaris behauptet wurde, nicht gelten lassen. Ebenso ist ihm die volle Gottheit Voraussetzung für die Erlösung. Diese geht über eine bloße Wiederherstellung des Geschöpfes hinaus bis zur „Vergottung". Nach D. Ritschl (S. 43 f.) sah Ath. eine Synthese zwischen der alexandrinischen Auffassung, die eigentliche Erlösung liege „in der (wachsenden) Erkenntnis Gottes", und „der (irenäischen) Betonung der objektiven Heilstat Gottes im menschgewordenen Logos".

zu (101)   1 Der Logos selbst nimmt diese Verbindung vor; s. Nr. 102, Kap. 2. – Ath. hat es nicht für nötig gehalten, gegenüber den Arianern auf besondere seelische Funktionen im Menschgewordenen hinzuweisen; er gestaltet seine Christologie ganz nach dem Logos-Sarx-Schema und denkt viel mehr an das Nacheinander zweier Zustände des Logos (vgl. Nr. 3) als an das Neben- und Miteinander von Wort und Mensch in Christus. Vgl. Liébaert a. a. O.

er z. B. Tote erweckte, Blinde sehen machte und die Blutflüssige heilte, die ver-
richtete er selbst durch seinen Leib. Der Logos trug die Schwachheiten des Fleisches als die seinigen, weil es sein Fleisch war... ... Treffend hat der Prophet
gesagt (Jes. 53, 4): „Er trug" und hat nicht gesagt: „Er heilte unsere Schwachheiten"; er sollte nicht, weil er (sc. etwa) außerhalb des Leibes war und ihn nur
heilte, wie er es immer tat, die Menschen wieder dem Tode unterworfen zu-
rücklassen... Und er selbst erlitt keinerlei Schaden...[3].

(102)   *Brief an Bischof Epiktet von Korinth* 2 u. 5–7 (371)[1]
2 (1052 C)... Ich habe die von Deiner Frömmigkeit übersandten Denkschrif-
ten gelesen. Wären sie doch nie geschrieben worden! ... Welcher Hades hat
den Satz hervorgebracht, der Leib aus Maria sei der Gottheit des Logos wesensgleich? Oder der Logos habe sich in Fleisch, Knochen, Haare und einen ganzen
Leib verwandelt und gegen seine eigne Natur eingetauscht? Wer hat in der Kirche oder überhaupt von Christen gehört, der Herr habe (nur) nach seinem Willen („Thesis") und nicht nach der Natur einen Leib getragen? Oder wer hat
sich zu solcher Gottlosigkeit verstiegen, daß er dachte und auch sagte, eben
die dem Vater wesensgleiche Gottheit sei verkürzt[2] und aus einer vollkommenen zu einer unvollkommenen geworden? Und was ans Kreuz genagelt wurde,
sei nicht der Leib, sondern die schöpferische Substanz der Weisheit selber gewesen? Wer möchte den noch einen Christen nennen, der sagt, nicht aus Maria, sondern aus seiner eigenen Substanz habe sich der Logos einen leidensfähigen Leib zurechtgemacht? Wer hat sich diese frevelhafte Gottlosigkeit ein-
fallen lassen, zu meinen und zu sagen: Wer den Herrenleib aus Maria stammen
läßt, denkt in der Gottheit nicht mehr eine Dreiheit, sondern eine Vierheit?
Als ob die Vertreter dieser Auffassung deshalb sagten, das Fleisch, das der Erlöser aus Maria anzog, gehöre zum Wesen der Trinität! ... Und wie konnten
Leute, die sich Christen nennen lassen, es wagen zu zweifeln, ob der aus Maria
hervorgegangene Herr nach Substanz und Natur Sohn Gottes ist, dem Fleische
nach aber aus dem Samen Davids, dem Fleische der heiligen Maria? ... Wie
wollen die (noch) Christen heißen, die sagen, wie auf einen der Propheten sei
der Logos in einen heiligen Menschen gekommen und sei nicht, indem er aus
Maria den Leib nahm, selbst Mensch geworden, sondern Christus sei verschieden von dem Logos Gottes, der vor Maria und vor den Äonen Sohn des Vaters
war? Oder wie können Leute Christen sein, die sagen, ein anderer sei der Sohn
und ein anderer der Logos Gottes?
5 (1060 A 11) Dieser (sc. Leib) war das, was ins Grab gelegt wurde, als er selbst

(sc. der Logos), ohne sich von ihm zu trennen, hinging, auch den Geistern im Gefängnis zu predigen, wie Petrus (1. Petr. 3, 19) gesagt hat[3].

6 (1060 C) Was nämlich der menschliche Leib des Logos litt, das bezog der mit ihm verbundene Logos auf sich selbst, damit wir an der Gottheit des Logos Anteil haben könnten. Und es war verwunderlich, daß er in einem (αὐτός) der Leidende und Nichtleidende war[4], leidend, da sein eigener Leib litt und er in eben dem Leidenden war, nicht leidend aber, da der Logos, der von Natur Gott ist, leidensunfähig ist.

7 (1061 A 14) Aber unsere Erlösung ist keine Einbildung, und in dem Logos erfolgte nicht die Erlösung des Leibes allein, sondern wahrhaftig die des ganzen Menschen, der Seele und des Leibes... Wahrhaftig aber war er (sc. der Leib), weil er derselbe war wie der unsrige.

## Marcell von Ancyra (um 374)

Von anderen Nicänern unterschied sich M. durch seine betonte Bindung an die Schrift, ihren Monotheismus, die Ablehnung philosophischer Spekulationen und das Bekenntnis zur vollen Gegenwart Gottes im Erlöser. Der Gegensatz zu Euseb von Cäsarea bezog sich auch auf ein anderes Verhältnis zur irdischen Geschichte, die dem M. nicht die Stätte des Sieges der vernünftigen Religion ist.

Text: Fragmente, gesammelt von E. Klostermann in GCS 14, 1906 – Übers.: W. Gericke: Marcell von Ancyra. Der Logos-Christologe und Biblizist..., 1940, S.192 ff. (Theol. Arbeiten zur Bibel-, Kirchen- und Geistesgesch. 10) – Lit.: Altaner § 71, 1 – Liébaert § 10 B – E. Schendel: Herrschaft(s. Lit.-Vz.) S. 111 ff.

zu *(101)* 2 Anders Nr. 92; vgl. auch Nr. 94.
3 Zur paradoxen Einheit des vom Logos geleiteten Christus s. Nr. 102, Kap. 6. Der Weg zur Zweinaturenlehre ist offen, soweit diese nicht die Einheit im Logos gefährdet. Die Verteilung der Handlungen auf die Gottheit und Menschheit gibt jener immer eine Sonderstellung, so daß der Sohn nach Kap. 51 kein „gewöhnlicher Mensch" ist; vgl. D. Ritschl S. 66 und 70.

zu (102) 1 Diesen Brief haben viele Theologen und Synoden als Beleg für die rechte Lehre verwandt. – Im 1. Kapitel hat Ath. herausgestellt, daß die Synode von Nicäa und ihr Symbol die einzigen keiner Ergänzung bedürftigen Autoritäten in der Lehrfrage sind. Das 2. Kapitel ist hier aufgenommen, weil es zeigt, wieviel Spielraum damals noch eine kirchliche Synode (in Korinth) für christologische Auffassungen bot.
2 Eigentlich „beschnitten", doch dürfte hier der (sonst anscheinend nicht belegte) weitere Sinn gemeint sein.
3 Zum „Tod Christi als Logostrennung" s. Gr.-B. 1, 88 ff.
4 Vgl. Nr. 33.

**(103)    Fragm. 52 (S. 194)**

Mit den Worten „Im Anfang war der Logos" (Joh. 1, 1) wollte er zeigen, daß
der Logos nach der ruhenden Kraft (Dynamis) *in* dem Vater ist – denn Gott,
„aus dem alles ist" (1. Kor. 8, 6), ist der „Anfang" alles Gewordenen –; mit den
Worten „Und der Logos war bei Gott", daß der Logos nach der wirkenden
Kraft (Energeia) bei Gott ist – denn „Alles ist durch ihn geworden, und ohne
ihn ist auch nicht eines geworden" (Joh. 1, 3) –; und mit den Worten, der Lo-
gos sei Gott, habe er gesagt, man solle die Gottheit nicht zertrennen ($\delta\iota\alpha\iota\rho\epsilon\tilde{\iota}\nu$),
da ja sowohl der Logos in ihm als auch er in dem Logos ist . . . (Joh. 10, 38).

**(104)    Fragm. 66 (S. 197, 23 f.)**

Es ist ja unmöglich, daß sich drei Hypostasen zur Monas vereinigen, wenn nicht
etwa vorher die Trias ihren Ursprung aus der Monas hat[1].

**(105)    Fragm. 117 (S. 210, 6–28)**

Auch aus des Erlösers Wort selber geht hervor, daß der Logos unser Fleisch[1]
nicht zu seinem eigenen Nutzen angenommen hat, sondern damit das Fleisch
aufgrund der Gemeinschaft mit dem Logos die Unsterblichkeit erlange[2] . . .
(Zitat Joh. 6, 61–63) Wenn er also bekennt, das Fleisch nütze ihm nichts, wie
kann es, das doch aus Erde ist und nichts nützt, auch noch in den künftigen
Weltzeiten mit dem Logos vereint sein, als nütze es ihm?[3] Das scheint mir der
Grund dafür zu sein, daß der allmächtige Gott, der Herrscher, zu ihm sagt: „Set-
ze dich zu meiner Rechten, bis ich deine Feinde zum Schemel deiner Füße ma-
che" (Ps. 110, 1; vgl. 1. Kor. 15, 25). Wie es scheint, trennt er ihn bloß nach der
wirkenden Kraft (Energeia) wegen des menschlichen Fleisches ab. . . Also hat
seine menschliche Oikonomia und Königsherrschaft anscheinend eine Grenze.
. . . (Z. 23) Sobald er also die Feinde zum Schemel der Füße hat, bedarf er nicht
mehr dieses Teilkönigtums[4], da er allgemein König über alles ist. . . (Z. 26) Denn
nicht der Logos an und für sich hat einen Anfang der Königsherrschaft genommen, sondern der vom Teufel betrogene Mensch ist durch die Kraft (Dynamis)
des Logos König geworden, um als König den Teufel, der (ihn) einst betrogen
hat, zu besiegen.

**(106)    Fragm. 121 (S. 212, Z. 2)**

Frage mich also nicht nach dem, was ich aus der göttlichen Schrift nicht deutlich erkannt habe. Deshalb werde ich also auch über jenes göttliche Fleisch, das
mit dem göttlichen Logos Gemeinschaft hat, nicht deutlich sprechen können.

Jetzt aber glaube ich den göttlichen Schriften, daß Ein Gott ist. . . Nach der
Zeit des Gerichtes, der Richtigstellung aller Dinge und der Beseitigung aller
entgegenstehenden Macht, „dann wird er selbst dem unterworfen werden, der
ihm alles unterworfen hat", „dem Gott und Vater" (1. Kor. 15, 28. 24), damit
der Logos so in Gott ist, wie er auch früher war, bevor es die Welt gab. Denn
vorher war nichts als Gott allein[1]; als aber alles durch den Logos entstehen soll-
te, ging der Logos mit wirkender Kraft ($\delta\rho\alpha\sigma\tau\iota\kappa\tilde{\eta}$ $\dot{\epsilon}\nu\epsilon\rho\gamma\epsilon\dot{\iota}\alpha$) hervor, wobei er
der Logos des Vaters war[2].

## Hilarius von Poitiers († 367)

Als Antiarianer 356–359 nach Kleinasien verbannt, hat Hil. dort eine genauere Kenntnis
der umstrittenen theologischen Probleme gewonnen und durch Schriften viel zur Verständigung zwischen griechischer und lateinischer Theologie und zwischen Homo- und Homö-
usianern beigetragen.

Text: PL 10 – Übers.: BKV 2. Reihe Bd. 5 und 6 (1933–34) (A. Antweiler) – Lit.: Altaner § 94 – Liébaert § 10 C

*Über die Trinität* (356–359)

**(107)** 9, 3

(283 A 5) Gerade durch die geheimnisvolle Würde des Mittlers zwischen Gott
und den Menschen (vgl. 1 Tim. 2, 5) ist er als Einer beides, indem er aus den in Eines (in idipsum) vereinigten Naturen die Einheit (res eadem) beider Naturen ist[1];

zu (104)   1 Der Geist geht vom Vater und vom Sohne so aus, daß sich die Monas als wirkende Kraft
„ausdehnt" (Fr. 71; vgl. dazu Nr. 61). Daß man sich diese aber nach Fragm. 116 Anf. auch
„getrennt" denken darf, unterscheidet M.s Lehre vom Sabellianismus. (Vgl. auch die Logoslehre in Fr. 44.)

zu (105)   1 M. spricht auch von Annahme des Menschen; doch ist bei ihm von einem „Wort-Mensch-
Schema" nicht viel zu bemerken. Über seine Verbindung alexandrinischer und antiocheni-
scher Züge in der Christologie s. Gericke S. 153 ff. und Schendel S. 129 ff.
2 Der vom Logos angenommene Mensch ist ja zugleich die Gattung Mensch. Vgl. dazu R.
Hübner (Lit.-Vz. II, 3) über die physische Erlösungslehre.
3 Das Fleisch gehört nur zur Energeia und zur vorübergehenden Heilsgeschichte, während
der Logos als Dynamis mit dem Vater immer verbunden bleibt und herrscht.
4 Genauer: „dieser besonderen (d. h. ihm zugefallenen) Herrschaft".

zu (106)   1 Vgl. Nr. 70. – Zu M.s Auslegung von 1. Kor. 15, 24 ff. s. Schendel.
2 D. h. er ist nicht ewig eine eigenständige Hypostase.

zu (107)   1 Da Hil. den christologischen Gebrauch von persona nicht kennt, umschreibt er die Einheit nur.

so jedoch, daß er in keiner von ihnen ohne die andere war. Denn er sollte nicht etwa dadurch, daß er als Mensch geboren wurde, aufhören Gott zu sein, noch anderseits nicht dadurch Mensch sein, daß er Gott blieb.

(108)    10, 22–24
22 Wie er (Christus) sich aber aus der Jungfrau von sich aus einen Leib ange-nommen hat, so hat er sich die Seele aus sich (selber) genommen; sie wird ja niemals von einem Menschen zum Ursprung der Kinder beigetragen[1].
23 (363 A 4) Wenn aber nur der Leib des Herrn diese Natur hat, mit seiner (besonderen) Kraft und seiner Seele vom Feuchten getragen zu werden, auf dem Flüssigen zu gehen und Bauten zu durchschreiten, mit welchem Recht be-urteilen wir dann das vom Heiligen Geist empfangene Fleisch nach der Natur des menschlichen Körpers? Jenes Fleisch, d. h. jenes Brot ist vom Himmel (Joh. 6, 51), und jener Mensch ist von Gott. Da er einen zum Leiden (befähigten) Leib hat, hat er auch gelitten, aber er hat keine Natur, die den Schmerz emp-findet. . . .    24 (364 A/B) Wenn er Trank und Speise nahm, dann ist er nicht der Notdurft des Leibes, sondern der Gewohnheit gefolgt[2].

## Apollinaris von Laodicea in Syrien (Bischof etwa 361–390)

Der scharfsinnige und gelehrte Ap. wurde 346 als Antinicäner exkommuniziert. Wenige Jahre später begann er, in seinen Schriften das Problem der Person Christi in aller Schär-fe zu stellen. Seine kühne Lösung wurde seit der alexandrinischen Synode von 362 (s. Nr. 117) im Osten und Westen wiederholt verworfen.

**Text:** H. Lietzmann: Apollinaris von Laodicea und seine Schule. Texte und Untersuchun-gen. 1, 1904 – **Lit.:** Altaner § 79 – Gr.-B. 1, S. 102–117 – Liébaert § 12 – E. Mühlenberg: Apollinaris von L. (Forschungen zur Kirchen- und Dogmengeschichte 23), 1969

(109)    *Fragm. 10 Über die Fleischwerdung*
O neue Schöpfung und göttliche Mischung! Gott und Fleisch haben Eine (und dieselbe) Natur gebildet[1].

*Darlegung über die göttliche Fleischwerdung nach dem menschlichen Ebenbild*
(110)    *Fragm. 25*
Da Christus zusammen mit Seele und Leib das Pneuma, d. h. den Gott-Nus, be-sitzt, wird er mit Recht „Mensch vom Himmel" genannt[1].

**(111)**　*Fragm. 32*

Der Mensch Christus ist im voraus da, nicht so, daß das Pneuma, nämlich Gottes, neben ihm als ein Verschiedenes existiert, sondern so, daß das Bestimmende in der Natur des Gott-Menschen göttliches Pneuma ist.

**(112)**　*Fragm. 34*

. ... Die göttliche Fleischwerdung nahm ihren Anfang nicht von der Jungfrau, sondern war[1] auch vor Abraham und vor aller Schöpfung. . .[2].

**(113)**　*Fragm. 81*

Und wenn Gott sich mit einem Menschen verbunden hätte, der vollständige mit einem vollständigen, dann wären es zwei, Ein Sohn Gottes von Natur und Ein angenommener.

zu (108)　1 Jesus darf nach Kap. 21 nicht als inspirierter Mensch gedacht werden. Deshalb bestreitet Hil. nicht allein seinen menschlichen Seinsgrund (der nach 10, 16 nicht in Maria liegt), sondern wandelt auch den Kreatianismus dahin ab, daß die Seele Christi aus diesem selbst stammt. Vielleicht liegt eine Erinnerung an origenistische Gedanken vor.
2 Die Freiwilligkeit des Leidens Christi steigert Hil. bis zur Unempfindlichkeit seiner Seele gegenüber dem Schmerz.

zu (109)　1 Die eingeklammerten Worte sind nicht von allen Textzeugen überliefert. – Ap. nimmt das Logos-Sarx-Schema ganz wörtlich, d. h. das „Wort" ersetzt in Christus die fehlende menschliche Geist-Seele. Angesichts der Wesenseinheit des Sohnes mit dem Vater ermöglicht nach Ap. nur die Unvollständigkeit der menschlichen Natur die Einheit Christi; diese ist eine vom Logos (Nus, Pneuma) ausgehende Willens-, Handlungs- und Lebenseinheit. Die „Mischung", die keine Vermischung (Synchysis) ist (Ap. S. 253, 8 f.), macht Christus zu Einer Natur. Da „Physis" hier das ganze Einzelwesen bezeichnet, ist sie mit der „Person" identisch. So wird Ap. zum Kronzeugen des Monophysitismus. Nach Fragm. 153 ist „das Fleisch als Gottes Fleisch Gott. . ., ein Teil, der, weil mit ihm (Christus) vereinigt, mit Gott Eines Wesens (homousios) ist und nicht getrennt" (Communicatio idiomatum).

zu (110)　1 Nur in dieser Schrift setzt Ap. zwischen Fleisch und Geist eine Seele als Mittleres (vgl. Nr. 76) voraus (trichotomische Anthropologie). Weil sie aber eine animalische, vernunftlose Seele ist, bestimmt nicht sie, sondern der göttliche Geist das Handeln des Fleisches. Insofern ist Christus „Mensch vom Himmel" (vgl. 1. Kor. 15, 47). – Zur soteriologischen Bedeutung des Nus vgl. Mühlenberg.

zu (112)　1 Der Text ist nicht ganz sicher.
2 Vgl. Joh. 8, 58, auch Apk. Joh. 3, 14, Kol. 1, 15 und Spr. 8, 22 ff. (Die letztere Stelle hat wohl als erster Athanasius auf die Menschwerdung statt auf die göttliche Geburt der Weisheit gedeutet; s. 2. Rede geg. d. Arianer 44 ff.) – Nach Fragm. 154 und S. 253, 7 f. Lietzmann hat der Logos sein Fleisch nicht etwa vom Himmel mit herabgebracht; er trug es ideell, als Bestimmung, in sich. Das besagt, daß Gott seinem Wesen nach von Ewigkeit her Offenbarer und Erlöser sein wollte. Doch erlöst Christus bei Ap. durch seine Natur, nicht durch sein Handeln. „Lebendig macht uns sein Fleisch wegen der mit ihm wesenhaft vereinten Gottheit" (Fragm. 116).

(114)    *Fragm. 117 Syllogistische Abhandlung gegen Diodor*[1] (nach 380?)
Wenn Gott sich ein Werkzeug nimmt, dann ist er sowohl Gott, sofern er wirkt,
als auch Mensch, nämlich als Werkzeug[2]. Weil er Gott bleibt, ist er nicht verwandelt. Das, was ein Werkzeug bewegt, ist so beschaffen, daß es eine einzige
Tätigkeit (Energeia) hervorbringt[3]. Wenn aber die Tätigkeit Eine ist, dann ist
auch das Wesen (Usia) Eines. Also ist Ein Wesen des Logos und des Werkzeugs
zustandegekommen[4].

(115)    *Zusammenfassung* (Anakephalaiosis) These 15 und 16 (nach 380?)
(Lietzmann S. 243 f.)
15  Wenn Gott in einem Menschen „wohnte", dann „entäußerte" er sich nicht.
Der, der „in Gottes Gestalt" war, hat sich aber entäußert, indem er „Knechtsgestalt" annahm (Phil. 2, 6 f.). Folglich hat er nicht in einem Menschen gewohnt[1].
16  Gott ist, wenn er im Menschen wohnt, nicht Mensch. Aber Pneuma, das mit
dem Fleische geeint ist, ist Mensch. Christus ist, wie gesagt, (nur) dem Namen
nach[2] Mensch. Folglich ist er göttliches Pneuma, das mit Fleisch geeint ist.

(116)    *Brief an Kaiser Jovian* 1–2 (363)
(Lietzmann, S. 250, 1–252, 4 – Hahn § 195)
1  Wir bekennen. . ., (Z. 5) daß (ein und) derselbe nach dem Geiste Sohn Gottes und Gott, aber Sohn des Menschen nach dem Fleische ist[1]; daß der Eine
Sohn nicht zwei Naturen ist, Eine anbetungswürdige und Eine nicht anbetungswürdige[2], sondern Eine Natur des Gott-Logos, die Fleisch geworden ist[3] und
mit seinem Fleische in Einer Anbetung angebetet wird; und daß es nicht zwei
Söhne gibt, der eine wahrhaftiger und angebeteter Sohn Gottes, der andere
ein Mensch aus Maria, der nicht angebetet wird, der (nur) aus Gnade Sohn Gottes geworden ist wie die Menschen; sondern, wie gesagt, den Einen Sohn Gottes aus Gott, und (wir bekennen,) daß derselbe und kein anderer auch aus Maria in den letzten Tagen dem Fleische nach geboren worden ist. So hat ja der
Engel der Gottesmutter (Theotokos)[4] Maria gesagt: (Luk. 1, 34 f.). . .
2  Der aus der Jungfrau Maria Geborene ist von Natur und nicht durch Gnade
und Teilhabe Sohn Gottes und wahrhaftiger Gott, nur nach dem aus Maria
stammenden Fleische Mensch, aber nach dem Geiste ist derselbe Sohn Gottes
und Gott, der unsre Leiden am Fleische erfahren hat, wie geschrieben steht:
„Christus hat für uns gelitten am Fleische" (1. Petr. 4, 1). . . Leidensunfähig ist
er geblieben und unwandelbar nach der Gottheit, gemäß dem Worte des Propheten: „Ich bin Gott und habe mich nicht gewandelt" (vgl. Mal. 3, 6); gestor-

ben ist er unsern Tod nach dem Fleische für unsre Sünden. . . .

**(117) Rundschreiben der Synode zu Alexandria (362)**
(= Athanasius: Tomus ad Antiochenos) Kap. 7

Unter Kaiser Julian konnte Athanasius aus der Verbannung in sein Amt zurückkehren. Er berief eine Synode, die alle Richtungen zu einen versuchte, welche den Arianismus verwarfen, aber das Nicänum bejahten und die Wesenseinheit Gottes auch auf den hl. Geist bezogen. Die Synode verständigte sich auch über den Gebrauch des umstrittenen Wortes Hypostasis. Man billigte die Rede von drei Hypostasen, wenn sie nicht völlig getrennte Wesenheiten oder Prinzipien meinte, sondern nur unterstrich, daß Vater, Sohn und Geist wirklich, nicht bloß in Worten eine Dreiheit bilden. Anderseits konnte dasselbe Wort Hypostasis in der Einzahl auch weiterhin im Sinne der Einen Usia gebraucht werden (wie es Ath. selber tat), ohne die Dreiheit aufzuheben. – Der folgende Text enthält die Stellung-

zu (114) 1 Diodor von Tarsus hatte (wohl nach 379) gegen Ap. Stellung genommen. Er vertrat die vorwiegend grammatisch-historische antiochenische Exegese und in der Christologie die bleibende Unterschiedenheit der Naturen („Trennungschristologie"). Im Logos-Fleisch-Schema scheint er dem Ap. zugestimmt zu haben; doch sind die Einzelheiten seiner Auffassung aus den Fragmenten schwer zu erkennen. Vgl. Gr.-B. 1, 135 ff., Liébaert § 13 D und Adam 1, 321 f.
2 Der Begriff Organon, den unter anderen schon Athanasius auf den Leib Christi angewandt hatte (oben Nr. 101), unterstreicht hier die Unselbständigkeit des Menschlichen in Christus, das sich nicht selbst „bewegen" kann.
3 Oder „das Werkzeug und das Bewegende sind so beschaffen, daß sie . . . hervorbringen".
4 Es geht dem Ap. um eine „substantielle" oder „physische Einheit" (Fragm. 12 und 148), worin ihm Cyrill folgte.

zu (115) 1 Eine bloße Einwohnung des Logos (vgl. Nr. 129) würde ein vollständiges Menschenwesen voraussetzen und dem Logos die Entäußerung ersparen, die Ap. in der engen Vereinigung mit einem Menschen sieht (Fragm. 10 und 117). Ap. verwirft jede Abschwächung der Inkarnation zu einer Inspiration hin.
2 „Homonym", uneigentlich.

zu (116) 1 Die apollinaristische Verengung des Begriffes Fleisch verwehrt es, die Aussagen des Ap. im Schema „nach dem Geiste – nach dem Fleische" als echte Paradoxien im Sinne von Röm. 1, 3 f. oder der späteren Orthodoxie zu verstehen.
2 Die Trennung der Anbetung bekämpfte Ap. bei den Anhängern des Paul von Samosata (S. 257 Lietzmann).
3 Die Formel μία φύσις τοῦ θεοῦ λόγου σεσαρκωμένη galt durch literarische Fälschung bald als Eigentum des Athanasius und daher als rechtgläubig; vgl. Nr. 152. Indem sie nicht mit Joh. 1, 14 den Logos, sondern seine Physis zum Subjekt der Fleischwerdung machte, hemmte sie die Ausbildung des christologischen Personbegriffes.
4 Diese Bezeichnung für Maria ist zuerst bei Alexander von Alexandrien sicher belegt, aber vielleicht schon von Hippolyt und wahrscheinlich von Origenes gebraucht worden; Stellen bei Lampe s. v.

nahme zu dem neuen Problem des Apollinarismus.

**Text:** PG 26, 804 A-805A – **Übers.:** A Select Library of Nicene and Post-Nicene Fathers. 2nd Series, Vol. 4, 1893, S. 483–486 – **Lit.:** Altaner § 68, II – Gr.-B. 1, S. 91–99 – Liébaert S. 84 – R.Weijenborg: Apollinaristic Interpolations in the *Tomus ad Antiochenos* of 362. Stud. Patr. 3 (=TU 78), 1961, S. 324–330[1] – Mühlenberg: s. vor Nr. 109

7 Aber auch über die Fleischwerdung des Erlösers haben wir, da einige auch hierüber miteinander zu streiten schienen, beide Seiten befragt. Was die einen bekannten, dem stimmten auch die andern zu, nämlich: Nicht wie den Propheten „das Wort des Herrn zuteil wurde" (vgl. Jer. 1, 2 ff.), so kam es auch am Ende der Zeiten in einen heiligen Menschen, sondern der Logos selbst „wurde Fleisch"; und während er in der Gestalt Gottes war, nahm er die Gestalt eines Knechtes an (vgl. Phil. 2, 6 f.), und um unsertwillen ist er aus Maria dem Fleische nach Mensch geworden. . .
Sie bekannten auch dies, daß der Erlöser nicht einen Leib ohne Seele, ohne Empfindung, ohne Vernunft besaß. Es war ja auch, wenn der Herr um unsertwillen Mensch wurde, nicht möglich, daß sein Leib ohne Vernunft war, und in dem Logos selber ist nicht allein die Rettung des Leibes, sondern auch die der Seele erfolgt. Er, der wahrhaftig Sohn Gottes ist, ist auch Sohn des Menschen geworden, und derselbe, der der einziggeborene Sohn Gottes ist, ist auch der Erstgeborene unter vielen Brüdern (vgl. Röm. 8, 29) geworden. Daher war auch der Sohn Gottes vor Abraham nicht verschieden von dem nach Abraham, und der, der den Lazarus auferweckte, war kein anderer als der, der nach ihm fragte; sondern ein und derselbe war es, der in menschlicher Weise fragte:Wo liegt Lazarus? (vgl. Joh. 11, 34) und ihn in göttlicher Weise erweckte[2].

### Die Kappadozischen Väter (Texte Nr. 118–124)

Als „Jungnicäner" förderten sie die Ausbildung der Trinitätslehre besonders dadurch, daß sie – mit gewissen Verschiedenheiten untereinander – die Formel von der Einen Usia und drei Hypostasen einbürgern halfen. Für die Christologie im engeren Sinne war aus ihrer Arbeit bedeutsam, daß die Dreiheit der (gleichgestellten) Personen die Einheit des göttlichen Wirkens nach außen nicht antastete, daß sie, z. T. die Formel von Chalcedon vorbereitend, trinitarische Begriffe auf die Christologie übertrugen und (abgesehen von Basilius) den Apollinarismus bekämpften, worin ihnen Epiphanius und Papst Damasus vorangegangen waren.

**Lit.:** Altaner §§ 73–75 – Liébaert § 14 A und B

**Gregor von Nazianz** († um 390)

**(118)** *Brief 101 an Kledonius* (382) (PG 37, 177 C 4–184 A 1)
Wenn jemand die heilige Maria nicht als Gottesmutter (Theotokos) annimmt,
ist er der Gottheit fern. Wenn jemand sagt, er (Christus) sei durch die Jungfrau wie durch ein Rohr hindurchgegangen, aber nicht in ihr zugleich göttlich
und menschlich gebildet worden – göttlich, weil ohne Mann, menschlich, weil
nach dem Gesetz der Schwangerschaft –, ist er ebenfalls gottlos. Wenn jemand
sagt, der Mensch sei gebildet worden, danach sei (Sp. 180) Gott in ihn hinein-
gekommen, ist er verworfen. Das ist nämlich keine Geburt Gottes, sondern ein
Ausweichen vor der Geburt. Wenn einer zwei Söhne einführt, . . ., verliert er
die den Rechtgläubigen verheißene Sohnschaft. . . Kurz gesagt, das, woraus
der Erlöser besteht, ist etwas Verschiedenes. . ., nicht aber sind es verschiedene, – keinesfalls! Denn beides ist durch Mischung (Synkrasis) Eines, da Gott
Mensch und der Mensch Gott geworden ist, oder wie man es ausdrücken mag.
Ich sage „Verschiedenes" im Gegensatz zu dem, wie es sich bei der Trinität verhält. Dort (heißt es) „verschiedene", damit wir nicht die Hypostasen zusammen-
gießen, und nicht „Verschiedenes"; denn hinsichtlich der Gottheit sind die drei
ein und dasselbe[1]. Wenn jemand sagt, (die Gottheit) habe (in Christus) wie in
einem Propheten durch Gnade gewirkt, aber sei nicht dem Wesen (Usia) nach
(sc. mit dem Menschen) verbunden gewesen[2] und werde verbunden, der bleibt
der höheren Einwirkung bar. . .!
(181 C 8) Wenn jemand seine Hoffnung auf einen Menschen ohne Geist (Nus)
setzt, so ist er gewiß selber ohne Geist und nicht wert, vollständig gerettet zu
werden. Was nämlich nicht angenommen wird, wird auch nicht geheilt; was
aber mit Gott vereint ist, das wird auch gerettet[3].

---

zu (117)  1 Da der Text spätestens seit 374 in dieser Form verbreitet wurde, konnte die Frage der
Interpolationen hier unberücksichtigt bleiben.
2 Die alexandrinische Christologie ist entschieden auf die Identität des göttlichen Sub-
jektes (d. h. des Logos) mit dem des Erlösers Christus bedacht und billigt der menschlichen
unverkürzten Natur keinerlei selbständiges Handeln zu. Vgl. unten Cyrill.
zu (118)  1 Ganz formal bezeichnet Gr. sowohl die drei Hypostasen wie vorher die Einheit Christi
mit grammatischen Neutra. Die Ausbildung des Personbegriffes wird dies ändern und
auch den Verzicht auf den durch Apollinaris belasteten Begriff „Mischung" erzwingen.
2 Zur substantiellen Einigung s. Nr. 114 Anm. 4 und Nr. 150.
3 Der soteriologische Haupteinwand gegen Apollinaris.

**Gregor von Nyssa († 394)**

**(119)**   *Gegen Eunomius* Buch 3, Tomus 3 § 62–63 (381–383)

Text: Opera . . . ed. W. Jaeger 2, 1960, S. 130, 2–18 – PG 45, Buch 5 (!), 705 A–B

62 . . . Das Fleisch war nicht mit der Gottheit identisch, bevor es in die Gottheit verwandelt wurde[1]; daher war unvermeidlich einiges in Einklang mit dem
Gott-Logos, anderes mit der Knechtsgestalt.     63 . . . (Z. 14) (Das Fleisch) ist
mit dem Göttlichen vermischt[2] und bleibt nicht mehr in seinen Grenzen und
bei seinen Eigentümlichkeiten, sondern wird zu dem Mächtigeren und Beherr-
schenden emporgehoben. Doch bleibt die Betrachtung (Theoria) der Besonderheiten des Fleisches und derer der Gottheit unvermischt, solange beides
für sich betrachtet wird[3].

*Widerlegung (Antirrheticus) gegen Apollinaris* 27 und 42 (nach 385)

Text: Opera. . . 3/1 ed. F. Müller, 1958 – PG 45

**(120)**   27 (S. 191, 20–25 Müller – PG Sp. 1208)
Die Geburt aus einem Weibe ist etwas Menschliches, aber die Jungfräulichkeit,
welche der Geburt diente, zeigte das Übermenschliche an. Daher ist zwar das
Geborene Mensch, aber die Kraft zur Geburt ist nicht von Menschen, sondern
durch den heiligen Geist und die höchste Kraft (gekommen) (vgl. Luk. 1, 35).
So ist er nach der wahren Erkenntnis sowohl Mensch als Gott. . .

**(121)**   42 (S. 201, 3–17 Müller – PG Sp. 1221 und 1224)
In ihm ist das Fleisch und die Gottheit Ein Sohn. . . (Z. 10) Wenn jemand einen Tropfen Essig in das Meer schüttet, so wird der Tropfen Meer, weil er mit
in die Beschaffenheit des Meeres verwandelt wird. So ist es bei dem wahren
Sohn und einziggeborenen Gott. . ., der sich mittels des Fleisches den Menschen offenbart hat. Das Fleisch ist seiner Natur nach Fleisch, aber es wurde
in das Meer der Unsterblichkeit verwandelt. . .[1].

**Amphilochius von Ikonium († nach 394)**

Text: Sententiae et Excerpta (PG 39, 113 ff.)

**(122)**  *Fragm. 15* (Sp. 113 B)

Ich sage: Ein Sohn zweier Naturen, unvermischt, unverwandelt, ungetrennt (ἀσυγχύτως, ἀτρέπτως, ἀδιαιρέτως)[1]. Es leidet also Christus, der Sohn Gottes, nicht an der Gottheit, sondern an der Menschheit. Das heißt, Gott litt am Fleische (vgl. 1. Petr. 4, 1), aber nicht die Gottheit litt am Fleische.[2]

**(123)**  *Fragm. 19* (Sp. 117 B)

Zu Einem Prosopon haben sich . . . die zwei Naturen vereinigt. Wir bekennen, daß sie unverwandelt und ungetrennt in Christus sind und erhalten bleiben.

**(124)**  *Fragm. 22* (Sp. 117 D)

Man sieht also, wie auch die von Gott geleiteten Väter gesagt haben, der Sohn sei dem Vater wesensgleich (homo-usios) nach der Gottheit und der Mutter wesensgleich nach der Menschheit[1], zweifach in der Substanz (Usia) oder nach der Natur, aber nicht zweifach in der Hypostase[2].

**(125)**  **Das sog. nicäno-konstantinopolitanische Symbol** (C oder NC) (381)

Wie die 2. ökumenische Synode das Symbol von Nicäa bestätigte, so bestätigt das mit ihr zusammenhängende (aber nicht offizielle) Symbol das Stichwort homousios. Dabei wird die Unterscheidung dreier gleichrangiger Hypostasen, soweit sie die Homousie nicht in Frage stellt, stillschweigend anerkannt. Das ergibt sich aus der Erweiterung des dritten

zu **(119)**  1  Bei der Erhöhung.
2  S. zu Nr. 118 Anm. 1.
3  Zur Unterscheidung zweier Betrachtungweisen s. Nr. 129.

zu **(121)**  1  Auch hier dürfte wie im Text Nr. 119 an die Erhöhung zu denken sein; s. Elert (s. Lit.-Vz. II, 4) S. 48 und Liébaert S. 91.

zu **(122)**  1  Oder „nicht ineinander verwandelbar", sonst käme die Doppelheit in der Substanz (Nr. 124) nicht zustande; aber auch „nicht auseinanderzureißen", damit die Paradoxie der Einheit nicht aufgelöst wird. – Zu den drei Adverbien vgl. Nr. 172.
2  Gott als Person, nicht seine Natur (die Gottheit) leidet.

zu **(124)**  1  Zur doppelten Homousie s. Nr. 160 (§ 3) und 163.
2  Da das Wort Usia in der Trinitätslehre immer mehr die Bedeutung des Gemeinsamen (des göttlichen Wesens) annahm und die der Einzelexistenz an das Wort Hypostasis abgab, konnte es in der Christologie leicht der Physis gleichgestellt werden. Trotzdem sagt Amph. zwar (Nr. 122 und 123) „zwei Naturen", nicht aber zwei Usiai, sondern vorsichtig „doppelte Usia", um den Verdacht zweier Personen fernzuhalten (vgl. Nr. 143). Er ist auf dem Wege, neben Prosopon auch schon Hypostasis zum Personbegriff zu machen, was der trinitarischen Begriffsentwicklung entspricht.

Artikels (gegenüber N) und dem inneren Zusammenhang des Symbols mit der vorausgegangenen theologischen Entwicklung. Die genaueren Bestimmungen wird der verlorene Tomus der Synode enthalten haben. Im Folgenden sind aus C nur einige die Christologie betreffenden Aussagen herausgegriffen.

**Text:** Hahn § 144 – Lietzmann (s. vor Nr. 50) S. 36 f. – **Übers.:** Steubing S. 24 – Neuner-Roos Nr. 831 – **Lit.:** A. M. Ritter: Das Konzil von Konstantinopel und sein Symbol, 1965.

Wir glauben an Einen Gott. . . Und an Einen Herrn, Jesus Christus, den Sohn Gottes. . ., der aus dem Vater vor allen Äonen gezeugt ist, . . . wesensgleich[1] mit dem Vater. . ., der . . . Fleisch geworden ist aus dem Heiligen Geist und Maria, der Jungfrau, und Mensch geworden[2] . . . und wieder kommt in Herrlichkeit, zu richten die Lebendigen und die Toten, dessen Herrschaft kein Ende haben wird[3]. Und an den Heiligen Geist. . ., der aus dem Vater ausgeht[4], der mit dem Vater und dem Sohne zusammen angebetet und verherrlicht wird[5] . . .

**Eunomius von Kyzikus** († um 394)

*Bekenntnis an Kaiser Theodosius I. (383)*

**(126)**   Nach dem Bericht des Gregor von Nyssa: Refutatio confessionis Eunomii §§ 172–173.
Opera, ed. W. Jaeger, 2, 1960, S. 384, 20–385, 6

172 Aber dem Gesagten muß man noch das hinzufügen, was sie (sc. die Eunomianer) in ihrer Lehre von der Heilsveranstaltung zur Grundlage der Gottlosigkeit machen; sie erklären nämlich, nicht der ganze Mensch sei von ihm (sc. Christus) gerettet worden, sondern die Hälfte des Menschen, d. h. der Leib. Bei solcher Verdrehung der Lehre verfolgen sie das Ziel, nachzuweisen, daß die Niedrigkeitsaussagen, die der Herr aufgrund der Menschheit macht, von der Gottheit selber ausgegangen zu sein scheinen[1]; sie wollen durch diese (sc. Aussagen) die Lästerung gewisser machen, da sie durch das Bekenntnis des Herrn selber gestützt wird. Deshalb sagt er (sc. Eunomius): „der am Ende der Tage Mensch geworden ist, nicht den aus Seele und Leib (bestehenden Menschen angenommen hat".   173 Aber nachdem ich die ganze von Gott eingegebene und heilige Schrift durchforscht habe, finde ich diesen Satz dort nicht geschrieben, daß der Schöpfer des Alls bloß das Fleisch ohne die Seele in der Zeit (Kairos) seiner Menschwerdung an sich genommen habe.

## Theodor von Mopsuestia († 428)

Der bedeutendste Exeget der antiochenischen Schule vertrat eine durchdachte „Tennungs"-Christologie nach dem Schema „Logos – Mensch". Da ihn das Konzil von 553 (Nr. 181) als geistigen Ahnherrn der Nestorianer verwarf, blieben seine Schriften fast nur unter diesen erhalten. Die Erforschung der echten Texte hat ergeben, daß Th. in Wahrheit den Weg zur Lehre von Chalcedon gewiesen hat.

**Text:** (wenn nicht anders angegeben) Theodori episcopi Mops. in epistolas B. Pauli commentarii. Ed. H. B. Swete, Bd. 2, Cambridge 1882 – **Lit.:** Altaner § 82 – Gr.-B. 1, S. 144 – 156 – Liébaert § 15 A – L. Abramowski: Zur Theologie Theodors v. Mops., ZKG 72, 1961, S. 263–293

### Gegen Eunomius (etwa 380/81)

**(127)**   Text: L. Abramowski, S. 263 f.

„Prosopon" wird auf doppelte Weise gebraucht: entweder bezeichnet es die Hypostase und das, was jeder von uns ist, oder es wird der Ehre und der Größe und der Anbetung zuerkannt, folgendermaßen: „Paulus" und „Petrus" bezeichnen Hypostase und Prosopon jedes von ihnen (beiden); das Prosopon aber unseres Herren Christus bedeutet Ehre und Größe und Anbetung. Weil sich der Gott Logos in der Menschheit offenbarte, verband er die Ehre seiner Hypostase mit dem Sichtbaren. Und deswegen bezeichnet das „Prosopon" Christi, daß es (ein Prosopon) der Ehre ist, nicht (ein Prosopon) der Usia der zwei

---

zu **(125)**   1 Das Wort zielt zwar noch wie in N auf die „numerische Einheit der konkreten göttlichen Usia, des Seins Gottes selbst" (Ritter S. 293), ist aber jetzt (gegen Ritter) wegen der Anerkennung der Hypostasen mit wesen*gleich* zu übersetzen, wobei die Bedeutung „wesenseins", die in N bestimmend ist, noch mitschwingt. – Die Verwendung antiker Begriffe schließt für die Väter nicht aus, daß die göttliche „Substanz" sui generis ist, also weder das konkrete Einzelwesen im herkömmlichen Sinn (was nicht zu den drei Hypostasen paßt) noch das mehreren Einzelwesen gemeinsame „Wesen" meint (was nicht zur Einheit Gottes passen würde).
2 Die nähere Bestimmung „aus dem Hl. Geist u. Maria. . ." ist aus dem altrömischen Bekenntnis (Hahn § 17) eingedrungen.
3 Luk. 1, 33, hier gegen Marcell v. A. gerichtet (s. Nr. 105 u. 106).
4 Die spätere Einfügung „und vom Sohne" ist zuerst sicher bezeugt für das 8. Konzil von Toledo v. J. 653 (s. K. Schäferdiek: Die Kirche in den Reichen der Westgoten und Suewen bis zur Errichtung der westgotischen kathol. Staatskirche, 1967, S. 211 f.).
5 Zur Gleichheit der Ehrung s. Nr. 98, 129 und 141, zur Ausbildung entsprechender liturgischer Formeln s. Nr. 89 Anm. 1.

zu **(126)**   1 Gregor überliefert in diesem Text das früheste Selbstzeugnis der Arianer (genauer gesagt: der Jungarianer oder Anhomoier) für ihre „Wort-Fleisch-Christologie" (vgl. Nr. 92). Er weist im folgenden nach, daß die menschliche Seele noch vor dem Leibe verloren ging, aber auch sie mitsamt dem freien Willen erlöst und von Christus angenommen wurde.

Naturen[1]. . . Was für den König Purpurgewänder oder königliche Kleider sind, das ist für den Gott Logos der Anfang, den er aus uns genommen hat, unzertrennlich, unveräußerlich, ohne (räumliche) Entfernung in der Anbetung. Wie der König also nicht durch Natur Purpurgewänder hat, so hat auch nicht der Gott Logos durch Natur Fleisch. Wenn jemand behauptet, daß der Gott Logos natürlicherweise Fleisch hat, geschieht der göttlichen Usia eine Entfremdung durch ihn, weil er (sc. der Logos) sich einer Veränderung unterzieht durch Hinzufügung einer Natur[2].

(128)   *Katechetische Homilien 5, 9* (388–392?)

**Text:** Les Homélies Catéchétiques de Th. de M. Traduction . . . par R. Tonneau, Studi e Testi 145, 1949, S. 111 u. 113.

Die Schüler des Arius und des Eunomius[1] sagen, er (der Gott-Logos) habe einen Leib angenommen, aber keine Seele; statt einer Seele, sagten sie, (habe er) die göttliche Natur. Und sie erniedrigen die göttliche Natur des Einziggeborenen so weit, daß er aus seiner natürlichen Größe herabsinkt[2] und die Tätigkeiten der Seele ausübt, indem er sich in diesen Leib einschließt und alles tut, um ihn existieren zu lassen. . . Übernähme die Gottheit (die Rolle) der Seele, so würde sie notwendigerweise auch die des Leibes übernehmen, und man würde das Wort der verirrten Häretiker für wahr halten. . ., daß er nur dem Scheine nach Mensch war, aber nicht dessen Natur hatte.

*Von der Menschwerdung* (vor 392)

(129)   Buch 7 (S. 295, 35 – 296, 9 Swete)
Wenn er (sc. Christus) mit seinem Wesen (Usia) bei allen ist, sagt man (doch) nicht, er wohne in allen, sondern in denen, bei denen er nach seinem Wohlgefallen ist[1]. Ebenso findet man auch, wenn man sagt, er wohne darin, nicht ganz und gar das gleiche Einwohnen, sondern er dürfte auch die Art der Einwohnung seinem Wohlgefallen entsprechend nehmen. Wenn es also heißt, er wohne in den Aposteln oder überhaupt in den Gerechten, dann vollzieht er dieses Einwohnen wie einer, der an den Gerechten Wohlgefallen hat, (und) wie einer, der Gefallen findet an Menschen eines rechtschaffenden Wandels. In ihm (sc. Christus) selber dagegen, sagen wir, ist die Einwohnung nicht so erfolgt – so sehr von Sinnen möchten wir niemals sein –, sondern so wie in einem Sohne. So nämlich nahm er (sc. der Logos) nach seinem Wohlgefallen Wohnung. Was

heißt aber „wie in einem Sohne"? (Es heißt,) daß er, als er Wohnung nahm, den Angenommenen ganz mit sich vereinigte und ihn in den Stand setzte, mit ihm zusammen teilzuhaben an aller Ehre, an der er, der Einwohnende, der von Natur Sohn ist, selbst teilhat. Er vollendete ihn in der Einigung (Henosis) mit ihm zu einem einzigen Prosopon und gab ihm Anteil an der ganzen Herrschaft; und so wirkte er alles in ihm, daß er auch das Gericht und die Prüfung des Alls durch ihn und seine Parusie vollendet. Dabei wird natürlich der Unterschied in den Besonderheiten der (betreffenden) Natur mit dem Geiste wahrgenommen[2].

**(130)**  Buch 8 (S. 298, 22–30 und 299, 1–26)

„Und ich habe die Herrlichkeit, die du mir gegeben hast, ihnen gegeben" (Joh. 17, 22). Was für eine Herrlichkeit? Die, an der Sohnschaft teilzuhaben. Denn diese hat er selbst hinsichtlich seiner menschlichen Art empfangen, nachdem er zuvor im Jordan getauft worden war. Dort wurde an ihm ja auch unsre Taufe im voraus abgebildet, und der Vollzug der Wiedergeburt (vgl. Tit. 3, 5) wurde bezeugt durch die Stimme des Vaters, der sprach: „Dieser ist mein geliebter Sohn, an dem ich Wohlgefallen gefunden habe" (Matth. 3, 17). Und der Geist, der herabkam, blieb auf ihm, so wie auch wir in der Taufe einmal an

---

zu **(127)**  1 Da die Inkarnation ein Wunder ist, gibt es zu ihr und der Einheit des Gottmenschen keine genaue Entsprechung in der menschlichen Erfahrung und Sprache. Daher spricht Th. hier bei Christus nicht von einer Hypostasis wie bei den einzelnen Menschen, sondern nur von seinem Prosopon. Dieser Begriff Prosopon stand der Realität der Usia ferner als Hypostasis (vgl. Nr. 42 und 159 Anm. 1) und paßt für die „liturgische" Einheit der Ehre (L. Abramowski) daher besser. – Nach Th. und Nestorius betrifft die Einheit Christi aber nicht allein die Ehre, sondern auch die Tätigkeit (Energie) und die Macht (Authentie); Stellen bei Lampe Sp. 262.

2 Th. und die Antiochener verwarfen Cyrills „physische" Einigung, weil sie in ihr die Unveränderlichkeit der göttlichen Substanz und die Freiheit des göttlichen Entschlusses, Fleisch anzunehmen, gefährdet sahen. (Vgl. W. Elert: Der christliche Glaube, [2]1941, S. 381 über den Satz: Finitum non capax infiniti und Gr.-B. 1, 186). Die von ihnen gelehrte „Verbindung" (συνάφεια) ist zwar untrennbar, läßt aber die bleibende Zweiheit der Naturen stark hervortreten (Dyophysitismus). Doch war der wiederholte Vorwurf, die Antiochener lehrten zwei Söhne, polemische Konsequenzmacherei.

zu **(128)**  1 Vgl. Nr. 92 und 126.

2 Vgl. Nr. 127, Anm. 2.

zu **(129)**  1 „Einwohnung" (vgl. Kol 1, 19; 2, 9) drückt in Christus zugleich die Vollständigkeit des angenommenen Menschen und den bleibenden Unterschied der Naturen aus, aber keine räumliche Begrenzung des Logos. Auch für Th. ist das göttliche Einwohnen in Christus von dem in den Gläubigen verschieden.

2 Nur „noetisch" oder theoretisch, begrifflich sind die Merkmale der vereinten Naturen zu unterscheiden.

ihm (sc. dem Geist) teilhaben sollten[1]. Das ist ihm alsdann im Vergleich mit uns in ganz besonderem Maße zuteil geworden, weil er durch die Einigung mit dem Gott-Logos an denselben (Ehren) teilhatte wie der, der von Natur der Sohn ist[2]. (S. 299) Auf allen Seiten zeigt es sich also, daß der Begriff der Mischung (κρᾶσις) schief, unangemessen und unpassend ist, da jede der Naturen unauflöslich für sich bleibt. Ganz deutlich paßt aber der Begriff der Einigung (Henosis). Denn als durch sie die Naturen zusammengeführt wurden, haben sie auf Grund der Einigung Eine Person (Prosopon) geschaffen[3]. Wie daher der Herr von dem Manne und der Frau sagt: „Also sind sie nicht mehr zwei, sondern sind Ein Fleisch" (Mk 10, 8), so können wohl auch wir gemäß dem Begriff der Einigung mit Recht sagen: Also sind sie (sc. die Naturen) nicht mehr zwei Prosopa, sondern eines, wobei die Naturen selbstverständlich unterschieden bleiben (διακεκριμένων). Wie es nämlich dort die Zahl zwei nicht beeinträchtigt, daß das Fleisch „eines" genannt wird – es ist ja ganz klar, in welcher Hinsicht sie „eines" heißen –, so beeinträchtigt auch hier die Einigung der Person nicht die Verschiedenheit der Naturen. Dann nämlich, wenn wir die Naturen unterscheiden, bezeichnen wir die Natur des Gott-Logos als vollkommen und die Person (sc. des Gott-Logos) als vollkommen – man kann ja eine Hypostasis nicht personlos nennen – und auch die Natur des Menschen als vollkommen und die Person gleichfalls. Wenn wir jedoch auf die Verbindung (συνάφεια) blicken, dann sagen wir: Eine Person[4].

**(131)    Buch 9 Fragm. 1 (S. 300, 15–17)**
Wenn sie (die Schrift) nämlich sagt „er nahm an" (vgl. Phil. 2, 7), dann meint sie das nicht dem Scheine nach, sondern in Wahrheit; wenn sie aber sagt „er wurde (sc. Fleisch)", dann (meint sie es) dem Scheine nach, denn er wurde nicht in Fleisch verwandelt[1]. Man muß also auch beachten, was der Evangelist (eigentlich) meint.

**(132)    Buch 13 Fragm. 1 (S. 306, 23 – 307, 5)**
„Der erschienen ist im Fleische, wurde gerechtfertigt im Geiste" (1. Tim 3, 16): Er (sc. Paulus) sagt, jener sei „im Geiste gerechtfertigt", entweder weil er *vor* der Taufe mit der gehörigen Sorgfalt das Gesetz beachtet hatte, oder weil er *nach* ihr die Lebensführung aus der Gnade durch die Mitwirkung des Geistes mit großer Sorgfalt vollzog.

**(133)** Buch 15 Fragm. 2 (S. 310, 10–21)

Wenn sie nun fragen: „Ist Maria Menschenmutter oder Gottesmutter?", so soll unsre Antwort lauten: „Beides", das eine nämlich nach der Natur der Sache, das andere durch Übertragung. Menschenmutter ist sie von Natur, da der im Leibe der Maria (Befindliche) ein Mensch war, wie er ja auch von dort (sc. als ein solcher) hervorging. Gottesmutter aber ist sie, da in dem Menschen, der geboren wurde, Gott war, nicht in ihm hinsichtlich seiner Natur eingeschlossen, sondern in ihm befindlich aufgrund (κατά) der Haltung seines Willens.

**(134)** *Kommentar zum Johannesevangelium* (Buch 6)

Text: CSCO 116 (Scriptores Syri 63), latein. Übers. von Vosté, Louvain 1940, S. 212, 17–25

Da es nicht in der Natur des Fleisches lag, sich mit dem Gott-Logos zu vereinigen, bedurfte Christus im Fleische notwendig der Vermittlung der Gabe des Geistes[1]. Und nachdem er die ganze Gnade vollkommen empfangen hatte, die

zu **(130)** 1 Da die Taufe Christi der Typus für die Taufe der Christen ist, hat auch sein – freilich unvergleichbares – Teilhaben am Geiste Bedeutung für ihre Teilhabe am zukünftigen, himmlischen Heil. Th. stellt nicht wie Cyrill die Eucharistie, sondern die Taufe in die Mitte seiner Theologie. Sie verknüpft bei ihm Christologie und Soteriologie, Exegese und Pneumatologie. Vgl. L. Abramowski.
2 Die Wendung „der Sohn nach der Physis" konnte leicht den Gedanken an zwei Söhne erwecken; doch vgl. Nr. 127, Anm. 2. Der wesenhafte Sohn hat natürlich strenggenommen an den göttlichen Ehren nicht bloß „teil" (doch vgl. Nr. 129).
3 Vgl. Nr. 127. Das Verbum ἀποτελεῖν besagt, daß diese Einheit der Person Ziel und Vollendung der beiden Naturen ist.
4 Der Satz gibt wie Nr. 127 nur dem Logos die Bezeichnung Hypostasis; doch bestehen gegen die Zuverlässigkeit des Textes Bedenken. Eine syrische Übersetzung dagegen nennt bei der Unterscheidung beide Naturen auch Hypostase und bezeichnet die Einheit als „Ein Prosopon und Eine Hypostasis". Wenn diese Überlieferung richtig ist, dann hat Th. mit der erstmaligen Anwendung des Begriffes „Hypostasis" auf Christus einen wichtigen Schritt zur Formel von Chalcedon getan. (Rein gedanklich – vgl. Nr. 129 Ende – wären freilich auch zwei Hypostasen zu unterscheiden.) – Näheres s. Gr.-B. 1, 153–159.

zu **(131)** 1 Da „Werden" für die Antiochener ein Verwandeln bedeutete (s. L. Abramowski: ZKG 79, 1968, S. 361 f.), konnten sie den Satz „Das Wort ward Fleisch" nicht ohne einschränkende Erklärung (z. B. durch „Er wohnte in uns") anerkennen; manche mieden ihn möglichst ganz.

zu **(134)** 1 Zur Vermittlung zwischen Logos und Fleisch s. Nr. 76 bei Anm. 4. – Die Taufe bewirkt nicht erst wie im Adoptianismus die Einheit der Naturen, sondern vollendet nur, was der Geist in der Empfängnis mit der Bildung der menschlichen Natur (so S. 313, 3 ff. Swete) begonnen hat. Eine etwaige Verdienstlichkeit der vor der Taufe liegenden Bewährung wird so erheblich abgeschwächt. Nicht eine dogmatische Überlegung, sondern exegetische ihm wegen der Salbung zuteil wurde, führte er sein Leben in großer Unschuld, wie es die menschliche Natur nicht kann. So empfing der angenommene Mensch für alle Menschen auch die Teilhabe an ihm (dem Gott-Logos), also den Ursprung alles Guten. Denn was ihm davon zuteil wurde, dessen werden wir alle in der Auferstehung oder der Himmelfahrt . . . teilhaftig werden.

**Augustin († 430)**

**Lit.:** Altaner § 102 – Liébaert § 15 B

*Über die Trinität* (399–419)

Text: CC L 50 und 50 A – PL 42 – Übers.: BKV 2. Reihe Bd. 13–14 (Schmaus)

**(135)** 1, 7, 14
(Z. 19; zu Phil. 2, 7) Die Gestalt eines Knechtes wurde so angenommen, daß die Gestalt Gottes nicht verloren ging, da er sowohl in der Knechtsgestalt wie in der Gottesgestalt derselbe einziggeborene Sohn Gottes des Vaters ist, in der Gestalt Gottes dem Vater gleich, in der Gestalt des Knechtes „Mittler zwischen Gott und den Menschen, der Mensch Christus Jesus" (1. Tim. 2, 5). Wer begriffe da nicht, daß er in der Gestalt Gottes auch größer ist als er selbst, in der Gestalt des Knechtes aber kleiner als er selbst?[1]

**(136)** 2, 10, 18
(Z. 74) Zwar hat die Trinität aus der Jungfrau Maria die menschliche Gestalt geschaffen, aber diese ist die Person des Sohnes allein[1].

**(137)** 13, 17, 22
An der Fleischwerdung Christi, die den Hochmütigen mißfällt, ist noch vieles andere zu unserm Heil zu betrachten und zu bedenken. ·
Eines davon ist dies, daß (hier) dem Menschen gezeigt worden ist, welche Stelle er unter den Geschöpfen Gottes einnimmt. Die menschliche Natur konnte ja so mit Gott verbunden werden, daß aus zwei Substanzen Eine Person[1] wurde – und dabei sogar aus dreien: Gott, Seele und Fleisch. Die stolzen bösen Geister . . . sollen es nicht wagen, sich deshalb über den Menschen zu stellen, weil sie kein Fleisch haben, besonders da der Sohn Gottes geruht hat, in diesem Fleische auch zu sterben, damit jene Geister nicht dadurch, daß sie un-

sterblich zu sein scheinen, dazu verführen, sie als Götter zu verehren.
Zweitens sollte uns in dem Menschen Christus die Gnade Gottes ohne alle vorausgehenden Verdienste empfohlen werden. Denn auch er hat es nicht durch
vorausgehende Verdienste dahin gebracht, daß er in einer solchen Einheit mit
dem wahren Gott verbunden und mit ihm Eine Person, der Sohn Gottes, würde. Sondern sobald er begann, Mensch zu sein, seitdem ist er auch Gott. Deshalb ist gesagt: „Das Wort ward Fleisch".
Ferner konnte der menschliche Hochmut . . . durch Gottes so große Demut
widerlegt und geheilt werden. . . .Könnte man uns, die wir durch Ungehorsam
zugrunde gegangen waren, ein größeres Beispiel des Gehorsams geben als Gott
den Sohn, der Gott dem Vater gehorsam war bis zum Tode am Kreuz (vgl. Phil.
2,8)?

**(138)** *Gegen die Rede der Arianer* 8, 6 (418)

Text: PL 42, 688

. . . Der Eine Christus ist sowohl immer von Natur Gottessohn als auch Menschensohn, der aus Gnade in der Zeit angenommen wurde, und dieser ist nicht
so angenommen worden, daß er vorher geschaffen war und dann angenommen
wurde, sondern so, daß er unmittelbar in der Annahme geschaffen wurde[1].
Eben wegen dieser Einheit der Person, die in beiden Naturen[2] zu denken ist,
heißt es dann auch, der Menschensohn sei vom Himmel herabgekommen (vgl.
Joh. 3, 13).

---

*zu (134)*   Gewissenhaftigkeit scheint Th. veranlaßt zu haben, der Taufe eine besondere Bedeutung
beizulegen. Die Annahme eines Weges bis zur Vollendung machte sein Bild des irdischen
Christus lebendiger als das der Monophysiten.

zu **(135)**   1 Gemäß seiner Trinitätslehre, nach welcher die drei Personen ohne Abstufung in gegensei-
tiger Relation existieren, bezieht Aug. die subordinatianischen Schriftaussagen auf den
angenommenen Menschen, in dem sich die Eine Gottheit offenbart. Die Zweinaturenlehre
führt zu einer statischen Deutung von Phil. 2, 6 f.

zu **(136)**   1 Damit sind patripassianische Vorstellungen ausgeschlossen.

zu **(137)**   1 Nach Tertullian (Nr. 73) haben zuerst wieder Augustin und (vereinzelt) Hieronymus
den lateinischen Begriff persona in der Christologie benutzt. Wahrscheinlich hat Aug. aber
nicht unmittelbar an Tertullian angeknüpft; s. R. Cantalamessa: Tertullien et la formule
christologique de Chalcédoine, in Stud. Patr. 9 (=TU 94), 1966, S. 142 ff. Zur Sache s. Liébaert S. 97 und Nr. 140.

zu **(138)**   1 Vgl. Nr. 134 und 146. Das „Wort" ist also die Person und damit der Subsistenzgrund auch des
Menschen Christus, und es tritt bei der Menschwerdung keine vierte Person zur Trinität hinzu.
2 Etwas weiter unten heißt Christus geminae gigas substantiae, was später in H. Helds
Adventslied als „der wohl zweigestammte Held" wiederkehrt.

**(139)   Papst Cälestin I.** (422 – 432)

*Brief an die Presbyter, Diakone, Kleriker und das Volk von Konstantinopel*
*(Ep.* 14) (10. August 430)

Text: ACO 1, 2 Nr. 5, § 7 (S. 16, 31–35) (PL 50, 489 A) – Übers.: BKV[(I)] 46, 1877, S. 444 (§ 3).

Das (sc. geistige) Verständnis der „Figur"[1] weist er (Nestorius) zurück und nimmt auch die Wahrheit, die unter uns gelebt hat, nicht an. Anders erörtert er schließlich das Geheimnis Christi, unseres Gottes[2], als es die heilige Lehre unseres Glaubens zuläßt, der jeder katholische Denker ehrfürchtig gefolgt ist. Denn niemand, der aufrichtig der Religion ergeben ist, denkt über Christus anders, als dieser es selbst wollte[3].

**(140)   Vincenz von Lerinum** († gegen 450)

*Merkbüchlein (Commonitorium) 13 (19) – 14 (20)* (434)

Text: Hrsg. von A. Jülicher, [2]1925 – Übers.: BKV 20 (G. Rauschen) – Lit.: Altaner § 104, 2.

13 (19)  (S. 21, 14) So ist auch in Christus die Besonderheit jeder der beiden Substanzen in Ewigkeit festzuhalten, doch unbeschadet der Einheit der Person.

14 (20)  Wenn wir öfter von „Person" reden und sagen, Gott sei personhaft (per personam) Mensch geworden, so muß man sehr den Eindruck befürchten, wir meinten, der Gott-Logos habe in bloßer Nachahmung einer Handlung das Unsrige angenommen und alles, was zum menschlichen Verhalten gehört, als Scheingebilde, nicht als wirklicher Mensch getan, so wie es im Theater zu geschehen pflegt, wo Einer in raschem Wechsel mehrere Personen darstellt, von denen er selbst keine ist. (S. 22, 24) . . . sondern der Gott-Logos hat die Person eines Menschen . . . so angenommen, daß er, während seine Substanz unverändert blieb und er in sich die Natur eines vollkommenen Menschen annahm, selbst als Fleisch, selbst als Mensch, selbst als Menschenperson existierte, nicht als vorgetäuschte, sondern als wahre, nicht als nachgeahmte, sondern als wesenhafte (substantiva), kurz gesagt, nicht als eine, die mit der Handlung endete, sondern die ganz und gar in ihrem Wesen fortbestand[1].

## Nestorius (428 – 431 Patriarch von Konstantinopel)

Der antiochenische Mönch griff als Bischof der Hauptstadt alsbald in den schwebenden Streit um den volkstümlichen Theotokostitel Marias und in andere Glaubenskämpfe ein. Als Euseb, der spätere Bischof von Doryläum, ihn in Alexandrien und Rom anzeigte, benutzte der streitbare Cyrill den dogmatischen Anlaß, um seine Macht zu festigen. Gestützt von Papst Cälestin I., forderte er seinen Gegner zum Widerruf auf und brachte ihn 431 auf dem Konzil von Ephesus zu Fall. Vergebens rechtfertigte Nestorius aus seiner lebenslänglichen Verbannung seine großenteils zu Unrecht verworfene Christologie.

**Text:** F. Loofs: Nestoriana, 1905; einzelnes in ACO – **Lit.:** Altaner § 86, 1 – Gr.-B. 1, S. 159–164 und 213–229 – Liébaert § 17 B und D – L. Abramowski: Untersuchungen zum Liber Heraclidis des N. (CSCO Vol. 242), Louvain 1963 – A. Grillmeier: Zum Stand der Nestoriusforschung. Theologie und Philosophie 41 (1966) S. 401–410.

*Predigten*

**(141)** *Gegen das Wort Theotokos* (Weihnachten 428?) (Loofs S. 262, 3–12)

Um des Tragenden willen ehre ich den Getragenen, um des Verborgenen willen bete ich den Sichtbaren an. Untrennbar von dem Sichtbaren ist Gott; deshalb trenne ich nicht die Ehre dessen, der sich (selbst) nicht trennt. Ich trenne die Naturen, aber ich vereine die Anbetung... Nicht ist an sich Gott, was im Mutterleibe gebildet wurde; nicht ist an sich Gott, was aus dem heiligen Geiste geschaffen wurde; nicht ist an sich Gott, was im Grabmal bestattet wurde; denn dann wären wir offenkundige Menschenverehrer und Totenverehrer. Sondern da in dem Angenommenen Gott ist, heißt der Angenommene, weil mit dem Annehmenden vereinigt, von dem Annehmenden her mit ihm zusammen Gott[1].

---

zu **(139)**    1 D. h., allegorisch und typologisch verstandene Belege aus dem AT läßt er nicht gelten.
2 Die Formulierung „Christus, unser Gott" (vgl. Nr. 4 und Baruch 3, 36–38) begegnet in den Briefen des Cäl. und seines Nachfolgers Sixtus III. öfter (auch unten Nr. 181 und 182), dagegen nicht bei Leo und, wie es scheint, auch nicht bei Cyrill.
3 Ohne in eine eigne theologische Begründung einzutreten, verweist Cäl. stets auf die Schrift und noch mehr auf die bis in die Gegenwart bewahrte und allgemein verbreitete Tradition, gegen welche die Neuerungen des Nestorius verstoßen hätten. Von denselben Voraussetzungen aus hat Vincenz von Lerin die Konzilsentscheidung gegen Nestorius dargestellt, s. Commonit. 29 (41) ff.

zu **(140)**    1 Der Text zeigt, wie schwierig noch immer das rechte Verständnis des Personbegriffes war, doch lagen die Schwierigkeiten beim lateinischen Begriff an ganz anderer, fast entgegengesetzter Stelle als in der griechischen Wendung καθ' ὑπόστασιν (Nr. 149 mit Anm. 3). Der Begriff persona mußte in der Weise vertieft werden, daß er der Wirklichkeit der Person (gegenüber den unverkürzten Naturen), der Dauer (im Gegensatz zu einer bloßen Rolle) und der metaphysischen Begründung aus der göttlichen Hypostase des Sohnes Rechnung trug. Vgl. Nr. 172 Anm. 7 und den Definitionsversuch des Boethius Nr. 176 Anm. 2.

(142)    *„Die über mich. . ."* (Loofs S. 273, 18 – 274, 4)
Sooft die göttliche Schrift nun von der Geburt Christi aus der seligen Jungfrau oder von seinem Tode sprechen will, sagt sie offenbar nirgendwo „Gott",
sondern „Christus" oder „Sohn" oder „Herr"; diese drei (Begriffe) bezeichnen
nämlich die beiden Naturen, (und zwar) bald diese, bald jene und bald diese
und jene.

(143)    *Über Matth. 22, 2 ff.* (Loofs S. 281, 5–9)
Wir haben ja nicht zwei Christus und nicht zwei Söhne. . .! Sondern ein und
derselbe ist zweifach, nicht in der Würde, sondern in der Natur[1].

(144)    *Zum Gedächtnis der heiligen seligen Maria* (ACO 1, 5 S. 38, 6–9 – Loofs S.
338, 5–10)
Es ist zweierlei, ob man sagt, mit dem von Maria Geborenen war der Gott verbunden, der der Logos des Vaters ist – was durchaus klar und sicher ist und
den Heiden nicht anstößig –, oder ob man sagt, die Gottheit bedurfte einer
Geburt, die in Monaten abläuft. Denn der Gott-Logos ist der Zeiten Schöpfer,
nicht in der Zeit geschaffen.

*Briefe*
(145)    *Erster Brief an Papst Cälestin* (Ende 428 – Anf. 429)
(ACO 1, 2 Nr. 3, 2; S. 13, 11–33 – Loofs S. 166, 24–168, 4)
Sie . . . schmähen ganz offen den Gott-Logos, der mit dem Vater wesensgleich
ist, als hätte er aus der jungfräulichen Christusmutter seinen ersten Ursprung
genommen[1] und wäre mit seinem Tempel erbaut und mit dem Fleische begraben worden, und sie sagen, das Fleisch sei nach der Auferstehung nicht Fleisch
geblieben, sondern übergegangen in die Natur der Gottheit. . . Sie scheuen
sich nicht, sie (die jungfräuliche Christusmutter) Gottesmutter zu nennen,
während doch die heiligen, über alles Lob erhabenen Väter in Nicäa über die
heilige Jungfrau nichts weiter gesagt hatten, als daß unser Herr Jesus Christus
Fleisch geworden ist aus dem heiligen Geist und Maria der Jungfrau[2]. . . .(Z.
27) Wenn aber jemand diesen Namen Theotokos gebraucht . . ., dann erklären
wir zwar, diese Bezeichnung passe nicht auf die, die geboren hat – denn eine
wirkliche Mutter muß dasselbe Wesen haben wie das von ihr Geborene[3] –, doch
kann man diese Bezeichnung dulden in der Erwägung, daß dieses Wort auf die
Jungfrau nur angewandt wird, weil aus ihr der unabtrennbare Tempel des Gott-
Logos kommt, nicht weil sie selbst Mutter des Gott-Logos ist; denn niemand

bringt einen hervor, der älter ist als er selbst.

**(146)** *Zweiter Brief an Papst Cälestin*
(ACO 1, 2 Nr. 4, 2; S. 14, 22–27 – Loofs S. 171, 1–8)

Auch einige kirchlich Gesinnte nehmen irgendwie das Bild von der Vermischung (contemperatio) aus Gottheit und Menschheit des Einziggeborenen an und leiden also an der Krankheit der erwähnten Häretiker. Sie wagen es, auch die „Leiden" des Körpers über die Gottheit des Einziggeborenen zu bringen, und phantasieren, die Unveränderlichkeit Gottes sei auf die Natur des Körpers übergegangen. Die beiden Naturen, die mittels der engsten, unvermischten Verbindung in der Einen Person des Einziggeborenen verehrt werden, vermischen sie in der Veränderlichkeit einer Mischung...[1].

**(147)** *Dritter Brief an Papst Cälestin* (Nov. 430)
(ACO 1, 5/1 Nr. 55, 1–2; S. 182, 13 ff. – Loofs S. 181, 25 ff.)

...wenn wir bedenken, daß zwei Parteien einander gegenüberstehen und die eine von ihnen nur das Wort Theotokos, die andere aber nur das Wort Anthropotokos gebraucht und beide Parteien ... der Kirche verloren zu gehen drohen, dann muß der, welcher für diese strittige Sache zuständig ist und für beide Parteien Sorge trägt, die beiderseitige Gefahr mittels des von den Evangelien überlieferten Begriffes beheben, der beide Naturen bezeichnet[1]. Wie gesagt, ist dieses Wort Christotokos nämlich besser[2] als die Meinung dieser (Gruppen);

---

zu **(141)**   1 Das Trennen (χωρίζειν) der Naturen ist kein Zertrennen bis zur Selbständigkeit zweier Söhne, sondern eine bleibende Unterscheidung, die eine Veränderung sowohl der menschlichen wie der transzendenten göttlichen Natur fernhalten will. Die vorausgesetzte Einheit Christi möchte N. trotzdem als eine ontische, reale verstehen (vgl. Nr. 127 Anm. 1), doch nicht wie Cyrill (Nr. 149) als physische oder hypostatische. Er bedient sich der stoischen Vorstellung von der Krasis, in welcher die Verschiedenheit der Bestandteile fortbesteht (vgl. Nr. 73 Anm. 3).

zu **(143)**   1 Zur Doppelheit Christi hinsichtlich der Naturen vgl. Nr. 73 und auch Gregor von Naz. (Orat. 30, 8). Man hat schon dem Origenes vorgeworfen, er lehre zwei Christus (Liébaert S. 55).

zu **(145)**   1 Diese Meinung schrieb man dem Photin von Sirmium zu; s. Loofs: Nestoriana S. 341, 4 ff. Man konnte sie aber auch aus dem Titel Theotokos folgern.
  2 „Aus dem hl. Geist und M. der Jungfrau" sagte erst das Symbol von 381 (Nr. 125), das schon früh als nicänisch galt.
  3 Vgl. Nr. 160 (§ 3) und Nr. 163.

zu **(146)**   1 Die ganz enge Verbindung (συνάφεια ...; Loofs S. 275, 12) hat gleich mit dem ersten Wort der Verkündigung an Maria begonnen (Loofs S. 185, 14 f.); vgl. Nr. 134 Anm. 1.

zu **(147)**   1 S. Nr. 142.

denn einerseits hält es die Lästerung des Samasoteners[3] fern, als wäre Christus, der Herr über alles, ein bloßer Mensch, anderseits schlägt es auch die Bosheit des Arius und Appollinaris in die Flucht. 2 ... Meines Erachtens wird (auf der angesagten ökumenischen Synode) das Schwanken gegenüber den Begriffen nicht zu einer schwierigen Untersuchung führen[4] und kein Hindernis sein für die Verkündigung der Göttlichkeit des Herrn Christus.

**(148)**  *Zweite Apologie* (449/450)

Text: im Liber Heraclidis des Nestorius (Ausgabe des syrischen Textes von P. Bedjan, 1910). Die folgenden Zitate (mit der Seitenzahl Bedjans) sind den „Untersuchungen" von L. Abramowski S. 218 und R. Seebergs DG (s. Lit.-Vz.) 2, S. 218 entnommen.

S. 144 (nach Seeberg)
Das Prosopon der Gottheit ist die Menschheit, und das Prosopon der Menschheit ist die Gottheit; denn ein anderes ist es in der Natur und ein anderes in der Einheit.

S. 305 (nach Abramowski)
Zum prosopon[1] nämlich und nicht zur ousia und zur Natur führt die Union der prosopa.

S. 348 (nach Seeberg)
Durch das Prosopon der Union ist eins in dem andern, nicht durch Verkleinerung und nicht durch Unterdrückung und nicht durch Vermischung ist zu denken dies Eine, sondern durch Geben und Empfangen und durch den Gebrauch der Einheit des einen mit dem anderen, die Prosopa gebend und nehmend einander, nicht aber die Usien.

S. 432 f. (nach Abramowski)
Und wiederum sage ich nicht, daß es ἕνωσις durch Gleichheit der Ehre und durch Vollmacht ist, sondern (es ist ἕνωσις) der Naturen[2], und (zwar) der vollständigen Naturen.

S. 439 (nach Seeberg)
Das Prosopon, das Begleiter ist der zwei Naturen, ist Christus.

## Cyrill von Alexandrien († 444)

**Lit.:** Altaner § 70 – Gr.-B. 1, S. 160–182 u. ö. – Liébaert § 17.

**(149)** *Zweiter Brief an Nestorius* (Ep. 4) 3–7 (etwa Februar 430)

**Übers.:** BKV 2. Reihe, Bd. 12 (Bardenhewer) – Neuner-Roos Nr. 246 – Camelot (s. Lit.-Vz.) S. 225 ff.

3 Diesen Worten und Lehren[1] müssen auch wir folgen und dabei bedenken, was es bedeutet, daß der aus Gott (stammende) Logos „Fleisch und Mensch geworden ist". Wir sagen nämlich nicht, die Natur des Logos sei durch Verwandlung Fleisch geworden, aber auch nicht, sie sei in einen ganzen Menschen

---

*zu (147)*  2 Als fehlendes Verb hat Schwartz evitat ergänzt, aber superat (oder auch repellit) dürfte besser passen.
3 Über Paul von Samosata s. Einleitung III.
4 Wörtlich „eine Untersuchung von Schwierigkeiten".
zu **(148)**  1 Prosopon bezeichnet hier im Singular die Eine Person oder Hypostase (vgl. Nr. 130 Anm. 4) Christi, im Plural die Voll- und Selbständigkeit der Naturen. Dieser doppelte Gebrauch mußte den Eindruck einer bloß äußeren Einheit, der dem Wort von seinem Ursprung her anhaftet, noch verstärken. Aber N. schafft mit dem Begriff der physischen Prosopa einen Mittelbegriff zwischen der Einen Person und den Naturen, die selbst ohne Vermischung keine Einheit bilden könnten, und das Prosopon der menschlichen Natur zeigt an, daß der Logos sich nicht mit einer allgemeinen, sondern mit einer individuellen Menschennatur verbunden hat. Die untrennbare Einheit des Prosopon Christi vollzieht sich, ohne substantiell zu sein, im beständigen gegenseitigen Gebrauch der Natur-Prosopa. „Was N. eigentlich will, ist das Ineinanderfallen der Existenz der beiden Naturen, nicht nur daß eine Natur das prosopon der andern gebraucht, sondern daß sie es dann auch ist, indem sie selber zum prosopon der andern Natur wird" (Abramowski S. 229). – So arbeitete N. das Personale in der Christologie deutlicher heraus, als es Cyrill gelang, aber er sagte dabei nicht, daß der Logos (als Prosopon, nicht als Natur) das Subjekt der Einheit sei; doch vgl. Loofs S. 211, 9 und dazu Abramowski S. 216. Diese nähere Bestimmung des Dyophysitismus blieb den Auslegern des Chalcedonense als Aufgabe. Es war aber logisch nicht schwieriger, mit N. zu sagen, zwei physische Prosopa ergäben Ein Prosopon, als mit den Alexandrinern zu erklären, zwei Naturen vereinigten sich ohne Vermischung zu Einer Physis.
2 Hier berichtigt N. seine frühere (Nr. 141), weniger vorsichtige Ausdrucksweise. Vorher hat er gesagt, die Einheit beruhe auch nicht bloß auf der Liebe zu einander. Sie ist also keine bloß „moralische".
zu **(149)**  1 Nämlich des Konzils von Nicäa, das nach verbreiteter Anschauung (vgl. Nr. 160) auch bereits über die Christologie verbindlich entschieden hat, obwohl es nur sagt: „Fleisch geworden, Mensch geworden" (Nr. 91). In Brief 17 (PG 77, Sp. 108 C – D) warf Cyr. dem Nestorius vor, N nicht richtig auszulegen. Cyrills obiger Brief 4 wurde auf den Konzilien von 431, 448, 451 und 553 sowie 450 von Papst Leo als zutreffende Wiedergabe der nicänischen Orthodoxie anerkannt.

umgewandelt worden, der aus Seele und Leib besteht. Vielmehr (sagen wir)
dies: Der Logos ist Mensch geworden und ist Menschensohn genannt worden,
weil er in unaussprechlicher und unbegreiflicher Weise mit einer Vernunftseele
beseeltes Fleisch[2] mit sich hypostatisch (καϑ᾽ ὑπόστασιν) vereinigte, nicht
bloß nach dem Willen oder Wohlgefallen, aber auch nicht (so), als hätte er ein
bloßes „Prosopon" angenommen[3]; und die Naturen, die zu einer wirklichen
Einheit zusammengeschlossen wurden, (sind) zwar verschieden, aber aus beiden (ist) Ein Christus und Sohn (geworden)[4]. Nicht, als wäre der Unterschied
der Naturen durch die Einigung aufgehoben. . .

4 Deshalb kann man von ihm sagen, er sei, obwohl er seine Existenz (ὕπαρξις)
vor den Äonen hat und aus dem Vater gezeugt ist, dem Fleische nach auch aus
dem Weibe geboren; (doch) nicht, als hätte seine göttliche Natur in der heiligen Jungfrau den Anfang des Seins genommen, oder als hätte sie nach der Geburt aus dem Vater notwendig um ihrer selbst willen einer zweiten bedurft.
. . . Da er aber nun um unsert- und um unsers Heiles willen aus dem Weibe hervorging, indem er das Menschliche mit sich hypostatisch vereinigte, deshalb
sagt man, er sei nach dem Fleische geboren worden. Denn es ist nicht zuerst
ein gewöhnlicher Mensch aus der heiligen Jungfrau geboren worden und dann
noch der Logos auf ihn herabgekommen; sondern dieser ist schon vom Mutterleibe an (mit dem Fleische) vereint worden[5], und deshalb heißt es von ihm, er
habe eine fleischliche Geburt auf sich genommen, da er sich die Geburt des
Fleisches zu eigen machte[6].

5 In diesem Sinne sagen wir auch, er habe gelitten und sei auferstanden. Nicht,
als hätte der Logos Gottes an der eigenen Natur Schläge oder Durchbohrung
mit Nägeln oder die anderen Verwundungen erlitten; das Göttliche ist ja leidensunfähig, weil es unkörperlich ist. Weil aber der Leib, der sein Leib geworden ist, dies gelitten hat, wird wiederum von ihm selbst gesagt, er habe für uns
gelitten. Der Leidensunfähige war ja in dem leidenden Leib. . .

6 So werden wir also Einen Christus und Herrn bekennen, nicht so, daß wir
einen Menschen mit dem Logos zusammen anbeten – damit nicht durch das
Wort „mit" der Gedanke an eine Teilung hineinkommt[7] –, sondern so, daß
wir ein und denselben anbeten. . . .Wenn wir aber die hypostatische Einigung
als unverständlich oder als ungehörig ablehnen, dann verfallen wir darauf, von
zwei Söhnen zu sprechen. . .

7 In dieser Hinsicht kann es der rechten Glaubenslehre auch nichts nützen,
wenn einige Leute (sc. diesen getrennten Söhnen) eine Einigung der Prosopa
zuschreiben[8]. Die Heilige Schrift hat ja nicht gesagt: „Der Logos hat das Pro-

sopon eines Menschen mit sich vereinigt", sondern: „Er ist Fleisch geworden".
Daß aber der Logos Fleisch wurde, bedeutet nichts anderes, als daß er so wie
wir Anteil an Blut und Fleisch erhielt (vgl. Hebr. 2, 14). . . Wir werden finden,
daß die heiligen Väter so gedacht haben. Deshalb haben sie sich die Freiheit
genommen, die heilige Jungfrau Gottesmutter zu nennen. . .

**(150)** *Anathematismen gegen Nestorius*[1] Nr. 3, 4 und 12 (Nov. 430)

Text: ACO 1, 1/1 S. 40 ff. – PG 77, 120 f. – Hahn § 219

3 Wenn jemand an dem Einen Christus nach der Einigung (ἕνωσις) die Hypostasen unterscheidet und sie durch eine bloße Verbindung (συνάφεια) in der
Würde oder der Macht oder Herrschaft verbindet und nicht vielmehr durch einen Zusammenschluß (σύνοδος) in der „physischen" Einigung[2], der sei verdammt.

4 Wenn jemand die in den Evangelien und Apostelschriften vorkommenden
Worte – mögen die Heiligen sie von Christus sagen oder er von sich selbst –

---

*zu (149)*    2 Bei einer gewissen Nähe zum Logos-Sarx-Schema lehrt Cyr. doch gegen die Apollinaristen die Vollständigkeit der menschlichen Natur.
3 „Hypostatische Union" wird später der Fachausdruck für die Einigung der zwei Naturen in der Einen Person. So hat aber Cyr. diesen seinen neuen Begriff noch nicht definiert.
Die Einheit betrifft vielmehr gerade die Hypostasen. Da Cyr. aber die Hypostasis noch
nicht deutlich von der Natur unterscheidet (s. Nr. 151), kann er die „hypostatische", wesenhafte Einheit auch als „physische" bezeichnen (Nr. 150). Er verwirft die Vorstellung,
es könnten nach der Einigung noch zwei für sich allein existenzfähige Wesen (Hypostasen)
unterschieden werden (s. Nr. 150 § 3) und die Einheit betreffe nur den Willen (vgl. Nr. 133
Ende) oder die äußere Erscheinung (eines einheitlichen Prosopon), was die Einheit zur
Einwohnung abschwächen müßte (so Anathem. 11). Aber da er sie nicht ausschließlich
eine physische nennt und ihm die Hypostasis aus der Trinitätslehre seiner Zeit in perso-
nalem Sinne bekannt ist, muß man annehmen, daß ihm bei der „die Hypostasis betreffenden Einigung" tatsächlich eine Art personaler Einheit vorschwebte, die er aber, auch durch
die Polemik gehemmt, nicht deutlicher aussprechen konnte. Da Cyr. die personbildende
Hypostasis des Logos nicht klar von seiner Physis unterscheidet, kann er (Nr. 152) die monophysitische Formel des Apollinaris benutzen.
4 Oder: „Der Christus und Sohn aus beiden aber ist Einer".
5 So auch Nestorius (Nr. 146).
6 Die Gegner der antiochenischen Christologie hoben immer hervor, daß der aus Gott
und der aus Maria Geborene derselbe sei.
7 Vgl. Nestorius (Nr. 141) und seine Einwände gegen die hypostatische Union (Nr. 151).
8 S. Nr. 148.

*zu (150)*    1 Eine alexandrinische Synode ließ diese 12 Anathematismen mit Cyrills 3. Brief an Nestorius und anderen Briefen nach Konstantinopel bringen.
2 Vgl. dazu Nr. 149 Anm. 3.

nach zwei Prosopa oder Hypostasen aufteilt und die einen (sozusagen) dem
Menschen zuschreibt, der neben dem aus Gott (kommenden) Logos besonders
gedacht wird, die andern als Gott angemessene nur dem Logos aus Gott dem
Vater, der sei verdammt[3].

12  Wenn jemand nicht bekennt, daß der Logos Gottes am Fleische gelitten
hat und mit dem Fleische gekreuzigt worden ist und am Fleische den Tod ge-
schmeckt hat[4] und der Erstgeborene aus den Toten geworden ist, sofern er
Leben ist und lebenschaffend wie Gott, der sei verdammt.

**(151)**   *Verteidigung der 12 Kapitel gegen Theodoret von Cyrus* (etwa Febr. 431 (zu
Kap. 2)

Text: ACO 1, 1/6, Nr. 169, 20; S. 115 – PG 76, 400 f.

2  Siehe, wieder bemüht sich dieser edle Mann, einen Nebenumstand zum Vorwand für die unverschämte Schwätzerei gegen uns zu machen. Er verspottet
den Ausdruck, ich meine „hypostatisch", stellt an ihm das Ungewohnte fest
und versichert nachdrücklich, er sei in fremder Weise gebildet. . .
Nestorius beseitigt ja ganz und gar die fleischliche Geburt des Gott-Logos,
führt uns nur eine Einheit der Würden[1] ein und erklärt, mit Gott sei ein Mensch
verbunden, der mit der uneigentlichen Bezeichnung[2] der Sohnschaft geehrt
werde. Daher müssen wir seine (Lehren) bekämpfen und sagen, es erfolge die
Einigung nach der Hypostasis, wobei der Ausdruck „nach der Hypostasis"
nichts anderes bedeutet als nur dies, daß die Natur oder Hypostasis des Logos,
d. h. der Logos selbst, mit einer menschlichen Natur wahrhaft geeint wird ohne jede Veränderung und Vermischung und, wie wir schon oft gesagt haben,
als Ein Christus gedacht wird und es (auch) ist, derselbe Gott und Mensch.

**(152)**   *Zweiter Brief an Succensus (Ep. 46)* § 3 (433 nach der Union)

Text: ACO 1, 1/6, Nr. 172, 3; S. 160, 2–11 – PG 77, 241 B–C

Denn nicht nur von den in ihrer Natur einfachen Dingen wird zutreffend die
Einheit ausgesagt, sondern auch von den zusammengesetzten, so wie es der
aus Seele und Leib bestehende Mensch ist. Verschiedener Art sind ja derartige
Dinge und nicht einander wesensgleich; doch geeint haben sie Eine Menschennatur zustandegebracht, auch wenn in den Gesetzen der Synthesis die Verschiedenheit der vereinigten Bestandteile hinsichtlich ihrer Natur enthalten ist. Un-

gereimtes reden daher die, welche sagen, wenn „Eine fleischgewordene Natur des Logos"[1] da sei, dann folge auf jeden Fall, daß eine Vermischung ($\varphi\upsilon\rho\mu\acute{o}\varsigma$) und Mischung ($\sigma\acute{\upsilon}\gamma\kappa\rho\alpha\sigma\iota\varsigma$) eintrete, weil dabei die Natur des Menschen abnähme und sich verflüchtige. Denn weder nimmt sie ab noch verflüchtigt sie sich, wie sie behaupten. Zur vollkommensten Erklärung des Satzes: Er ist Mensch geworden, genügt es ja zu sagen: Er ist Fleisch geworden.

(153) *Gegen die, welche die hl. Jungfrau nicht als Gottesmutter bekennen § 4* (einige Zeit nach 431)

Text: ACO 1, 1/7, S. 20, 24–34 – PG 76, 260 B–C – **Übers.**: BKV 2. Reihe, Bd. 12, S. 210

Niemals hat Jesus als bloßer Mensch[1] existiert vor der Gemeinschaft und Einigung des Logos mit ihm. Sondern der Logos selbst kam eben in die selige Jungfrau, nahm sich aus der Substanz der Jungfrau den eignen Tempel[2] und ging aus ihr hervor, so daß er nach außen als Mensch erschien, innen aber wahrhaftiger Gott war. Deshalb hat er auch nach seiner Geburt die Mutter als Jungfrau bewahrt, was bei keinem der übrigen Heiligen geschehen ist... Also wird die Selige offenbar mit Recht sowohl Gottesgebärerin als auch Jungfrau-Mutter ($\pi\alpha\rho\vartheta\epsilon\nu o\mu\acute{\eta}\tau\omega\rho$) genannt. Denn der von ihr geborene Jesus war kein bloßer Mensch.

(154) *Brief an Acacius von Melitene (Ep. 40) § 12 f.* (433 oder bald danach)

Text: ACO 1, 1/4, Nr. 128; S. 26, 6–9. 19–21 – PG 77, 192 D–193 B

Wenn wir das, woraus der eine und einzige Sohn und Herr Jesus Christus besteht, begrifflich fassen, dann sagen wir, zwei Naturen seien geeint; aber wir glauben, daß nach der Einigung, weil nunmehr die Teilung[1] aufgehoben ist, die

---

*zu (150)* 3 Von solcher Exegese befürchtete Cyr. die Aufspaltung des biblischen Christusbildes. Vgl. Nr. 142 und 160 Ende.

4 Der Logos, aber nicht seine Natur wird als Subjekt auch des Leidens bezeichnet. Vgl. Gr.-B. 1, 230 f.

zu (151) 1 Vgl. Nr. 127, 130, 141 und 148.

2 Mit „der Homonymie"; vgl. Nr. 115.

zu (152) 1 Vgl. Nr. 116 bei Anm. 3.

zu (153) 1 Das hat auch Nestorius abgelehnt (Nr. 147).

2 Da dieser Lieblingsausdruck der Antiochener (s. Nr. 145 und 156) neutestamentlich ist, meidet auch Cyr. ihn nicht.

Natur des Sohnes Eine ist, da er Einer ist[2], der aber Mensch geworden und Fleisch geworden ist. ... (Z. 19) Eine Unterscheidung der Worte haben wir aber keineswegs beseitigt, wenn wir es auch verworfen haben, sie zu trennen, so daß sie ausschließlich dem Sohn als dem Logos des Vaters und anderseits ausschließlich dem Menschen als dem Sohn des Weibes zukommen[3].

## Theodoret (Bischof von Cyrus 423 bis etwa 466)

Der gebildete Syrer Th. vertrat gegen Cyrill und die Synode von 431, später auch gegen Eutyches eine gemäßigte antiochenische Christologie und verteidigte auch ihre bereits verstorbenen Lehrer Diodor und Theodor von Mopsuestia. Er verwarf, ohne seine Überzeugung zu verleugnen, gewisse Lehren des Nestorius und trat nachträglich der Union von 433 bei. Die ökumenische Synode von 553 (Nr. 180) verurteilte einige seiner christologischen Schriften.

Text: PG 83 – Lit.: Altaner § 87 – Gr.-B. 1, S. 183–191 – Liébaert § 18 Ab.

**(155)**    *Widerlegung der zwölf Anathematismen Cyrills* (Anfang 431)
(zum 3. Anath., oben Nr. 150)

Text: ACO 1, 1/6, Nr. 169, 23–24; S. 116, 15–117, 18

Wem ist es nicht klar, daß Verbindung (Synapheia) und Zusammenschluß (Synodos) sich in nichts unterscheiden? ... (Cyrill) sagt, ... man müsse die Hypostasen ... in physischem Zusammenschluß verbinden; dabei weiß er wohl nicht, was er sagt, oder er lästert mit Wissen. Denn die Natur ist etwas mit Zwang Verbundenes und ohne Willen. Z. B. sage ich: wir hungern von Natur aus; denn dies erleiden wir nicht durch unseren Willen, sondern durch Zwang. ... (S. 117, 3) Wenn aber die Einigung der Gestalt Gottes und der Gestalt des Knechtes (vgl. Phil. 2, 7) eine physische ist, dann hat sich der Gott-Logos von einer Notwendigkeit gezwungen, aber nicht aus Liebe zu den Menschen mit der Knechtsgestalt verbunden... Aber das hat uns der selige Paulus nicht gelehrt... Wenn er sich also mit Willen und Entschluß mit der aus uns angenommenen Natur[1] geeint hat, ist der Zusatz „physisch" schief. Es genügt ja, die Einigung (Henosis) zu bekennen; von Einigung spricht man aber bei unterschiedenen (Dingen). ... (Z. 12) Wie sagt er also, man dürfe die Hypostasen oder Naturen nicht unterscheiden (διαιρεῖν)? Er weiß doch, daß die Hypostasis des Gott-Logos vor den Weltzeiten vollkommen da war und daß von ihr eine vollkommene Knechtsgestalt angenommen wurde; deshalb hat er ja auch „Hypostas*en*" und nicht „Hypostas*e*" gesagt. Wenn nun jede Natur ihre Vollkommenheit besitzt, aber beide in eins zusammengekommen sind. . . ., dann ist es fromm, Eine Person und ebenso Einen Sohn und Christus zu bekennen, und es ist nicht unvernünftig, sondern ganz folgerichtig, von zwei vereinigten Hypostasen oder Naturen zu sprechen[2].

*Brief 151 an die orientalischen Mönche* (Ende 431 oder Anfang 432)

(156) Text: PG 83, 1420 A–B; 1424 A 5–8; 1425 A 5–B 7; 1428 B 1–5.

Wir dagegen bemühen uns, das Erbteil der Väter unversehrt zu bewahren, und halten den Glauben, den wir empfangen haben, mit dem wir auch getauft worden sind und taufen, unangetastet und unversehrt. Und wir bekennen . . .[1]. Denn einerseits lösen wir die Einigung nicht auf, andererseits glauben wir, daß sie ohne Vermischung erfolgt ist. So gehorchen wir dem Herrn, der zu den Juden sagt: „Löset diesen Tempel auf, und ich werde ihn in drei Tagen auferwekken" (Joh. 2, 19). Wäre aber eine Mischung (Krasis) erfolgt und eine Vermischung (Synchysis) und Eine Natur aus beidem[2] zustande gekommen gewesen, dann hätte er sagen müssen: „Löset mich auf, und in drei Tagen werde ich auferweckt werden." . . . nicht Gott war der, der aufgelöst wurde, sondern der Tempel. Und die Natur des einen (sc. des Tempels) erlitt die Auflösung, die Kraft des anderen erweckte das Aufgelöste.

(1424 A 5) Als wahrhaftigen Gott und wahrhaftigen Menschen also bekennen wir unsern Herrn Jesus Christus, und wir teilen den Einen nicht in zwei Prosopa[3],

zu (154) 1 Genau genommen, hatte nie eine Teilung oder „Zerteilung" (διατομή) bestanden; denn die menschliche Natur hat nie selbständig existiert, wie auch Christus nicht.
2 Die Formulierung (wörtlich: „des Sohnes als eines Einen") läßt durchscheinen, wie Cyr. dem Personbegriff zustrebt. Insofern kann er hier seine Union mit den Antiochenern ehrlich rechtfertigen. Er setzt dabei voraus, daß diese im Unterschied zu dem extremen Nestorius keine wirkliche Trennungschristologie meinen. Cyr. hat es abgelehnt, den Einen Christus mit Nestorius (Nr. 143) „doppelt" zu nennen (Ep 17; PG 77, 116 A). Er sagt öfter, dieser sei *„aus* zwei Naturen" (z. B. Ep. 45; PG 77, 233 A).
3 Vgl. Nr. 150 § 4.

zu (155) 1 Etwas später (S. 117, 20 f.) benutzt Thdrt. auch die geläufige Wendung der Antiochener vom annehmenden Gott und angenommenen Menschen.
2 Vgl. dazu Gr.-B. 1, 184.

zu (156) 1 Es folgt das christologische Bekenntnis, das wörtlich in die Unionsformel (s. Nr. 160 § 3 Satz 1–2) übernommen wurde.
2 Vgl. Nr. 154.
3 Dazu s. oben Nr. 130 und 148.

sondern glauben, daß zwei Naturen unvermischt geeint sind.

(1425 A 5) (zu Lk. 2, 52) Es nimmt aber zu an Alter und Weisheit nicht die immer vollkommene Gottheit, sondern die menschliche Natur, die in der Zeit entsteht und wächst und vollendet wird[4]. . . (B 4) Ich sage also, daß derselbe Herr Christus sowohl leidet als auch Leiden auflöst. Er leidet am Sichtbaren, aber er löst die Leiden gemäß der Gottheit, die in unaussprechlicher Weise (in ihm) wohnt[5]. . . (1428 B 1) So sehen wir in dem Einen Christus durch die Leiden die Menschheit, durch die Wunder aber erkennen wir seine Gottheit[6]. Denn wir teilen die zwei Naturen nicht in zwei Christus[7].

**(157)**   Sp. 1429 A 7–D 11.

Denn dem (Wort) Einziggeborenen scheint das Wort Erstgeborener irgendwie zu widersprechen. . . Der Einziggeborene wird auch Erstgeborener, indem er aus der Jungfrau unsre Natur annahm und sich herabließ, die an ihn Glaubenden Brüder zu nennen. So ist derselbe als Gott Einziggeborener, Erstgeborener aber als Mensch[1].

Indem wir so die beiden Naturen bekennen, verehren wir den Einen Christus und erweisen ihm Eine Verehrung (Proskynesis)[2]. Wir glauben nämlich, daß die Einigung unmittelbar von der Empfängnis an in dem heiligen Mutterleibe der Jungfrau erfolgt ist. Deshalb nennen wir die heilige Jungfrau sowohl Gottesmutter wie Menschenmutter. Denn auch der Herr Christus[3] wird von der heiligen Schrift Gott und Mensch genannt. Auch der (Name) Immanuel lehrt die Einigung der zwei Naturen. Wenn wir aber den Christus als Gott und Mensch bekennen und (so) nennen, wer wäre dann so einfältig, das Wort „Menschenmutter" zu meiden, wenn es zusammen mit „Gottesmutter" gesetzt wird[4]? (C 10) Wenn aber der Christus Gott und Mensch ist und jenes immer war . . ., dieses aber in den letzten Zeiten aus der menschlichen Natur entsprungen ist, dann muß der, der Lehren aufstellen will, die Bezeichnungen der Jungfrau von beiden Seiten her bilden[5] und erklären, welche Bezeichnung der Natur und welche der Einigung zukommt. Will aber jemand panegyrisch reden, Hymnen dichten und Lobreden veranstalten und, wie es dazu notwendig ist, die erhabeneren Worte anwenden — wobei er, wie gesagt, nicht lehrt, sondern feiert und nach Kräften die Größe des Mysteriums bewundert —, der koste sein Verlangen aus, gebrauche die großen Worte, lobe und bewundere. Denn wir finden vieles derartige bei den rechtgläubigen Lehrern. Immer aber soll man das Maß achten.

*Der Schmarotzer (Eranistes)*[1] (um 447)

(158)  Buch 2 (Sp. 149 A–B)

Sage mir aufrichtig: Wenn einer von den Parteigängern des Arius oder denen des Eunomius mit dir redete und versuchte, den Sohn zu verkleinern und zu zeigen, er sei geringer und kleiner als der Vater, indem er . . . aus der heiligen Schrift anführt: „Vater, ist's möglich, so gehe dieser Kelch an mir vorüber" und „Jetzt ist meine Seele betrübt" und das andere von dieser Art, wie würdest du seine Einwände auflösen? Wie würdest du zeigen, daß der Sohn wegen dieser Worte nicht geringer, auch nicht von anderem Wesen ist, sondern aus der Substanz des Vaters hervorgegangen? – Eranistes: Ich würde erklären, daß die heilige Schrift das eine theologisch sagt, das andere ökonomisch und daß man das ökonomisch Gesagte nicht mit dem Theologischen zusammenfügen darf[2].

(159)  Buch 3 (Sp. 280 D–281 A)

Ich habe öfter gesagt, daß das Göttliche und das Menschliche das Eine Prosopon annehmen[1]. Deshalb haben auch die dreimalseligen Väter (sc. von Nicäa), als sie gelehrt hatten, wie man an den Vater glauben müsse, und zu der Person des Sohnes übergingen, nicht sofort gesagt: „und an Gottes Sohn", obwohl es ganz folgerichtig gewesen wäre . . . Sondern sie wollten uns gleichzeitig die

---

zu (156)  4 Dazu vgl. Liébaert S. 114.
5 Es ist vermutlich (ἐν)οικοῦσαν zu lesen.
6 Thdt. läßt nicht jede Natur in Christus nach ihrer Besonderheit handeln wie Leo I. (Nr. 169 § 4), sondern Christus in einer der Naturen.
7 Vgl. Nr. 143.

zu (157)  1 Zur Entwicklung der Lehre gehört immer wieder der Ausgleich zwischen biblischen Titeln und Aussagen, die scheinbar oder wirklich einander widersprechen.
2 Vgl. z. B. Nr. 127 und 141.
3 Thdt. pflegt zu „Jesus Christus" den Titel Kyrios zu setzen, zu dem bloßen „Christus" dagegen Despotes.
4 Der Titel Theotokos bedarf keiner Rechtfertigung, nur der näheren Bestimmung. Genaueres bei Gr.-B. 1, 189.
5 Anders nach der Interpunktion in PG, die „von beiden Seiten" zu „aufstellen" zieht.

zu (158)  1 Thdt. disputiert als Orthodoxer mit dem monophysitischen „Schmarotzer" oder „Bettler".
2 Der Monophysit will die Aussagen über Gottes (trinitarisches) Wesen von denen über seine geschichtliche Offenbarung trennen. Dann wären die Niedrigkeitsaussagen als geschichtliche, sprachliche Anpassung der Einen fleischgewordenen Natur an die menschliche Umwelt zu verstehen und beträfen den Gott-Logos nicht in seinem Wesen. Thdt. dagegen meidet eine solche Annäherung an einen Doketismus; s. den folgenden Text. Zu der Umschreibung des fehlenden Begriffes „Christologie" durch „Theologie und Ökonomie" s. Einleitung I.

Lehre von der „Theologie" und die von der Ökonomie[2] übergeben, damit man nicht meine, das Prosopon der Gottheit sei ein anderes als das der Menschheit. Deshalb also (281 A) fügten sie dem, was über den Vater gesagt ist, an, man müsse auch glauben"„an unseren Herrn Jesus Christus, den Sohn Gottes"[3]. Der Gott-Logos wurde aber nach der Menschwerdung Christus genannt. Dieser Name enthält daher alles, sowohl was der Gottheit als was der Menschheit zu eigen ist[4]. Trotzdem erkennen wir, was zu dieser und was zu jener Natur gehört. Und es ist leicht, dies aus dem Glaubenssymbol selber zu lernen.

## (160)   Die Unionsformel von 433

Auf dem Konzil zu Ephesus (431) hatte die Partei Cyrills den Nestorius noch vor der Ankunft des Johannes von Antiochien und seiner orientalischen Bischöfe abgesetzt. Deren Gegenmaßnahmen konnten Nestorius nicht retten. Dieses Ergebnis bedeutete eine Bestätigung des Theotokos-Titels und förderte damit entscheidend die kirchliche Marienverehrung. Ein Symbol hat die Synode dagegen nicht aufgestellt. Jedoch erlangte eine Erklärung, welche die Orientalen während des Konzils dem Kaiser Theodosius II. auf sein Verlangen über ihre Stellung zum Nicänum und zum Titel „Gottesmutter" abgaben, eine symbolartige Bedeutung. Denn Johannes und Cyrill legten sie der Union zugrunde, die sie im Frühjahr 433 auf Drängen des Kaisers schlossen. Die christologischen Aussagen besaßen freilich nicht genügend Klarheit und Autorität, um weitere Streitigkeiten auszuschließen, bahnten aber über das Konzil von 448 den Weg für die Entscheidung von Chalcedon.

Text: im Brief des Johannes von Antiochien und seiner Bischöfe an Cyrill: ACO 1, 1/4 Nr. 123, 2–3, wörtlich übernommen in Cyrills Antwort, ebenda Nr. 127, 4–5 – PG 77, 169 ff. (Ep. 38 und 39) – Hahn § 170 – Übers.: BKV 2. Reihe, Bd. 12, S. 102 f. (Bardenhewer) – Camelot (s. Lit.-Vz.) S. 246 ff. – Lit.: Gr.-B. 1, S. 160–165 und 398 ff.

2 (A) Wie wir aber über die jungfräuliche Gottesmutter denken und reden sowie über die Weise der Menschwerdung des einziggeborenen Sohnes Gottes, werden wir notwendigerweise nicht in der Art eines Zusatzes, sondern in der Form einer vollen, erklärenden Versicherung[1], wie wir es von alters her sowohl aus den göttlichen Schriften als auch aus der Überlieferung der heiligen Väter überliefert bekommen haben, kurz aussprechen und dabei ganz und gar nichts zu dem von den heiligen Vätern in Nicäa aufgestellten Glaubensbekenntnis hinzufügen. Denn wie wir früher gesagt haben, genügt dieses zur vollen Erkenntnis der Religion und auch zur Verwerfung jeder häretischen Irrlehre. Wir werden aber so sprechen, daß wir uns nicht dreist an das Unerreichbare heranwagen, sondern im Bekenntnis unsrer eignen Schwachheit diejenigen abwehren,

die das angreifen wollen, worin wir das Übermenschliche bedenken[2].

3 (B) Wir bekennen also, daß unser Herr Jesus der Christus, der einziggeborene Sohn Gottes, vollkommener Gott und vollkommener Mensch aus vernünftiger Seele und Leib, vor den Weltzeiten aus dem Vater nach der Gottheit, aber am Ende der Tage als derselbe um unsertwillen und um unsrer Errettung willen aus Maria der Jungfrau nach der Menschheit geboren wurde, dem Vater wesensgleich nach der Gottheit und derselbe uns wesensgleich nach der Menschheit. Denn es ist eine Einigung zweier Naturen erfolgt; Einen Christus, Einen Sohn, Einen Herrn bekennen wir daher[3].

Gemäß dieser Vorstellung von der unvermischten Einigung bekennen wir die heilige Jungfrau als Gottesmutter[4], weil der Gott-Logos Fleisch und Mensch geworden ist und unmittelbar von der Empfängnis an den aus ihr genomme-

---

**zu (159)**

1 Als Eine Hypostasis hat Thdrt. die Person Christi, wenn überhaupt, erst nach 451 bezeichnet. Die Beschränkung auf das Wort Prosopon bedeutet in dieser Zeit noch das Vorwiegen der äußeren Erscheinung des Einen Christus und die Zurückstellung der seinshaften Einheit in dem Logos; s. Gr.-B. 1, 185 und 187.

2 Vgl. Nr. 158.

3 D. h., N. spricht von der Menschwerdung vor der Präexistenz, um die Identität des Logos mit dem Christus anzuzeigen.

4 Da Thdrt. den Gott-Logos von der Menschwerdung an Christus nennt, ist das Eine Prosopon nicht etwas Neues, anderes über den zwei Naturen, sondern dem Logos zu eigen, sofern er mehr ist als seine eigne göttliche Physis. (Vgl. später Ep. 145: „Der Herrenleib zeigt uns kein anderes Prosopon, sondern den mit unsrer Natur bekleideten Einziggeborenen"; PG 83, 1389 A.) Gerade deshalb konnte Thdrt. die Mia-Physis-Formel (Nr. 116 und 152) nicht anerkennen, da sie zwar selber die durch die Inkarnation „erweiterte" Physis des Logos aussagte, aber das personbildende „Mehr" nicht begrifflich herausstellen wollte. M. E. meint Thdrt. schon im obigen Text ganz „die Einheit des Subjekts und der Person in Christus", die er dann in Ep. 145 und 146 aus d. J. 449 (PG 83, 1389 A und 1393 B) deutlicher ausgesprochen hat; doch vgl. Gr.-B. 1, 189 f. Grillmeier findet Thdrt.s Christusbild „bei aller Betonung des Vorrangs der Gottheit zu symmetrisch gebaut und nicht eindeutig genug auf die Hypostase des Logos hin ausgerichtet". Aber hat Thdrt. nicht auch die orthodoxe „Unsymmetrie" gesehen, wenn er Eran. 3 (252 C) schreibt: „ . . . wir denken Ein unteilbares Prosopon und erkennen denselben als Gott und als Menschen, sichtbar und unsichtbar, begrenzt und unbegrenzt, und alles andere, was die Gottheit und die Menschheit anzeigt, schreiben wir dem Einen der Prosopa zu (nämlich dem des Logos)"? Schwerlich heißt τῶν προσώπων τῷ ἑνί nur „uni personae" (wie Hervet bei Migne übersetzt).

**zu (160)**

1 Das beiderseits als endgültig anerkannte Nicänum erlaubt („notwendigerweise") nicht mehr als eine auslegende Zustimmung (πληροφορία). (Eine etwas abweichende Deutung zeigen die Interpunktion von Schwartz und die Übersetzung bei Camelot S. 245.)

2 Die ganze Formel stimmt in der Präambel (A) großenteils und im Bekenntnis (B) wörtlich mit der (vielleicht von Theodoret von Cyrus entworfenen) Erklärung von 431 (Mansi 5, 781 ff., bes. 783) überein; Abschnitt C wurde neu hinzugefügt.

nen Tempel mit sich vereinigt hat[5].

(C) Wir wissen[6] aber, daß die von Gott lehrenden Männer die evangelischen und apostolischen Worte über den Herrn teils gemeinsam auf Eine Person (Prosopon) beziehen, teils gleichsam auf zwei Naturen verteilen[7] und die gottgemäßen Worte entsprechend der Gottheit Christi, die niedrigen aber entsprechend seiner Menschheit erklären[8].

**(161)  Proklus von Konstantinopel (Patriarch 434–446)**

*Lehrschreiben an die Armenier*[1] 8. 14–15. 19. 21 (435)

Text: ACO 4, 2, S. 185 ff. – PG 65, 856 ff.

8 (S. 188, 33) Wir lieben . . . den, der unsertwegen die Knechtsgestalt angenommen hat, ohne eine Veränderung der Natur zu erleiden oder einen Zusatz zur Trinität[2] zu bewirken.

14 (S. 190, 14) . . . Die göttliche . . . Schrift hat das „er wurde" ausgesprochen und das „er nahm" verkündigt, um mit dem ersten das Einigende des Prosopon vor Augen zu stellen, mit dem zweiten aber das Unveränderliche der Natur bekanntzumachen[3].

15 Der Gott-Logos wurde vollkommener Mensch, wobei das unbegreifliche Wunder die unwandelbare Natur nicht verkürzt hat. Aber dieses haben wir im Glauben gelernt, nicht durch Nachforschen begriffen. Und nachdem er Mensch geworden ist, rettet er durch Gleichheit im Leiden das dem Fleische nach (ihm) gleichartige Geschlecht; er zahlte die Schuld der Sünde, indem er als Mensch für alle starb, und „vernichtete den, der über den Tod Gewalt hat, d. h. den Teufel" (Hebr. 2, 14), als Gott, der den Bösen haßt; und „das dem Gesetz Unmögliche" erwies er dadurch als möglich, daß er „alle Gerechtigkeit erfüllte" (vgl. Röm. 8, 3 f.); und er gab der (menschlichen) Natur ihren früheren Adel (εὐγένεια) dadurch zurück, daß er die von ihm aus Erde geschaffene Natur durch seine Menschwerdung ehrte[4].

19 (S. 191, 20) Da ich nämlich (nur) Einen Sohn kenne und (es so) gottesfürchtig gelernt habe, bekenne ich Eine Hypostase des Fleisch gewordenen Gott-Logos. Einer ist es, der die Leiden erduldete und der die Wunder vollbrachte. . .[5].

21 (S. 192, 7) Aber wir bekennen, daß der Gott-Logos, der Eine aus der Trinität, Fleisch geworden ist. . .[6].

*zu (160)* 3 Eine „Einigung zweier Naturen" konnten beide Seiten ehrlich bejahen, da es dabei offen blieb, wieviel Eigenständigkeit den Naturen zugemessen werden sollte. Die von Cyrill gelehrte hypostatische und physische Einigung wurde weder verworfen noch anerkannt. Das schloß ein, daß man die vom cyrillischen Konzil 431 ausgesprochene Anerkennung des sog. Lehrbriefes (Nr. 149) jetzt stillschweigend einschränkte und seine dort zu den Akten genommenen Anathematismen gegen Nestorius (Nr. 150) nicht als Lehrgrundlage annahm. Doch brauchte Cyrill diese besonders scharfen Formulierungen nicht zurückzunehmen, da er sie in den vorausgegangenen Einigungsverhandlungen als berechtigte Kampfmittel gegen häretische Lehren erfolgreich verteidigt hatte (vgl. seinen Brief an Acacius von Beröa; ACO 1, 1/7, Nr. 107, § 8 f.) Wichtig war auch die Anerkennung der menschlichen Wesensgleichheit; s. dazu Nr. 163.

4 Schon Ende 430 hatte Johannes dem Nestorius geraten, der Forderung des Papstes folgend, das „Theotokos" anzuerkennen, da es ja der Sache nach unentbehrlich sei (PG 77, 1456 A−B).

5 Zu dem Ausdruck „Tempel" vgl. Nr. 145 und 153.

6 Abschnitt C ist kein Bekenntnis, sondern die Feststellung, daß es zwei Arten der Auslegung gibt, d. h. er duldet beide. Diese Form erleichterte Cyrill die Annahme (trotz Nr. 150). Den Antiochenern lag offensichtlich sehr viel an diesem Zusatz, weil sie ihre besondere Christologie damit auf das bessere Schriftverständnis zurückführten. In diesem hermeneutischen Zusammenhang machte Cyrill sein größtes Zugeständnis, indem er sich die Formel „Ein Prosopon und zwei Naturen" gefallen ließ.

7 Andere Übersetzung: „teils zusammenfassen, da Ein Prosopon bestehe, teils auseinanderhalten, da zwei Naturen da seien".

8 Es folgt noch die Anerkennung der Absetzung des Nestorius, der Verdammung seiner dem überlieferten Glauben widersprechenden Lehren, der Wahl seines Nachfolgers und der Kirchengemeinschaft mit allen rechtgläubigen Bischöfen. Mit dieser Erklärung stimmten die Orientalen nachträglich dem Konzil von Ephesus zu, so wie Cyrill es gelenkt hatte, d. h. sie trennten sich von Nestorius. Sie hatten ihre Zusage schon 432 oder Anfang 433 in einem Rundschreiben an die Bischöfe von Rom, Alexandrien und Konstantinopel (unter Cyrills Briefen 35) mit fast denselben Worten ausgesprochen, aber inzwischen bei Cyrill erreicht, daß auch eine Lehrerklärung in die Einigungsformel aufgenommen wurde. − Nach W. M. Peitz (Das vorephesinische Symbol der Papstkanzlei, Rom 1939) hätte ein römisches Bekenntnis aus den Jahren um 400 auch die obige Unionsformel beeinflußt, doch ist seine Rekonstruktion höchst unsicher; vgl. dazu auch A. Altaner: Kleine patrist. Schriften (=TU83) 1967, S. 566 ff.

*zu (161)* 1 Auf die Anfrage einiger Armenier hin wies Pr. mit diesem Tomus die Lehre des (ungenannten) Theodor von Mopsuestia zurück. Vgl. L. Abramowski: Der Streit um Diodor und Theodor zwischen den beiden ephesinischen Konzilien. ZKG 67 (1955/56), bes. S. 265 f.

2 Die Annahme des Menschen verändert den Zustand, aber nicht das Wesen des Logos (vgl. Nr. 138). Daher ist die Person (Hypostasis) Christi keine andere als die Hypostase des Logos und seiner Natur. Die Menschheit in Christus besitzt keine eigene Hypostase, und es gibt keine zwei Söhne.

3 Monophysitische und dyophysitische Leitworte wie Joh. 1, 14 und Phil. 2, 7 müssen sich in Wahrheit gegenseitig erläutern und begrenzen (vgl. Nr. 131).

4 Die Inkarnation Christi verändert die Natur der Einen Menschheit und ermöglicht ihr den Sieg über die Sünde und die Erlösung. Vgl. Nr. 100.

5 Pr. hebt die Person deutlicher als Cyrill von der Natur ab, indem er das Personale sowohl als Hypostasis wie als Prosopon (§ 14) bezeichnet. So bereitet er die Formel von Chalce-

**Die Verurteilung des Eutyches** (November 448) (Texte Nr. 162–164)

Als nach 433 antiochenisch denkende Theologen im Osten einflußreiche Stellungen erlangten, erneuerte der hochbetagte, aber einflußreiche Großabt Eutyches in Konstantinopel den Kampf gegen den Nestorianismus. Eine Synode der gerade in der Hauptstadt weilenden Bischöfe (endemische Synode) setzte ihn unter dem Vorsitz Flavians als Apollinaristen ab. Dioskur von Alexandrien griff unbedenklich ein, um die Vormacht seines Patriachates durchzusetzen. Auf einer Synode zu Ephesus ließ er im August 449 das Urteil gegen Eutyches aufheben und Flavian samt einigen Antiochenern wie Ibas von Edessa und Theodoret absetzen. Damit war die Zweinaturenlehre unterdrückt; das ihr günstige Lehrschreiben Leos von Rom (Nr. 169) hatte Dioskur auf der Synode nicht verlesen lassen. Der Papst erklärte diese „Räubersynode" für ungültig. Der Thronwechsel im Juli 450 änderte die kaiserliche Religionspolitik völlig und ermöglichte die Verhandlungen zu Chalcedon.

**(162)   Das Bekenntnis der Synode zu Konstantinopel** (Nov. 448)

Text: ACO 2, 1/1, S. 114, 9 – Hahn § 171

Wir bekennen, daß der Christus nach der Menschwerdung aus zwei Naturen besteht, in Einer Hypostase und Einem Prosopon. Wir bekennen Einen Christus, Einen Sohn, Einen Herrn[1].

**(163)   Das Verhör des Eutyches** (22. Nov. 448)

Text: ACO 2, 1/1, S. 142 f., Ziffer 513–514. 516. 522. 527.

(513) Erzbischof Flavian: Bekennst du jetzt „aus zwei Naturen"?   (514) Eutyches: Da ich meinen Gott und meinen Herrn als Herrn des Himmels und der Erde bekenne, habe ich mir bis heute nicht gestattet, seine Natur zu erklären (φυσιολογεῖν). . .   (516) Bis heute habe ich den Leib unsres Herrn und Gottes nicht uns wesensgleich genannt[1], aber ich bekenne, daß die heilige Jungfrau uns wesensgleich ist und daß unser Gott aus ihr Fleisch geworden ist. —   (522) . . . ich habe den Leib Gottes nicht Menschenleib, sondern menschlichen Leib[2] genannt und (gesagt), daß der Herr aus der Jungfrau Fleisch geworden ist. —   (527) Ich bekenne, daß unser Herr vor der Einigung aus zwei Naturen besteht; nach der Einigung aber bekenne ich Eine Natur[3].

**(164) Glaubensbekenntnis des Eutyches für Papst Leo (Ende 448)**

Text: ACO 2, 4, Nr. 109; S. 145, 7 ff. – Hahn § 222

... Ich habe ja schon von meinen Vorfahren her so gedacht und bin seit meiner Kindheit so belehrt worden, wie die heilige, aus dem ganzen Erdkreis in Nicäa versammelte Synode der 318 seligen Bischöfe den Glauben festgestellt hat, den die heilige in Ephesus versammelte Synode bewahrt und allein zu behaupten von neuem beschlossen hat...[1]. (Z. 17) Anathema aber sage ich über Nestorius und Apollinaris und alle Häretiker bis hinauf zu Simon und allen denen, die sagen, das Fleisch unsres Herrn Jesus Christus sei vom Himmel herabgekommen[2]. Denn er, der der Logos Gottes ist, ist vom Himmel ohne Fleisch herabgestiegen und ist im Schoße der heiligen Jungfrau eben aus dem Fleische der Jungfrau in unveränderlicher und unwandelbarer Weise Fleisch geworden, wie er es selbst gewußt und gewollt hat[3]. Und er, der immer vollkommener Gott vor den Weltzeiten ist, der ist auch am Ende der Tage um unsert- und unseres Heiles willen vollkommener Mensch geworden[4].

---

don vor; vgl. Gr.-B. 1, 194 ff.

6 Aus diesen Worten darf man nicht folgern, Pr. habe auch schon an die theopaschitische Formel gedacht, daß Einer aus der Trinität gekreuzigt worden sei; s. Helmer: Neuchalkedonismus S. 124 (nach Richard).

zu (162)  1 Zur Erklärung s. Nr. 127, 130 und 165. – „Aus zwei Naturen nach der Menschwerdung" ist dasselbe wie „in zwei Naturen".

zu (163)  1 Anders die Unionsformel von 433 (Nr. 160 § 3). – Zu der Formel „uns wesensgleich" s. M. Wiles: JThSt 16 (s. Lit.-Verz.).

2 Der Ausdruck „menschlicher Leib" sollte es leichter machen, an einen menschenartigen, aber unvollständigen und vergöttlichten Leib zu denken. Für den Monophysiten ist Christus auch als Mensch doch ein besonderer Mensch. Man bedenkt nicht, daß diese Annahme unsre Erlösung gefährden könnte.

3 E. geht darin über Cyrill hinaus, daß er nicht von der bleibenden Verschiedenheit der Naturen spricht, sondern die Zweiheit der Naturen ausdrücklich auf die Zeit vor der Einigung beschränkt. So konnten die Formeln „aus" und „in" „zwei Naturen" zu Schlagworten der Mono- und Dyophysiten werden. Vgl. Nr. 162 und 165 und Gr.-B. 1, S. 196 f. Vorsichtiger drückt sich E. in Nr. 164 aus.

zu (164)  1 E. nennt die Synode von 431 in Ephesus, aber er übergeht die Union von 433.

2 Zu Apollinaris s. Nr. 112 Anm. 2.

3 Die physische Vereinigung soll nicht, wie z. B. Theodoret (Nr. 155) unterstellte, einer inneren Notwendigkeit im Logos selbst entspringen.

4 Trotz dieser Erklärung blieb bei Papst Leo der Verdacht, E. sei ein verkappter Doketist, so z. B. in Leos Brief 22, 3 und 26, 1.

**(165)  Glaubensbekenntnis Flavians von Konstantinopel** (Frühjahr 449)

Text: ACO 2, 1/1, S. 35, 17–25 – Hahn § 223

Wir bekennen nämlich den Christus aus zwei Naturen nach der Fleischwerdung aus der heiligen Jungfrau und der Menschwerdung aus[1] zwei Naturen in
Einer Hypostase und in Einem Prosopon, Einen Christus, Einen Sohn, Einen
Herrn. Und wir weigern uns nicht zu sagen: Eine Natur des Gott-Logos, die
jedoch Fleisch geworden und Mensch geworden ist, da unser Herr Jesus der
Christus aus beidem Einer und derselbe ist. Aber die, welche zwei Söhne oder
zwei Hypostasen oder zwei Prosopa lehren..., die verurteilen wir und rechnen
sie nicht zur Kirche...[2].

**Papst Leo I.** (440–461)

*Predigten*

Text: PL 54 – Übers.: BKV 54–55 (Th. Steeger)

**(166)  23, 1 (Sp. 200 A 10)**
Die Schöpfung ist aber nicht so in die Gemeinschaft mit ihrem Schöpfer aufgenommen worden, daß dieser der Bewohner und jene die Wohnstätte wäre,
sondern so, daß die eine Natur mit der anderen „gemischt" wurde (misceretur)[1].

**(167)  33, 2 (Sp. 242 A)**
(Die drei Magier) ehrten mit Gold seine königliche Rolle (persona), mit Myr-
rhe seine menschliche, mit Weihrauch seine göttliche[1] (vgl. Matth. 2, 11).

**(168)  56, 2 (Sp. 327 B)**
(Zu Matth. 26, 39) Die erste Bitte (Christi) kommt aus der Schwachheit, die
zweite aus der Stärke; jenes wünschte er[1] aus dem Unsrigen, dieses wählte er
aus dem Eigenen... Sondern damit[2] der Unterschied zwischen der annehmenden und der angenommenen Natur ganz deutlich würde, sehnte sich das Menschliche nach der göttlichen Macht; das Göttliche nahm Rücksicht auf die menschliche Lage. Der niedere Wille unterwarf sich also dem höheren[3].

*Briefe*

Text: PL 54 – Übers.: BKV[I] 37, 1878; Brief 28 auch im Anhang bei Camelot (s. Lit.-Vz.)

**(169)** *Brief 28, 2–4: Lehrschreiben an Flavian von Konstantinopel* (Tomus Leonis) (13. Juni 449)[1]

Text: ACO 2, 2/1, S. 24–33 – Hahn § 224

2 (S. 26, 23) Man darf aber jene einmalig wunderbare und wunderbar einmalige Geburt nicht so auffassen, als wäre durch die Neuheit der Erschaffung die Eigenart der (menschlichen) Gattung beseitigt worden. Denn der Heilige Geist gab die Fruchtbarkeit der Jungfrau, aber die Wirklichkeit des Leibes wurde aus ihrem Leibe genommen[2]. Indem „die Weisheit sich ihr Haus baute" (vgl.

zu **(165)** 1 Einige Handschriften sagen ohne sachlichen Unterschied „in".
2 Mit diesem Bekenntnis verteidigte Fl. vor dem Kaiser seine Rechtgläubigkeit, die Eutyches, als er verurteilt worden war, angefochten hatte. Fl. benutzt hier zwar die cyrillische Formel „Eine Natur" (s. Nr. 154), beugt aber einem monophysitischen Mißverständnis vor, indem er die beiden antiochenischen Personbegriffe fest verbunden daneben stellt.

zu **(166)** 1 Der Begriff „Mischung" sichert gegen jede Trennungschristologie die untrennbare Einheit, meint aber keine Vermischung (confusio, synchysis), welche den Unterschied der Naturen aufheben würde. Vgl. Nr. 170 und schon Nr. 64.

zu **(167)** 1 Honorantes personam regiam, . . . humanam, . . . divinam könnte man frei übersetzen: „ehrten ihn als König, . . . als Mensch, . . . als Gott". Dann entfiele der Anstoß, daß persona hier zuerst auf den ganzen Christus, dann auf die zwei Naturen angewandt ist. – Diese Stelle zeigt, wie schwer die Verständigung über den Personbegriff noch immer sein mußte, und macht daher den Anstoß am Chalcedonense begreiflich. Mittels des Begriffs persona war aber der Westen in der Unterscheidung zwischen Person (Hypostase) und Natur dem Osten voraus. Vgl. Nr. 140.

zu **(168)** 1 Das eigentliche Subjekt des Handelns ist also Christus, die Eine Person. (Er ist im vorhergegangenen Satz als „der Herr" erwähnt.) Da die göttliche, „annehmende" Natur mit ihrem höheren Willen in Christus selbstverständlich führend ist, bildet der Logos die Person des Menschgewordenen, auch wenn Leo dies nicht ausdrücklich sagt.
2 Vgl. die dogmatische Umbiegung des Kreuzesrufes Jesu durch Tertullian; oben Nr. 75. – Die Verteilung des biblischen Wortes auf zwei Naturen, die sich im Handeln unterscheiden lassen, ermöglicht eine Theodizee: Der Gott-Logos leidet nicht unmittelbar. – Zum exegetischen Grundsatz vgl. Nr. 160 Ende.
3 Die Unterscheidung eines doppelten Willens in Christus wurde bald zu einer besonderen Streitfrage. Vgl. unten Nr. 181 und 182.

zu **(169)** 1 Das Schreiben wurde durch den Streit um Eutyches (vgl. Nr. 164) veranlaßt und im Abendland sofort, seit Herbst 450 auch in und um Konstantinopel verbreitet. Eingangs versichert Leo, daß die Heilige Schrift, ja schon der Anfang des (römischen) Taufsymbols (Nr. 50) ausgereicht hätte, um die Irrtümer des Eutyches zu vermeiden.
2 Der angenommene vollständige Mensch ist vom Logos (der „Weisheit") geschaffen, hat also nie für sich existiert; s. Ep. 35, 3: ut ipsa assumptione crearetur.

Spr. 9, 1), „wurde das Wort Fleisch und wohnte in uns" (Joh. 1, 14), d. h. in dem
Fleische, das es von einem Menschen genommen und das es mit einer vernünftigen Seele[3] belebt hat.

3 Die Besonderheiten beider Naturen blieben also erhalten und schlossen sich
in Einer Person zusammen, als von der Herrlichkeit die Niedrigkeit, von der
Kraft die Schwachheit, von der Ewigkeit die Sterblichkeit angenommen wurde[4]. Um die Schuld unsres (sc. gefallenen) Zustandes zu tilgen, wurde die un-
versehrbare Natur mit der leidensfähigen Natur vereint, damit, wie es unsere
Heilung erforderte, „Ein" und derselbe „Mittler zwischen Gott und den Menschen, der Mensch Jesus Christus" (1. Tim. 2, 5), einerseits sterben und andererseits nicht sterben könnte. In der unverkürzten und vollkommenen Natur
eines wahren Menschen ist also der wahre Gott geboren worden, vollständig
in dem Seinigen, vollständig in dem Unsrigen. Mit dem Unsrigen aber meinen
wir das, was der Schöpfer ursprünglich in uns geschaffen hat und was er wie-
derherzustellen übernommen hat. Denn das, was der Betrüger hineingebracht
hat und der betrogene Mensch aufgenommen hat, das hat im Erlöser keinen Raum
gehabt... Er nahm die Knechtsgestalt an ohne den Schmutz der Sünde; er
steigerte das Menschliche, ohne das Göttliche zu verringern. Denn die Entäußerung (exinanitio), in der sich der Unsichtbare sichtbar machte und der Schöpfer und Herr aller Dinge einer der Sterblichen sein wollte, war eine Herablassung (inclinatio)[5] des Erbarmens, nicht eine Minderung der Macht...
4 Die Niederung dieser Welt betritt also der Sohn Gottes. Er steigt vom himmlischen Thron herab und entfernt sich doch nicht von der väterlichen Herrlichkeit. Geboren (generatus) wurde er nach einer neuen Ordnung, in einer neuen
(Art von) Geburt. In einer neuen Ordnung, denn der in dem Seinigen Unsichtbare wurde im Unsrigen sichtbar. ...In einer neuen Geburt kam er zur Welt,
denn die unverletzte Jungfräulichkeit stellte, ohne die Begierde kennenzuler-
nen, die Materie des Fleisches bereit. ...Denn der, der wahrer Gott ist, der ist
auch wahrer Mensch. Und in dieser Einheit ist keine Lüge, da die Niedrigkeit
des Menschen und die Hoheit der Gottheit miteinander vereint sind[6]. Wie sich
nämlich Gott nicht verändert durch sein Erbarmen, so wird der Mensch nicht
verzehrt durch die (göttliche) Würde. Es wirkt nämlich jede der beiden Naturen in Gemeinschaft mit der anderen das, was ihr eigentümlich ist, d. h. das
Wort wirkt, was Sache des Wortes ist, und das Fleisch tut, was Sache des Fleisches ist[7]. Das eine von ihnen strahlt in Wundern, das andere unterliegt Miß-
handlungen. ...Ein und derselbe ist, was immer wieder gesagt werden muß,
wahrhaft Gottes Sohn und wahrhaft des Menschen Sohn...

(Z. 20) Die Geburt des Fleisches bekundet eine menschliche Natur; das Gebären der Jungfrau zeigt die göttliche Macht an...

(Z. 29, 1) Hungern, dürsten, ermüden und schlafen ist offensichtlich etwas Menschliches; aber mit fünf Broten fünftausend Menschen sättigen ... ist unbestreitbar etwas Göttliches. Wie es also ... nicht derselben Natur zukommt, ... von Nägeln durchbohrt zu sein und dem Glauben des Räubers die Pforten des Paradieses zu öffnen, so ist es auch nicht Sache derselben Natur zu sagen: „Ich und der Vater sind eins" (Joh. 10, 30) und zu sagen: „Der Vater ist größer als ich" (Joh. 14, 28). Mag auch sicher in dem Herrn Jesus Christus Eine Person Gottes und des Menschen sein, so ist doch das, woher es in beiden (Naturen) zu gemeinsamer Schmach kommt, etwas anderes als das, woher die gemeinsame Herrlichkeit kommt. Denn aus dem Unsrigen hat er die Menschheit, die geringer ist als der Vater, aus dem Vater hat er die Gottheit, die der des Vaters gleich ist[8].

(170) *Brief 35, 2 an Julian von Kos* (13. Juni 449) (PL 54, 807 A 10)

Weder wurde das Wort in das Fleisch noch das Fleisch in das Wort verwan-

---

*zu (169)*

3 Wörtlich: „mit dem Hauche vernünftigen Lebens". Die Worte „Hauch des Lebens" (Gen. 2, 7) macht Leo durch Einfügung des Wortes rationalis zu einer theologischen Formel gegen den Apollinarismus.

4 Salva igitur proprietate utriusque naturae (andere Lesart: et substantiae) et in unam coeunte personam suscepta est a maiestate humilitas. – Die Formel „Eine Person, zwei Naturen" hat Leo nicht von Tertullian (Nr. 73), sondern von Augustin übernommen; s. R. Cantalamessa: Tertullien et la formule christologique de Chalcédoine. Stud. Patr. 9 (=TU 94), 1966, S. 139 ff.

5 Die Herablassung ist kein bloß räumlicher Abstieg aus dem Himmel, da das Göttliche überall ist; s. den folgenden Satz. Lampe bietet s. v. συγκατάβασις viele Belege, in denen die gnadenhafte „Kondeszendenz" von der räumlichen κατάβασις unterschieden wird.

6 In invicem sunt bedeutet kaum „haben sich durchdrungen", wie Neuner und Roos (Nr. 251) übersetzen; vgl. Blaise: Dictionnaire Latin-Français des Auteurs Chrétiens, 1954, s. v.

7 Agit enim utraque forma (nach Phil. 2, 6 f.) cum alterius communione quod proprium est. Zu dieser Betonung des unterschiedenen, aber doch gemeinsamen Handelns der Naturen s. Nr. 171 und Nr. 73 § 11. Entsprechend sagt Leo Sermo 77, 2 (PL 54, 412 B), Vater, Sohn und Geist handelten je auf ihre Weise (proprie) „unbeschadet des Zusammenwirkens der untrennbaren Gottheit".

8 Die Menschheit in Christus unterscheidet sich von der aller anderen Menschen nicht nur durch den wunderbaren Ursprung (s. oben), sondern auch durch die Bestimmung: „Denn der Herr Jesus Christus ist gekommen, unsre Befleckung wegzunehmen, nicht, sie zu ertragen..." (Sermo 22, 2; PL 54, 195 C). Das Erlösungswerk hängt auch insofern an dem Ursprung, als dieser dem Satan den Erlöser verbirgt; indem der Satan auch den schuldlosen Christus seiner Macht unterwerfen will, verliert er sein Recht auf den menschlichen Gehorsam (Sermo 62, 3). Person und Werk Christi sind für Leo eng verbunden.

delt, sondern beides bleibt in Einem, und Einer ist in beidem, nicht durch Verschiedenheit geteilt, nicht durch Vermischung verschmolzen (non permixtione confusus).

(171)   *Brief 165, 8 an Kaiser Leo* (17. August 458) (Sp. 1167 B 8)

. . .Gottheit und Menschheit sind von der Empfängnis der Jungfrau ab zu solch großer Einheit verbunden (conserta), daß die göttlichen Dinge nicht ohne den Menschen und die menschlichen nicht ohne Gott getan wurden.

(172)   **Das Symbol von Chalcedon (Ch)** (25. Oktober 451)

Das vierte ökumenische Konzil ließ sofort Theodoret von Cyrus und nach der Absetzung Dioskurs (auf der dritten Sitzung) auch dessen abfallende Anhänger als Teilnehmer zu. Sein Urteil stützte es vorwiegend auf die Tradition; es nahm Cyrills 4. Brief (Nr. 149) und 39. Brief (mit der Unionsformel; Nr. 160) ebenso als Lehrgrundlage an wie Leos Tomus (Nr. 169).
Das abgedruckte Symbol ist nur ein Teil eines umfassenden Bekenntniszusammenhangs. Dieser beginnt mit einer ausführlichen Präambel, bietet dann den Text der Symbole von 325 und 381 und leitet darauf zum eigenen Symbol Ch über, dem ein kurzes Schlußwort folgt.

Text: ACO 2, 1/2, S. 129, 23 ff. – Hahn § 146 (lateinisch § 147) – Lietzmann: (wie Nr. 50) S. 35 f. – Übers.: Camelot S. 263 f. (mit dem Gesamtsymbol) – Liébaert S. 125 – Steubing S. 27 f. – Lit.: Altaner § 63, 3 – Liébaert § 20 – Gr.-B.: Bd. 1–3.

Den heiligen Vätern folgend, lehren wir alle übereinstimmend,
(I)   als einen und denselben Sohn unsern Herrn Jesus Christus zu bekennen,[1]
     denselben vollkommen in der Gottheit und denselben vollkommen in der Menschheit,[2]
     wahrhaft Gott und denselben wahrhaft Mensch, aus Vernunftseele und Leib,
     wesensgleich dem Vater nach der Gottheit und denselben uns wesensgleich nach der Menschheit, in allem uns gleich, ausgenommen die Sünde (vgl. Hebr. 4, 15),
     vor den Äonen aus dem Vater geboren nach der Gottheit, aber in den letzten Tagen denselben um unsertwillen und um unsres Heiles willen (geboren) aus Maria, der Jungfrau, der Gottesmutter[3], nach der Menschheit,
     einen und denselben Christus, Sohn, Herrn, Einziggeborenen,
(II)   in zwei Naturen[4] unvermischt, unverwandelt, ungetrennt, unzerteilt[5] erkannt,

wobei keinesfalls die Verschiedenheit der Naturen wegen der Einigung aufgehoben ist[6], vielmehr die Eigentümlichkeit jeder Natur erhalten bleibt und zu Einer Person und Einer Hypostase vereinigt wird[7],

zu (172)  1  Innerhalb der rational nicht lösbaren Aufgabe, in Christi Gestalt und Werk die Einheit und Verschiedenheit des Göttlichen und Menschlichen zu bestimmen, beschränkte sich die Synode auf die gerade strittigen, mit den Namen des Nestorius und des Eutyches verknüpften Fragen. Sie versuchte also nicht, das Ganze des Glaubens zu würdigen oder wenigstens einige verwandte Probleme mit zu erörtern. Eigentlich hatte sie nach dem Nicänum kein weiteres Bekenntnis abfassen wollen. Als der Kaiser sie dennoch zu einer eigenen Lehrformulierung zwang, hielt sie ihre Weigerung insofern durch, als sie nur die im Augenblick erforderliche Entscheidung und Eläuterung zu N abgab. Der inhaltlichen Beschränkung ihres Symbols auf ein einziges Problem entspricht formal die Aussage in einem einzigen Satz. Diese Form ist deshalb in der Übersetzung trotz der unvermeidlichen sprachlichen Härten beibehalten worden. Der erste Abschnitt (I) bestimmt die doppelte Wirklichkeit Christi in gegensätzlichen Aussagen, die fast alle, wenn auch mit Umstellungen und leichten Änderungen, der Unionsformel von 433 (Nr. 160) entnommen sind.
2  Vgl. Nr. 160 und 164 (außerdem z. B. Leos Sermo 30, 6).
3  Theotokos erscheint hier zum erstenmal in einem Konzilssymbol als Titel Marias (Gr.-B. 1, 406). Da dieser Titel nicht mehr umstritten war, konnte man auf die näheren Ausführungen des Unionsbekenntnisses (Nr. 160, B, 2. Hälfte) verzichten. Daß man auch dessen hermeneutischen Abschnitt beiseite ließ, dürfte mit der nachdrücklichen Bestimmung der Personeinheit, aber auch mit dem allgemeinen Charakter von Ch zusammenhängen. Im übrigen nahm man ja die vollständige Vorlage in aller Form zu den Akten.
4  Hier beginnt die eigene, weiterführende Stellungnahme der Synode. Zum Gebrauch von „in" oder „aus" s. Nr. 162 und 163; ohne Berücksichtigung der Zeit waren die Schlagworte in Chalcedon nicht mehr austauschbar. Dioskur, der kein Eutychianer sein wollte, bekannte: „ ‚Aus zwei' (Naturen) nehme ich an, ‚zwei' nehme ich nicht an" (ACO 2, 1/1, S. 120, 14; Gr.-B. 1, S. 197). Leo sagte z. B. (Nr. 169 § 2): totus in suis, totus in nostris. Die Synode stimmte auf ihrer 5. Sitzung einem Entwurf zu, der „aus zwei Naturen" sagte. Vermutlich spielte dabei auch der Wunsch des Patriarchen von Konstantinopel eine Rolle, den Einfluß des Papstes nicht zu groß werden zu lassen. (Für diese Annahme spricht seine Bemerkung, Dioskur sei nicht aus dogmatischen Gründen verurteilt worden; Gr.-B. 1, S. 396.) Aber die kaiserlichen Kommissare, dazu die römischen Gesandten, die mit ihrer Abreise und einem Gegenkonzil, d. h. dem Schisma drohten, und schließlich der Kaiser selbst setzten die Annahme des endgültigen Textes (mit „in") durch.
5  Die Begriffe ἀσυγχύτως, ἀτρέπτως, ἀδιαιρέτως, ἀχωρίστως sind paarweise gegen den Eutychianismus und den Nestorianismus gerichtet; die ersten drei sind schon in Nr. 122 und der Sache nach auch bei Leo vereinigt. Das Wort ἀχωρίστως, das bisher mehr in der Trinitätslehre als in der Christologie benutzt worden war, ließe sich auch mit „ungesondert" wiedergeben. Es verstärkt die Ablehnung der Trennungschristologie, könnte aber auch gegen die Trennung des Logos vom gestorbenen Leibe gerichtet sein; vgl. de Urbina bei Gr.-B. 1, S. 409.
6  Cyrill-Zitat aus Nr. 149 § 3 Ende.
7  Die positive Formulierung ist wörtlich aus Leos Tomus (Nr. 169 § 3) übersetzt, nur ist „und Einer Hypostase" hinzugefügt (vgl. dazu Nr. 140 Anm. 1) und Leos Gedanke, jede Natur *handle* (in Gemeinschaft mit der anderen) nach ihrer Besonderheit, fortge-

nicht in zwei Personen geteilt oder getrennt,

sondern einen und denselben einziggeborenen Sohn, Gott-Logos, Herrn Jesus Christus,

wie von alters her die Propheten von ihm und Jesus Christus selber uns gelehrt haben und das Bekenntnis der Väter uns überliefert hat[8].

---

*zu (172)*   lassen. – Die Synode stellte den unter den Antiochenern aufgekommenen Personbegriff (s. Nr. 161, 162 und 165) unter ihre Autorität, definierte ihn aber nicht. Da die Worte Prosopon und Hypostasis sich von selbst gegenseitig erläutern und begrenzen, wird die Sinnverbindung zwischen Hypostasis und Physis gelöst, anderseits Prosopon näher an das innere Wesen herangerückt und vertieft. So gelang eine gewisse Verständigung zwischen den Antiochenern und Alexandrinern, wobei die Eigenständigkeit (Subsistenz) des fleischgewordenen Logos mehr beachtet wurde als ihre (unbestrittene) konkrete Bestimmtheit durch seine Göttlichkeit. Man konnte daher Cyrills Formel „Eine Physis" nicht billigen. Doch brachte der Theotokos-Titel den Vorrang der göttlichen Natur immerhin deutlich zur Geltung, ja man kann fragen, ob er nicht den Paradoxcharakter, der in der auch nach der Einigung bleibenden Zweiheit der Naturen liegt und nicht zuletzt Ch seinen theologischen Wert verleiht (vgl. z. B. O. Weber: Grundlagen der Dogmatik 2, S. 134 ff.), in gefährlicher Weise abschwächt. Daß die geschichtlichen Aussagen gerade beim Versuch, das paradoxe Zugleich von Gottheit und Menschheit zu bekennen, zurücktreten mußten, liegt auf der Hand, aber der soteriologische Gesichtspunkt fehlt nicht. Im ganzen blieb das Verhältnis zu Cyrills Lehre, namentlich seinen Anathematismen und dem Begriff der hypostatischen oder physischen Einigung, ein unerledigtes Problem. Es mußte, verstärkt durch die Unbestimmtheit des Personbegriffes, irgendwann Unruhe stiften und Antwort fordern. Die anschließenden Kämpfe um Ch entsprangen also keineswegs nur politischen und kirchenpolitischen Beweggründen.
8  Der Hinweis auf die von alters her überkommene Tradition der Schrift und der Väter erinnert an die Präambel zur Unionsformel von 433. Daß der dort folgende Vorbehalt, man wage sich nicht leichtfertig an unaussprechliche Dinge, in Chalcedon in der neuen Überleitung nur gerade angedeutet wird, darf man vielleicht als Spiegelung des zunehmenden Intellektualismus im theologischen Denken ansehen.

# III

# Die Sicherung und Auslegung
# des Dogmas von Chalcedon


## (173)    Epiphanius von Perge

*Schreiben an Kaiser Leo I.* (um 458)

Text: Encyclia Epistula 31, ACO 2, 5, S. 59, 2–23

Wir verehren nämlich die Synode von Nicäa mit der schuldigen Ehre, und wir
nehmen auch die Entscheidung[1] von Chalcedon an, die von uns wie ein Schild
den Häretikern entgegengehalten wird, die aber keine Glaubenslehre (mathe-
ma fidei) ist. Sie ist ja nicht . . . für das Kirchenvolk geschrieben worden, so
daß es dafür Widerspruch (scandalum) hinnehmen müßte, sondern nur für die
Priester, damit sie ein Mittel haben, um den Gegnern zu widerstehen. . . (Z.
20) Es macht nämlich keinen Unterschied, ob man sagt: „unvermischte Einheit zweier Naturen" oder ob man in derselben Weise „aus zwei (Naturen)"
sagt. Und es bedeutet auch nichts anderes, wenn man sagt: „Eine Natur des
Logos", falls man „fleischgewordene" hinzufügt; sondern es besagt dasselbe in
einer feierlicheren Sprache[2].


## (174)    Das Henotikon Kaiser Zenons von 482

Im Jahre 475 hatte der Usurpator Basiliskus vergeblich das Chalcedonense außer Kraft
zu setzen versucht. Kaiser Zenon ging weniger schroff vor. Doch sagte sein vom Patriarchen Acacius von Konstantinopel entworfener Erlaß offen, daß die kirchliche Einheit um
der Erhaltung des Reiches und der kaiserlichen Herrschaft willen gesucht werde. Als Vorbild benutzte Acacius wahrscheinlich eine um 480 in Palästina zustande gebrachte Union.

Text: Euagrius Scholasticus: Kirchengeschichte 3, 14 (Ausg. von J. Bidez und L. Parmen-
tier, London 1898) – PG 86, 2620–2625 – Lateinisch: ACO 2, 5, S. 127–129 – **Lit.:** Gr.-
B. 2, S. 120 ff.

(S. 113, 2) Wir bekennen, daß der Einziggeborene, Gottes Sohn und Gott, der wahrhaftig Mensch geworden ist, unser Herr Jesus Christus, ... einer ist und nicht zwei. Denn wir sagen, daß sowohl die Wunder wie auch die Leiden, die er freiwillig am Fleische auf sich nahm, Einem gehören[1]. ...Die sündlose, wahrhaftige Fleischwerdung aus der Gottesmutter hat keine Ergänzung des Sohnes (προσθήκην) bewirkt. Denn die Dreiheit ist Dreiheit auch geblieben, als der Eine aus der Dreiheit, der Gott-Logos, Fleisch wurde[2].

(Z. 22) Jeden, der etwas anderes gedacht hat oder denkt, jetzt oder jemals zuvor, sei es in Chalcedon oder auf welcher Synode auch immer, bannen wir, besonders aber die genannten Nestorius und Eutyches und die Gleichgesinnten. Vereinigt euch also mit der geistlichen Mutter, der Kirche, und genießt in ihr mit uns dieselbe göttliche Gemeinschaft gemäß dem genannten einen und einzigen Glaubensbekenntnis der 318 heiligen Väter[3].

## (175)   Pseudo-Dionysius, der Areopagite (Ende des 5. Jh.s)

*Vierter Brief*

Text: PG 3, 1072 B 5-C 5 – Lit.: Altaner § 114 – Gr.-B.: s. Register.

Als er wahrhaft in die (menschliche) Substanz kam, wurde er übersubstantielle Substanz[1], und übermenschlich wirkte er das Menschliche. ...Denn, um es zusammenfassend zu sagen, er war auch nicht Mensch; nicht als wäre er nicht Mensch gewesen, sondern so, daß er, aus Menschen, jenseits von den Menschen und übermenschlich wahrhaft Mensch geworden ist. Weiterhin tat er das Göttliche nicht in der Weise Gottes und das Menschliche nicht in der Weise des Menschen[2], sondern er vollzog uns eine neue, nämlich die gottmenschliche Wirksamkeit (θεανδρικὴ ἐνέργεια) des menschgewordenen Gottes[3].

### Philoxenus von Mabbug († etwa 523)

Der Syrer Philoxenus (ursprünglich Xenaja genannt) soll in dieser Textsammlung die Christologie der Monophysiten vertreten, zu deren Vorkämpfern er – neben Severus von Antiochien († 538) – gehörte. Metropolit von Mabbug war er seit 485, solange das acacianische Schisma dauerte. Bei dessen Aufhebung i. J. 519 wurde er verbannt und bald darauf getötet.

**Lit.** (und Ausgaben): Altaner § 90, 8 – Gr.-B. 1, S. 426 ff. – A. de Halleux: Philoxène de Mabbog, Louvain 1963.

(176)   *Glaubensbekenntnis* (485 ?)

**Text:** in dt. Übersetzung bei A. Adam: Lehrbuch der DG 1, 1965, S. 356[1].

Wir verdammen das Konzil zu Chalcedon, weil es in dem Einen Herrn Jesus Christus, dem einziggeborenen Sohn Gottes, eine Unterscheidung vornimmt

zu (173)   1 „Definitionem" hat Schwartz eingefügt.
2 Wie Ep. empfahlen fast alle vom Kaiser befragten Metropoliten, das Konzil von Chalcedon gelten zu lassen. Die Stellungnahme des Ep. weist schon auf den Neuchalcedonismus (s. Nr. 178) voraus; vgl. Ch. Moeller bei Gr.-B. 1, 668 f. – Moeller übersetzt ‚honestiori sermone' mit ‚formule plus authentique', aber Ep. wird eher an Alter und biblischen Klang der Formel gedacht haben.

zu (174)   1 Damit folgt das Henotikon dem Cyrill (oben Nr. 150 § 4) und wendet sich vom Unionsbekenntnis (Nr. 160 C) ab. Die Dogmatik soll auch die Exegese leiten.
2 Vgl. Nr. 161. – „Einer aus der Trinität" unterstreicht die volle Gottheit Christi und weist auf die theopaschitischen Formeln voraus. Schon um d. J. 470 hatte Petrus Fullo zur Abwehr des Ch die Worte „der um unsertwillen Gekreuzigte" und „Gott wurde gekreuzigt" in das „Dreimalheilig" der antiochenischen Liturgie aufgenommen.
3 Nur N und seine Bestätigung in NC sollen gelten; Ch und die Union von 433 werden in leicht verhüllender Weise verworfen, Cyrills Anathematismen anerkannt. Aber die Einheit Christi wird nicht näher bestimmt, auch nicht durch „Eine Natur". Man sagt auch weder „in" noch „aus" zwei Naturen und nimmt die fortschrittliche Unterscheidung zwischen Physis und Hypostasis (im Sinne von Prosopon) praktisch zurück. Um diesen Preis überwand Konstantinopel zwar im ganzen das Schisma im Osten – nur diejenigen ägyptischen Monophysiten, die auf der offenen Verwerfung des Ch und des Tomus Leonis bestanden, sonderten sich als Akephalen ab –, aber von 484 bis 519 mußte man dafür ein Schisma mit dem Westen hinnehmen.

zu (175)   1 Es war nicht allgemein üblich, das Wort Usia aus dem trinitarischen Sprachgebrauch auf die Inkarnation und den Inkarnierten anzuwenden.
2 Oder: nicht als Gott – nicht als Mensch.
3 Ohne die Unterscheidung der Naturen und die wahre Menschheit Christi aufheben zu wollen, steigert Ps.-Dion. die unvergleichliche Besonderheit der menschlichen Natur in gefährlicher Weise. Dem gemeinsamen Handeln der Naturen (vgl. Nr. 169) setzt er mit einem neuen Begriff die Eine Wirksamkeit der Doppelnatur (nicht etwa der Hypostase) entgegen. Immerhin hatte auch Theodoret v. C. von dem gottmenschlichen Wandel ($\vartheta\epsilon\alpha\nu\delta\rho\iota\kappa\dot{\eta}$ $\pi o\lambda\iota\tau\epsilon\acute{\iota}\alpha$) des Fleischgewordenen gesprochen (Pentalogium, PG 84, 73 A), aber das ließ sich leicht auf die Person Christi beziehen. – Die Begrifflichkeit des Areopagiten führt ständig an die Grenze heran, die der menschlichen Sprache beim Reden von Offenbarung wesenhaft gesetzt ist. Nach anfänglichen Zweifeln räumte man seinen Schriften bald die hohe Autorität ein, nach Apg. 17, 34 aus apostolischer Zeit zu stammen.

zu (176)   1 Es dürfte sich um das Bekenntnis handeln, das Kaiser Zeno von Ph. anläßlich seiner Bischofsweihe einforderte. Der syrische Text bei Budge: The Discourses of Ph., 1894, 2 S. XCVIII, englische Übersetzung S. XXXIII f.

in Naturen, Attribute und Tätigkeiten, in himmlische und irdische Merkmale, göttliche und menschliche Eigenschaften. Es sieht ihn an, als sei er zwei, und führt so die Vorstellung von vier (Personen in die Dreieinigkeit[2]) ein. Es betet einen gewöhnlichen Menschen an, und in jeder Einzelheit umschreibt es ihn als ein Geschöpf; es stimmt mit dem verderblichen Nestorius überein, der verflucht und zur Vernichtung bestimmt ist. Aus diesen und vielen anderen ähnlichen Gründen haben wir das Konzil von Chalcedon verdammt und werden es (stets) verdammen[3].

(177) *Über Trinität und Inkarnation*

Text: CSCO 10 (Scriptores Syri 10), latein. Übers. von Vaschalde, Louvain 1955, S. 109, 1-8

Es ist offenbar, daß der Logos zuerst Fleisch geworden und danach Mensch geworden ist und daß es heißt: Unser Leib gehört ihm, aber nicht ein Mensch aus uns[1]. ...Durch die Worte „werden" und „Menschwerdung", welche die Schrift und die Väter benutzt haben, wird zweierlei bezeichnet, die Annahme und die Einigung: die Annahme durch die Menschwerdung und die Einigung durch das „Werden" (fieri)[2].

(178) **Johannes Maxentius**

Seit 518 vertraten skythische Mönche aus der Dobrudscha in Konstantinopel innerhalb ihrer chalcedonischen Christologie die Formel „Einer aus der Trinität ist gekreuzigt worden". Damit trugen sie zur Ausbildung des Neuchalcedonismus bei. Kaiser Justinian setzte die Anerkennung der theopaschitischen Formel, die das trinitarische Dogma eng mit dem Heilsgeschehen verbindet, sowohl bei den Päpsten wie in der östlichen Orthodoxie durch.

*Kapitel des Johannes Maxentius gegen Nestorianer und Pelagianer zur Beruhigung[1] der Brüder* 1. 3. 4. 6. 9 (um 520)

Text: ACO 4, 2, S. 10 – Lit.: Altaner § 110, 4 – W. Elert: Der Ausgang (s. Lit.-Vz.) S. 71 ff. (zum Theopaschitismus) – Gr.-B. 1, S. 676 ff.; 2, S. 799 ff. – S. Helmer: Der Neuchalcedonismus (s. Lit.-Vz.).

1 Wenn jemand nicht in unserm Herrn Jesus Christus ebenso „zwei vereinte Naturen", nämlich der Gottheit und der Menschheit, wie „Eine fleischgewor-

dene Natur des Gott-Logos" bekennt und „Eine fleischgewordene Natur des Gott-Logos" ebenso wie „zwei in Einer Subsistenz und Person vereinte Naturen" gemäß dem, was uns die verehrenswerte Chalcedonische Synode überliefert hat, der sei verdammt[2].

3 Wenn jemand nicht die substantielle oder physische Einheit[3] bekennt, insofern der Gott-Logos bei bleibender Natur mit der menschlichen Natur vereinigt ist, sondern sagt, die Einheit bestehe als subsistentiale oder personale oder aufgrund von Erleuchtung oder aufgrund von Wohlgefallen (dilectio) oder Liebe (affectio), der sei verdammt.

---

*zu (176)*    2 Vgl. Nr. 161 § 8 und Nr. 174.

3 Ph. verwirft nicht nur die Formel des Konzils, sondern auch das dort angenommene Lehrschreiben Leos (mit dem „agit utraque forma"). Den Monophysiten genügte es nicht, daß die Einheit Christi durch den Begriff Einer Person und die Verwerfung zweier Prosopa bezeichnet wurde. Sie nahmen die nähere Bestimmung von Prosopon durch Hypostasis nicht ernst und bestanden daher auf der Einen Physis. – Eine Definition des Personbegriffs gab in dieser Auseinandersetzung erstmals der Römer *Boethius,* der an der Logik des Aristoteles und an Porphyrius geschult war. Er schrieb nach d. J. 512 in der Schrift Contra Eutychen et Nestorium 3 (als Wiedergabe von Hypostasis): „Person ist die unteilbare Substanz einer vernünftigen Natur" (Persona est naturae rationabilis individua substantia; PL 64, 1343 C mit der Lesart rationalis). Hier bedeutet substantia soviel wie Sein, Subsistenz, Hypostasis, und „unteilbar" nähert sich dem Wort „individuell". Weiteres bei Gr.-B. 2, 792 ff.

*zu (177)*    1 Vgl. Nr. 163 (Eutyches).

2 Ph. will mit seiner „Christologie des Werdens" (Halleux) ebensosehr jede Verwandlung wie die Unterscheidung zweier Naturen ausschließen. Die Inkarnation und Inhumanation erklärt er nach Hebr. 2, 14 als Teilhabe des Logos an unserm Fleisch und Blut. Die „Mischung" des Logos mit „seinem" Fleische war keine Vermischung; sie erfolgte „in wunderbarer, neuer Weise, wie es Gott zukommt" (CSCO 10, S. 35, 20 ff.). Kraft der göttlichen Allmacht bleibt der Logos in der Fleischwerdung die Eine Natur und Person der Trinität, so wie der Mensch in der Taufe ein neuer, geistlicher Mensch wird und doch derselbe bleibt (ebd. S. 109, 21 ff.).

*zu (178)*    1 Ad satisfactionem könnte auch übersetzt werden: „zur Vergewisserung". Gemeint ist die πληροφορία aus Nr. 160.

2 Max. vertritt die neuchalcedonische Überzeugung, daß erst die chalcedonische und die cyrillische Formel zusammen die Wahrheit über Christus aussprechen können. Indem er die Formeln in umgekehrter Reihenfolge wiederholt, erklärt er sie für völlig gleichwertig. (Wohlgemerkt steht den „zwei Naturen" aus Ch nicht die „Eine Natur", sondern die „Eine fleischgewordene Natur" gegenüber.) Bedeutende Vertreter des Neuchalcedonismus waren Johannes Grammaticus und Johannes von Skythopolis; s. Helmer (Lit.-Vz.) S. 160 ff.

3 Cyrills „physische" Einigung (Nr. 150) wird herangezogen, um die richtige Interpretation von Ch zu sichern. Eine bloß „hypostatische" (subsistentialis) Einheit wird verworfen, da man voraussetzt, sie könne nach der Entwicklung des Begriffes Hypostasis etwa im äußerlichen Sinne eines bloßen Prosopon „nestorianisch" mißdeutet werden. Weil man entschieden zu Cyrill zurücklenkt, erkennen die Neuchalcedonier auch dessen Anathematismen gegen Nestorius als Lehrnorm an.

4 Wenn jemand nicht zustimmt, Christus auch mit seinem Fleische als Einen aus der Trinität zu bekennen, der für uns am Fleische gelitten hat, obwohl er nach dem Fleische nicht aus der Substanz der Trinität ist, sondern als derselbe (?) aus uns ist, der sei verdammt.

6 Wenn jemand sagt, Christus habe am Fleisch gelitten, aber nicht zustimmt zu sagen, Gott habe im Fleische gelitten —was gerade bedeutet, Christus habe am Fleische gelitten —, der sei verdammt.

9 Wenn jemand nicht bekennt, Christus sei nach (seit) der Fleischwerdung zusammengesetzt, der sei verdammt.

## (179) Leontius von Byzanz

Der nicht näher bekannte Verfasser vertrat die chalcedonische Christologie, indem er mit Hilfe aristotelischer und neuplatonischer Philosophie den Personbegriff weiterentwickelte. Wenn die Schrift „Adversus fraudes Apollinaristarum" ihm gehört, dann hat er als erster bewiesen, daß die Formel „Eine Natur des fleischgewordenen Gott-Logos" nicht, wie Cyrill annahm, von Athanasius stammte, sondern von Apollinaristen in die orthodoxe Literatur eingeschmuggelt war.

Lit.: Altaner § 116, 3 – RGG Art. L. (H.-G. Beck) – Gr.-B. 1, S. 700 f. – St. Otto: Person und Subsistenz. Die philosophische Anthropologie des Leontios von Byzanz, 1968 (mit Übersetzung unseres Textes auf S. 192 f.)

*Gegen die Nestorianer und Eutychianer* (um 544) Buch 1 (PG 86, 1277 C 13– 1280 B 10)

„Hypostase" und „Enhypostatisches"[1] sind nicht dasselbe, ebenso wie (auch) „Substanz" und „an der Substanz Befindliches" etwas Verschiedenes sind. Denn die Hypostase bezeichnet einen einzelnen Bestimmten (τὸν τινά), das Enhypostatische aber die Substanz (οὐσία). Die Hypostase bestimmt durch die unterscheidenden Besonderheiten (ἰδιώματα) eine Person (πρόσωπον), aber das (Wort) „enhypostatisch" besagt, daß etwas (doch) nicht Akzidens ist, was in einem anderen das Sein (εἶναι) hat und nicht an sich selbst erblickt wird. Derartig[2] sind alle Qualitäten, sowohl die substantiell wie die außersubstantiell genannten[3]. Keine von beiden ist Substanz, d. h. in sich bestehendes Ding, sondern (ist das,) was immer an (πρός) der Substanz erkannt wird, wie die Farbe an einem Körper und wie das Wissen an der Seele. Wer nun sagt: Es gibt keine anhypostatische Natur[4], hat recht. Aber er folgert nicht richtig, wenn er schließt, das Nicht-Anhypostatische sei Hypostase. (Das wäre so,) als ob jemand sagte, ein Körper sei nicht ohne Gestalt, womit er recht hätte, dann (aber) zu Unrecht folgerte, die Gestalt sei ein Körper und nicht vielmehr, sie werde an dem Körper erblickt. Eine Natur, d. h. Substanz, (ganz) ohne Hypostase gibt es also wohl niemals. Doch ist (deshalb) nicht die Natur Hypostase, da sie diese Umkehrung nicht gestattet[5]. Denn die Hypostase ist auch Natur, aber die Natur ist nicht dazu noch Hypostase. Die Natur enthält nämlich den Begriff und Grund des Seins (τὸν τοῦ εἶναι λόγον), die Hypostase aber auch den des Für-sich-seins. Die eine (sc. die Natur) enthält den Begriff der Art (εἶδος), die andere (die Hypostase) zeigt einen Bestimmten an[6]. Jene zeigt das Merkmal einer allgemeinen Sache, diese dagegen trennt das Besondere vom Gemeinsamen.

Kurz gesagt, man spricht im eigentlichen Sinne von Einer Natur bei wesensgleichen (Gegenständen), denen der Begriff des Seins gemeinsam ist. Die Definition der Hypostase aber (meint) entweder das, was der Natur nach identisch, doch zahlenmäßig verschieden ist[7], oder das, was aus verschiedenen Naturen zusammen besteht, aber die Gemeinschaft des Seins zugleich und aneinander[8] besitzt.

---

zu (179)

1 St. Otto (S. 192) übersetzt „Selbstand" und „das in den Selbstand Aufgenommene". – Das Wort ἐνυπόστατος kann „wesenhaft" oder „unabhängig existierend" bedeuten; aber L. verwendet es im engeren Sinne dessen, was seine Subsistenz an oder in einem anderen hat (und dabei mehr ist als ein bloßes Attribut). Das Enhypostatische ist sozusagen eine Substanz zweiten Grades, die für sich bestehen könnte, aber nicht für sich besteht. Ein Mensch kann für sich existieren, der Mensch Jesus aber nicht ohne den Logos. Dann bestimmt aber der Logos auch ganz das menschliche Handeln Jesu.

2 Nämlich akzidentell.

3 Substantielle (οὐσιώδεις) Eigenschaften sind solche, „die das Wesen einer Usie mitkonstituieren" (Otto S. 26). Den Akzidenzen näher stehen die „außersubstantiellen" Eigenschaften, die zur Substanz hinzutreten, aber nicht von ihr abtrennbar sind.

4 Monophysiten folgern aus dieser Voraussetzung, das Chalcedonense müsse im Grunde doch zwei Hypostasen meinen und sei daher Irrlehre.

5 Physis und Hypostasis sind keine Wechselbegriffe. Denn zwischen Hypostase und Hypostase-losigkeit gibt es noch ein Mittleres: die angelehnte Existenz oder Enhypostasie. Mit dieser begrifflichen Verfeinerung kann L. den Begriff der hypostatischen Union von der belastenden Nähe, die er bei Cyrill zur physischen Union hat, befreien. Anders Maxentius (Nr. 178).

6 In neuplatonischer Dialektik kann L. von der Hypostase sowohl sagen, sie einige artverschiedene Naturen, wie auch dies, daß sie innerhalb des Gleichartigen die Einzelnen voneinander unterscheide; s. Otto S. 19 f.

7 So in der Trinität.

8 Ἅμα τε καὶ ἐν ἀλλήλοις. Die Hypostase kann auch die Einzelexistenz von Zusammengesetztem bezeichnen, wobei ihr Unterschied von der Physis (als dem konkreten einfachen Einzelnen) besonders deutlich wird. Das Eine gemeinsame Sein der zwei Naturen verwirklicht sich in der communicatio idiomatum.

Doch meine ich das Gemeinsamhaben des Seins nicht so, daß sie ihre Substanz gegenseitig vervollständigen – das kann man (dagegen) an den Substanzen sehen und dem substantiell von ihnen Ausgesagten, den sogenannten Qualitäten –, sondern so, daß die Natur und Substanz des einen nicht für sich selbst erblickt wird, sondern mit der (andern), die mit ihr zusammengefügt und zusammengewachsen ist. Das kann man auch an anderen Gegenständen finden, nicht zum wenigsten an Seele und Leib, deren Hypostase gemeinsam ist, während die Natur eine besondere und ihr (Wesens-) Begriff verschieden ist.

## (180)    Anathematismen des 5. Ökumenischen Konzils von 553 (Nr. 3–5 und 7–8)

Das Konzil sicherte das Symbol von Chalcedon gegen nestorianische Deutung und verwarf deshalb auch die sogenannten „Drei Kapitel", d. h. Schriften und Person des Theodor von Mopsuestia, einen Brief des Ibas von Edessa zugunsten Theodors und die gegen Cyrill gerichteten Schriften des Theodoret von Cyrus. Daß Kaiser Justinian die Zustimmung des Papstes erzwang, rief im Westen lange anhaltenden Widerstand hervor. Die Anathematismen des Konzils schließen sich eng an einen 551 veröffentlichten Erlaß des Kaisers an.

Text: ACO 4, 1 (1971), S. 240–242 – Hahn § 148 – Übers.: Neuner-Roos Nr. 254 ff. – A Select Library. . . (wie Nr. 117) 14, 1900, S. 312–314 – Lit.: Gr.-B., Register, zu „Drei-Kapitel-Streit"

3 Wenn jemand sagt, ein anderer sei der Gott-Logos, der die Wunder tat, und ein anderer der Christus, der litt, oder sagt, daß der Gott-Logos bei dem vom Weibe geborenen Christus war oder in ihm war wie einer in einem anderen, aber nicht sagt, ein und derselbe sei unser Herr Jesus Christus, der Fleisch und Mensch gewordene Logos Gottes, und (ein und) demselben gehörten sowohl die Wunder wie die Leiden an, die er freiwillig am Fleische erduldete[1], der sei verflucht.

4 (S. 169, 5) Die Einigung läßt sich auf mehrere Weisen denken. . . .(Z. 9) Die heilige Kirche Gottes dagegen bekennt . . . die Einigung des Gott-Logos mit dem Fleische in der Weise der Synthesis, d. h. der Hypostasis[2]. Denn die Einigung als Synthesis bewahrt an dem Geheimnis Christi nicht nur das Vereinigte unvermischt, sondern läßt auch keine Trennung zu.

5 (Ende) Die heilige Dreieinigkeit hat keine Hinzufügung eines Prosopon oder einer Hypostasis erfahren, als der Eine aus der heiligen Trinität, der Gott-Logos, Fleisch wurde[3].

7 Wenn jemand „in zwei Naturen" sagt und dabei nicht bekennt, daß unser Einer Herr Jesus Christus in der Gottheit und Menschheit offenbart wird, um dadurch lediglich auf den Unterschied der Naturen hinzuweisen, aus denen ohne Vermischung die unaussprechliche Einigung erfolgt ist – wobei weder der Logos in die Natur des Fleisches verwandelt wurde noch das Fleisch in die Natur des Logos überging[4]; beides bleibt nämlich, was es von Natur ist, auch wenn die hypostatische Einigung erfolgt –, sondern diesen Ausdruck (sc. „in zwei Naturen") zur Teilung im Sinne einer Trennung ($\dot{\epsilon}\pi\grave{\iota}$ $\delta\iota\alpha\iota\rho\acute{\epsilon}\sigma\epsilon\iota$ $\tau\tilde{\eta}$ $\dot{\alpha}\nu\grave{\alpha}$ $\mu\acute{\epsilon}\rho\sigma\varsigma$) an dem Geheimnis Christi benutzt oder, wenn er an demselben Einen unsern Herrn Jesus Christus, dem fleischgewordenen Gott-Logos, die (Zwei-) Zahl der Naturen bekennt, den Unterschied dessen, woraus er zusammengesetzt wurde, der nicht wegen der Einigung aufgehoben wird, nicht bloß abstrakt[5] nimmt – Einer nämlich (ist er) aus beidem und durch Einen beides[6] –, sondern die Zahl dazu gebraucht (um anzuzeigen), daß die Naturen getrennt und mit eigener Hypostase versehen sind, der sei verflucht.

8 Wenn jemand bekennt, die Einigung sei „aus zwei Naturen, Gottheit und Menschheit", erfolgt, oder „Eine fleischgewordene Natur des Gott-Logos" sagt, aber es nicht so versteht, wie es die heiligen Väter gelehrt haben, daß aus der göttlichen und der menschlichen Natur, als die hypostatische Einigung erfolgte, Ein Christus gebildet wurde, sondern versucht, aus derartigen Worten Eine Natur oder Substanz von Gottheit und Fleisch des Christus einzuführen, der sei verflucht.

---

zu (180)    1 Die reine Freiwilligkeit des Leidens (vgl. Phil. 2, 5 ff.) unterscheidet Christus von allen anderen Menschen. – Zur Exegese s. Nr. 160 Ende.
2 Die Eine Hypostase zweier Naturen schließt die Vorstellung einer Verwandlung oder auch bloßer Inspiration aus, ohne die Einheit der Person zu gefährden. Sie ist aber kein Drittes, sondern der Logos selber.
3 Vgl. oben Nr. 161 § 8 und Nr. 174.
4 D. h. umgewandelt wurde. Vermutlich sollte hier die Lehre des Philoxenus von Mabbug getroffen werden (Nr. 177). Das beanstandete Wort $\mu\epsilon\tau\alpha\chi\omega\rho\epsilon\tilde{\iota}\nu$ war auch durch seinen trinitarischen Gebrauch bei den Sabellianern belastet (s. Lampe).
5 „In bloßer Theoria", als eine „Sicht", nicht als reale Unterscheidung, könnte jede Natur für sich bestehend gelten.
6 $\Delta\iota'$ $\dot{\epsilon}\nu\grave{\sigma}\varsigma$ $\dot{\alpha}\mu\phi\acute{\sigma}\tau\epsilon\rho\alpha$. D. h., auch vor der Vereinigung haben die Naturen, genauer gesagt, hat die menschliche Natur nicht für sich bestanden, sondern erst um des Einen Logos willen und durch ihn wurde sie (enhypostatisch!) gebildet (auch nach Meinung der Neuchalcedonier). Wieder sollen die zwei Formeln (mit der umgekehrten Reihenfolge des Einen und Doppelten) sich ergänzen und begrenzen wie oben bei Maxentius (Nr. 178 § 1). – Die Übersetzung „and the two are in one" (Select Library) dürfte zu allgemein sein.

## (181)   Die Ekthesis des Kaisers Heraklius (638)

Nach Justinians Tod ebbte der christologische Streit innerhalb der Reichskirche ab, und das um so leichter, weil die entschiedenen Monophysiten in den östlichen Grenzgebieten eigene Kirchen aufbauten. Um sie für das schwer bedrohte Reich zurückzugewinnen, bemühte sich Kaiser Heraklius (610–641) um eine Verständigung mit ihnen. Dazu schien sich die unter chalcedonischen Theologen (wie Theodor von Pharan und Sergius von Konstantinopel) aufgekommene Formel „Eine Energeia" und „Ein Thelema (Wille)" zu eignen. Als aber der Widerstand gegen den Monenergismus nicht zu überwinden war, versuchte der Kaiser durch den folgenden „Erlaß", diesen Streit zu unterbinden, indem nur noch die Einheit des Willens behauptet wurde. Doch auch dieser Monotheletismus konnte die erstrebte Einheit der Kirche und des Reiches nicht herbeiführen.

Text: Hahn § 234 – Mansi 10, Sp. 993 E 7–996 C – Lit.: W. Elert (s. Lit.-Vz.) S. 185 ff. – H. U. von Balthasar: Kosmische Liturgie. Maximus der Bekenner..., 1941, 2. Aufl.: Das Weltbild Maximus des Bek., 1961 – A. Adam: DG (s. Lit.-Vz.) S. 366 ff.

Keinesfalls gestehen wir irgend jemandem zu, bei der göttlichen Menschwerdung des Herrn von Einer oder zwei Wirkkräften (Energien) zu reden... (996 A 7) Denn auch wenn einige Väter so gesagt haben[1], befremdet und verletzt der Ausdruck „Eine Energeia" die Ohren einiger, die annehmen, er werde gebraucht, um die in Christus, unserem Gott, hypostatisch geeinten zwei Naturen zu beseitigen. Ebenso erregt aber auch der Ausdruck „zwei Energien"[2] bei vielen Anstoß; denn (sie meinen,) einerseits habe ihn keiner der heiligen und anerkannten Lehrer der Kirche gebraucht, andererseits bringe er es auch mit sich, daß man zwei einander entgegengesetzte Willen annimmt, so daß der Gott-Logos das Erlösungsleiden erfüllen will, seine Menschheit aber sich seinem Willen widersetzt und entgegenstellt; und so würden zwei eingeführt, die das Entgegengesetzte wollen[3]. Das aber ist gottlos und der christlichen Lehre fremd. ...Daher folgen wir den heiligen Vätern in allem und auch in diesem und bekennen Einen Willen unsres Herrn Jesus Christus, des wahrhaftigen Gottes, so daß zu keiner Zeit sein mit Vernunft beseeltes Fleisch getrennt und aus eigenem Antrieb gegen die Weisung des mit ihm hypostatisch geeinten Gott-Logos seine natürliche Bewegung vollzog[4], sondern wann, wie und soweit sie der Gott-Logos selbst wollte.

## (182)   Das Symbol des 6. Ökumenischen Konzils zu Konstantinopel (16. September 681)

Im Jahre 648 verbot Kaiser Konstans II. vergeblich jeden Streit über den Willen Christi. Besonders der Westen (z. B. das Laterankonzil von 649) verwarf im Blick auf die zwei Naturen den Monotheletismus. Der geistige Führer der Dyotheleten war unter vielen Verfolgungen Maximus der Bekenner; er gelangte dazu, in Christus Natur und Person, Wesen und Dasein klarer zu unterscheiden und dem Menschlich-Natürlichen in ihm mehr Geltung zu sichern. Die Synode von 680–81 beendete die Streitigkeiten zugunsten der Zweiwillenlehre und brachte damit die altkirchliche Christologie zu ihrem Abschluß.

Text: Hahn § 149 (S. 173, Z. 10) – Mansi 11, 637 B 9–640 B 2 – Übers.: Neuner-Roos Nr. 295 – Lit.: siehe vor Nr. 181

Wir lehren nach der Lehre der heiligen Väter[1] zwei natürliche Willensbewegungen oder Willen in ihm und ebenso zwei physische Energien, ungetrennt, unverwandelt, ungeteilt, unvermischt[2]. Und zwei physische Willen (sind) fürwahr nicht (einander) entgegengesetzt, wie die gottlosen Häretiker behauptet haben, sondern sein menschlicher Wille folgt, und zwar nicht widerstrebend oder widerwillig, vielmehr ist er seinem göttlichen und übermächtigen Willen gehorsam[3]. Denn nach dem hochweisen Athanasius mußte sich der Wille des Fleisches ja regen, aber dem göttlichen Willen gehorchen. Wie nämlich sein Fleisch Fleisch des Gott-Logos heißt und ist, so heißt und ist auch der natürliche Wille seines Fleisches dem Gott-Logos zu eigen,wie er selbst sagt: „Ich bin vom Himmel herabgekommen, nicht damit ich meinen Willen tue, sondern den Willen des Vaters, der mich gesandt hat" (Joh. 6, 38). Dabei meint er mit seinem eig-

---

zu (181)  1 Auf die Formel des Areopagiten (s. Nr. 175) berief sich der Patriarch Cyrus von Alexandrien in seiner Unionsformel von 633 (Hahn § 232). Die Sache konnte man schon bei Cyrill und im Henotikon (Nr. 174) finden.

2 Sophronius, seit 634 Patriarch von Jerusalem, hatte sich nachdrücklich zu zwei Energien und zwei Naturen bekannt, in denen der Gottessohn auf verschiedene Weise wirke. Es war im ganzen Streit nicht immer so klar, ob man die Wirkungskraft und den Willen den Naturen oder der Hypostase zuschreiben wollte.

3 Die maskuline Verbform zeigt, daß die Verbindung des Wollens mit den Naturen diese zu Hypostasen zu machen drohte, was „Nestorianismus" gewesen wäre.

4 Den Einen, von Christus – es wird nicht gesagt: von seiner Hypostase – ausgehenden Willen bezeichnet der Text mit ϑέλημα, dagegen die möglicherweise miteinander streitenden Kräfte als ὁρμή und νεῦμα. Darin kommt zum Ausdruck, daß sie von den Naturen ausgehend gedacht sind.

zu (182)  1 Eine Entscheidung durch Schriftworte war offensichtlich nicht möglich.

2 Zitat aus dem Symbol von Chalcedon (Nr. 172).

3 Vgl. Nr. 181 Ende. Trotz des Verweises auf die chalcedonische Formel wird der menschliche Wille fast ganz in den göttlichen Willen hineingenommen und die Paradoxie der Menschwerdung wieder (im Sinne Cyrills) abgeschwächt. Die dyophysitische Lateransynode von 649 hat sogar im 5. Anathematismus (Hahn § 181) die Formel „una natura dei verbi incarnata" eingeschärft.

4 Vgl. „Christus, unser Gott" in Nr. 181 und Nr. 4.

5 Vgl. Nr. 169 § 4.

nen Willen den des Fleisches, da das Fleisch sein eigen geworden ist. Wie nämlich sein hochheiliges, untadeliges beseeltes Fleisch vergöttlicht und doch nicht
beseitigt wurde, sondern in seinem Begriff und Wesen verharrte, ebenso wurde
auch sein menschlicher Wille nach Gregor dem Theologen nicht beseitigt, als
er vergöttlicht wurde, vielmehr wurde er erhalten. . . Und zwei physische Energien preisen wir ungetrennt, ungewandelt, ungeteilt, unvermischt eben in unserm Herrn Jesus Christus selber, unserm wahren Gott[4], d. h. ein göttliches Wirken und ein menschliches Wirken nach Leo dem Theologen. . .

(S. 174, 8 Hahn) Indem wir also ganz und gar das „unvermischt" und „ungetrennt" festhalten, drücken wir das Ganze kurz so aus: Wir glauben, daß unser
Herr Jesus Christus, unser wahrer Gott, auch nach der Fleischwerdung einer
aus der heiligen Trinität ist, und wir lehren deshalb, daß zwei Naturen an ihm
in seiner Einen Hypostase zu sehen sind, in der er sowohl die Wunder wie die
Leiden in seinem ganzen heilsgeschichtlichen Auftreten, nicht zum Schein,
sondern wahrhaftig, vollbracht hat, wobei der Naturenunterschied in der Einen Hypostase daran erkannt wird, daß jede Natur in Gemeinschaft mit der
anderen das Ihrige will und wirkt[5]. Gemäß dieser Lehre preisen wir also zwei
physische Willen und Energien, die zum Heil des Menschengeschlechtes in an-
gemessener Weise sich vereinigen.

# Literaturverzeichnis

(Artikel der theologischen Nachschlagewerke wie RGG, EKL, RE werden hier nicht aufgeführt.)

## I. Geschichte der altkirchlichen Christologie im ganzen

### 1. Lehrbücher der Dogmengeschichte (DG)

*Adam*, A.: Lehrbuch der DG, Bd. 1, 1965
*Harnack*, A. von: Lehrbuch der DG, Bd. 1–3, [4]1909–1910 (=[5]1931–1932)
*Koehler*, W.: DG als Geschichte des christlichen Selbstbewußtseins, Bd. 1, [3]1951
*Loofs*, F.: Leitfaden zum Studium der DG, [4]1906. 5. durchgesehene Auflage, hrsg. von K. Aland, Teil 1, 1950
*Seeberg*, R.: Lehrbuch der DG, Bd. 1 und 2, [3]1920 und 1923 (=[4]1953)

### 2. Monographische Darstellungen

*Gilg*, A.: Weg und Bedeutung der altkirchlichen Christologie, 1936. [3]1966 (Theol. Bücherei, Bd. 4)
*Grillmeier*, A.: Christ in Christian Tradition. From the Apostolic Age to Chalcedon, New York 1965
*Grillmeier*, A. und Bacht, H. (Hrsg.): Das Konzil von Chalkedon. Geschichte und Gegenwart. Bd. 1–3, 1951–54; verb. Nachdrucke 1959 und 1962
*Kelly*, J. N. D.: Early Christian Creeds, London, New York, Toronto [2]1960; deutsche Ausgabe: Altchristliche Glaubensbekenntnisse. Geschichte und Theologie, 1971
*Liébaert*, J.: Christologie, 1965 (Handbuch der DG, hrsg. von M. Schmaus und A. Grillmeier, Bd. 3, Faszikel 1a)
*Skard*, B.: Inkarnation, 1958 (Forschungen zur Kirchen- und DG, Bd. 7)
*Wolfson*, H. A.: The Philosophy of the Church Fathers. Vol. I: Faith, Trinity, Incarnation. Cambridge/Mass. 1956 ([3]1970)

## II. Geschichte der altkirchlichen Christologie – Zeitabschnitte und Autoren

### 1. Neues und Altes Testament als Ursprung der altkirchlichen Christologie

*Bring*, R.: Die Bedeutung des Alten Testamentes für die Christologie der Alten Kirche, in: Antwort aus der Geschichte. W. Dreß zum 65. Geburtstag. Hrsg. von W. Sommer unter Mitwirkung von H. Ruppel, 1969, S. 13–34

*Grant,* R. M.: The Early Christian Doctrine of God, Charlottesville 1966

*Lentzen-Deis,* F.: Ps. 2, 7, ein Motiv früher „hellenistischer" Christologie?, in: Theologie und Philosophie 44 (1969), S. 342–362

*Normann,* Fr.: Christos Didaskalos. Die Vorstellung von Christus als Lehrer in der christlichen Literatur des ersten und zweiten Jahrhunderts, 1967 (Münsterische Beiträge zur Theologie, H. 32)

*Welte,* B. (Hrsg.): Zur Frühgeschichte der Christologie. Ihre biblischen Anfänge und die Lehrformel von Nikaia. Quaestiones disputatae 51, 1970

## 2. Von den Apostolischen Vätern bis zum Konzil von Nicäa

*Andresen,* C.: Logos und Nomos, 1955 (Arbeiten zur Kirchengeschichte, Bd. 30)

*Braun,* R.: Deus Christianorum. Recherches sur le vocabulaire doctrinal de Tertullien, Paris 1962

*Davies,* J. G.: The Origins of Docetism, in: Stud. Patr. 6 (=TU 81), 1962, S. 13–35

*Kretschmar,* G.: Studien zur frühchristlichen Trinitätstheologie, 1956 (Beiträge zur historischen Theologie, 21)

*Loofs,* Fr.: Theophilus von Antiochien adversus Marcionem und die anderen theologischen Quellen bei Irenäus, 1930 (TU 46, 2), Kap. 2 (Zur Geistchristologie vor Irenäus)

*Reinhold,* B.: Trinität und Inkarnation bei den griechischen Apologeten des zweiten Jahrhunderts. Theol. Diss. Bonn, 1961

## 3. Von Nicäa bis Chalcedon

*Camelot,* P. T.: Ephesus und Chalcedon. Übers. v. H. Mottausch, 1964 (Geschichte der ökumenischen Konzilien, Bd. 2)

*Holl,* K.: Amphilochius von Ikonium in seinem Verhältnis zu den großen Kappadoziern dargestellt, 1904

*Holland,* D. L.: Die Synode von Antiochien (324/25) und ihre Bedeutung für Eusebius von Cäsarea und das Konzil von Nicäa, in: ZKG 81 (1970), S. 163–181

*Hübner,* R.: Die Einheit des Leibes Christi bei Gregor von Nyssa. Untersuchungen zum Ursprung der physischen Erlösungslehre. Bonner theol. Diss. 1969 (im Druck)

*Meslin,* M.: Les Ariens d'Occident, 335–430, Paris 1967 (Patristica Sorbonensia 8)

*Rose,* E.: Die Christologie des Manichäismus nach den Quellen dargestellt. Theol. Diss. Marburg 1941

*Weigl,* E.: Christologie vom Tode des Athanasius bis zum Ausbruch des Nestorianischen Streites (373–429), 1925

Ausführliches „Schrifttums-Verzeichnis zur Geschichte des Konzils von Chalkedon" von A. Schönmetzer bei: Gr.-B. (s. Lit.-Vz. I, 2) Bd. 3, S. 825–879

## 4. Der Ausgang der altkirchlichen Christologie

*Elert,* W.: Der Ausgang der altkirchlichen Christologie, hrsg. von W. Maurer und E. Bergsträßer, 1957

*Evans,* D. B.: Leontius of Byzantium. An Origenist Christology, Washington 1970 (Dumbarton Oaks Studies 13)

*Helmer,* S.: Der Neuchalkedonismus. Theol. Diss. Bonn 1962


III. Einzelne Probleme und Begriffe


*Andresen,* C.: Zur Entstehung und Geschichte des trinitarischen Personbegriffes, in: ZNW 52 (1961), S. 1–39

*Barbel,* J.: Christos Angelos. Die Anschauung von Christus als Bote und Engel in der gelehrten und volkstümlichen Literatur des christlichen Altertums, 1951 (Theophaneia 3)

*Burney,* C. F.: Christ as the APXH of Creation, in: JThSt 27 (1925–26), S. 160–177

*Diepen,* H.-M.: L'„Assumptus homo" patristique. Teil 1–7, in: Revue Thomiste 63 und 64 (1963 und 1964)

*Dörries,* H.: 'Υπόστασις. Wort- und Bedeutungsgeschichte, 1955 (Nachrichten der Akademie der Wissenschaften in Göttingen, Phil.-hist. Kl. 3)

*Goemans,* M.: De la notion „substantia", in: Oikumene. Studi paleocristiani pubblicati in onore del Concilio ecumenico Vaticano II. Catania 1964, S. 267–271

*Hammerschmidt,* E.: Die Begriffsentwicklung in der altkirchlichen Theologie zwischen dem ersten allgemeinen Konzil von Nicäa (325) und dem zweiten allgemeinen Konzil von Konstantinopel (381), in: Theol. Revue 51 (1955), Sp. 145–154

*Karpp,* H.: Probleme altchristlicher Anthropologie, 1950 (Beiträge zur Förderung christlicher Theologie, Bd. 44, H. 3)

*Loofs,* Fr.: Das altkirchliche Zeugnis gegen die herrschende Auffassung der Kenosisstelle (Phil. 2, 5–11), in: Theol. Studien und Kritiken 100, 1927/28, S. 1–102

*Mühl,* M.: Der λόγος ἐνδιάθετος und προφορικός von der älteren Stoa bis zur Synode von Sirmium 351, in: Archiv für Begriffsgeschichte 7 (1962), S. 7–56

*Pollard,* T. E.: Johannine Christology and the Early Church, Cambridge 1970

*Ricken,* F.: Nikaia als Krisis des altchristlichen Platonismus, in: Theologie und Philosophie 44 (1969), S. 321–341

*Schendel,* E.: Herrschaft und Unterwerfung Christi. 1. Kor. 15, 24–28 in Exegese und Theologie der Väter bis zum Ausgang des 4. Jahrhunderts, 1971 (Beiträge zur Geschichte der biblischen Exegese, Bd. 12)

*Strohm,* M.: Die Lehre von der Energeia Gottes. Eine dogmengeschichtliche Betrachtung, in: Kyrios 8 (1968), S. 63–84

*van Winden,* J. C. M.: In den Beginne. Vroeg-christelijke exegese van de term ἀρχή in Genesis 1, 1. Leiden 1967

*Wiles,* M.: ὁμοούσιος ἡμῖν, in: JThSt 16 (1965), S. 454–461

*Wiles,* M. F.: Eternal Generation, in: JThSt 12 (1961), S. 287–291

*Wiles,* M. F.: The Nature of the Early Debate about Christ's Human Soul, in: Journal of Ecclesiastical History 16 (1965), S. 139–151

*Wilken,* R. L.: Tradition, Exegesis, and the Christological Controversies, in: Church History 34 (1965), S. 123–145

## IV. Zur Würdigung der altkirchlichen Christologie
(Abgesehen von den dogmatischen Untersuchungen zur Christologie)

*Gerber,* U.: Christologische Entwürfe, Bd. 2: Alte Kirche, Mittelalter und das 20. Jahrhundert, Zürich (In Vorbereitung)

*Kümmel, W.* G. (Hrsg.): Jesus Christus. Das Christusverständnis im Wandel der Zeiten, 1963 (Marburger Theol. Studien 1)

*Maurer, W.*: Das Dogma als geschichtliche Entscheidung, in: Lutherische Monatshefte 4 (1965), S. 474—478

*Mühlen, H.*: Die Veränderlichkeit Gottes als Horizont einer zukünftigen Christologie. Auf dem Wege zu einer Kreuzestheologie in Auseinandersetzung mit der altkirchlichen Christologie, 1969

*Prenter, R.*: Der Gott, der Liebe ist. Das Verhältnis der Gotteslehre zur Christologie, in: Theol. Literaturzeitung 96 (1971), Sp. 401—413

*Ruhbach,* G.; Schröer, H.; Wichelhaus, M.: Bekenntnis in Bewegung. Ein Informations- und Diskussionsbuch, 1969

*Schneemelcher, W.*: Chalkedon 451—1951, in: Ev. Theol. 11 (1951/52), S. 241—259

*Steck,* K. G.: Umgang mit der Dogmengeschichte, in: Ev. Theol. 16 (1956), S. 492—504

*Welte, B.*: Die Lehrformel von Nikaia und die abendländische Metaphysik, in: Quaestiones disputatae 51 (s. Lit.-Vz. II, 1), S. 100—117

Über die geschichtlichen Fragen des Konzils von Chalcedon und seine Rezeption in den verschiedenen Kirchen bis heute handeln sieben Beiträge in:
*The Ecumenical Review* 22 (1970), Nr. 4

# Abkürzungsverzeichnis

| | |
|---|---|
| ACO | Acta Conciliorum Oecumenicorum, hrsg. von E. Schwartz, 1914 ff., Bd. 4, 1 von J. Straub 1971 |
| A. Adam: DG | A. Adam: Lehrbuch der DG, s. Lit.-Vz. I, 1 |
| Altaner | B. Altaner-A. Stuiber: Patrologie, 7., völlig neubearb. Aufl., 1966 |
| Anm. | Anmerkung |
| Art. | Artikel |
| Bd. | Band |
| BKV$^{(1)}$ | Bibliothek der Kirchenväter, hrsg. von F. X. Reithmayr, ab 1872 von V. Thalhofer, Kempten 1869 ff. |
| BKV | Bibliothek der Kirchenväter, hrsg. von O. Bardenhewer u. a., 1911 ff. |
| CC L | Corpus Christianorum, Series Latina, Turnhout 1953 ff. |
| Ch | (Symbolum) Chalcedonense |
| CSCO | Corpus Scriptorum Christianorum Orientalium, Louvain 1903 ff. |
| DG | Dogmengeschichte |
| ed., edd. | edidit, ediderunt |
| GCS | Die Griechischen Christlichen Schriftsteller der ersten drei Jahrhunderte, hrsg. von der Kirchenväter-Commission der Preuss. Akademie der Wissenschaften, 1897 ff. |
| Gilg | A. Gilg: Weg und Bedeutung der altkirchlichen Christologie, s. Lit.-Vz. I, 2 |
| Gr.-B. | A. Grillmeier und H. Bacht: Das Konzil von Chalkedon, s. Lit.-Vz. I, 2 |
| Hahn | Bibliothek der Symbole und Glaubensregeln der Alten Kirche, hrsg. von A. Hahn, $^3$1897 (Nachdruck Hildesheim 1962) |
| Hdb., Erg. | Handbuch zum NT, hrsg. von H. Lietzmann, Ergänzungsband von R. Knopf, W. Bauer, H. Windisch und M. Dibelius, 1920–23 |
| Harnack: DG | A. von Harnack: Lehrbuch der DG, s. Lit.-Vz. I, 1 |
| hrsg., Hrsg. | herausgegeben, Herausgeber |
| J. | Jahr |
| JThSt | The Journal of Theological Studies, London 1900 ff. |
| Kelly | J. N. D. Kelly: Early Christian Creeds, s. Lit.-Vz. I, 2 |
| KG | Kirchengeschichte |
| Lampe | W. H. Lampe: A Patristic Greek Lexicon, Oxford 1961 |
| Liébaert | J. Liébaert: Christologie, s. Lit.-Vz. I, 2 |
| Lit.-Vz. | Literatur-Verzeichnis |
| Mansi | J. D. Mansi, Sacrorum conciliorum nova et amplissima collectio, unveränderter Nachdruck der Ausgabe von 1901 ff., Graz 1960–61 |
| N | (Symbolum) Nicaenum |

| | |
|---|---|
| NC | (Symbolum) Nicaeno-Constantinopolitanum |
| Neuner-Roos | J. Neuner und H. Roos: Der Glaube der Kirche in den Urkunden der Lehrverkündigungen, 2. verb. Aufl. 1948 |
| PG | Patrologiae cursus completus, Series Graeca, hrsg. von J. P. Migne, Paris 1857 ff. |
| PL | Patrologiae cursus completus. Series Latina, hrsg. von J. P. Migne, Paris ²1879 ff. |
| RAC | Reallexikon für Antike und Christentum, hrsg. von Th. Klauser, 1950 ff. |
| RGG | Die Religion in Geschichte und Gegenwart, 3. Aufl. hrsg. von K. Galling, 1957–62 |
| SB | Sitzungsbericht(e) |
| sc. | scilicet |
| SChr | Sources Chrétiennes. Collection dirigée par H. Lubac et J. Daniélou, Paris 1943 ff. |
| Sp. | Spalte |
| Steubing | H. Steubing: Bekenntnisse der Kirche, 1970 |
| Stud. Patr. | Studia Patristica, hrsg. von K. Aland und F. L. Cross, in: TU |
| s. v. | sub voce |
| ThWB z NT | Theologisches Wörterbuch zum Neuen Testament, begründet von G. Kittel, hrsg. von G. Friedrich, 1933 ff. |
| TU | Texte und Untersuchungen zur Geschichte der altchristlichen Literatur, begründet von O. von Gebhardt und A. von Harnack, 1882 ff. |
| Z. | Zeile |
| ZKG | Zeitschrift für Kirchengeschichte, 1876 ff. |
| ZNW | Zeitschrift für die neutestamentliche Wissenschaft und die Kunde der älteren Kirche, 1900 ff. |
| z. St. | zur Stelle |
| ZThK | Zeitschrift für Theologie und Kirche, 1891 ff. |

# Alphabetisches Verfasserverzeichnis

(Die Hinweisziffern beziehen sich auf die laufenden Nummern der Texte)

**Adoptianismus**
Hippolyt, Widerlegung aller Häresien 7, 35, 2 . . . . . . 56
Epiphanius, Panarion 54, 3, 1 u. 5 57

**Amphilochius von Ikonium**
Fragment 15 . . . . . . 122
– 19 . . . . . . . . 123
– 22 . . . . . . . . 124

**Apollinaris von Laodicea**
Fragment 10 . . . . . . 109
– 25 . . . . . . . . 110
– 32 . . . . . . . . 111
– 34 . . . . . . . . 112
– 81 . . . . . . . . 113
– 117 . . . . . . . . 114
Zusammenfassung (Anakephalaiosis), These 15 und 16 . . . 115
Brief an Kaiser Jovian . . . 116

**Arius**
Brief an Euseb von Nikomedien
(= Epiphanius, Panarion 69, 6) 86
Glaubensbekenntnis des Arius und einiger Anhänger (= Epiphanius, Panarion 69, 7) . . . 87
Fragmente aus der Thaleia und Bericht des Athanasius (= Athanasius, 1. Rede gegen die Arianer, Kap. 5) 88
– (= Athanasius, a. a. O., Kap. 6) 89
Fragmente aus einer ungenannten Schrift und Bericht des Athanasius (= Athanasius, a. a. O., Kap. 5 . 90

**Athanasius**
Über die Beschlüsse der nicänischen Synode 20, 3. 5 . . . 99
– 33, 16 (Eusebius v. Cäsarea) . 96
Brief an Bischof Epiktet von Korinth 2 und 5–7 . . . . 102
Lehrschreiben an die Antiochener, Kap. 7 (Synode zu Alexandrien 362) . . . . . . 117
Reden gegen die Arianer 1, 5 (Arius) . . . . . . 88 u. 90
– 1, 6 (Arius) . . . . . 89
– 2, 68–69 . . . . . . 100
– 3, 31 . . . . . . . 101
Werke 3/1, Urkunde 1 (Arius) . 86
– Urkunde 6 (Arius) . . . 87

**(Ps.-) Athanasius**
4. Rede gegen die Arianer 25 (Sabellius) . . . . . . 61

**Athenagoras aus Athen**
Bittschrift für die Christen 10 . 38
– 12 . . . . . . . . 39

**Augustin**
Über die Trinität 1, 7, 14 . . 135
– 2, 10, 18 . . . . . . 136
– 13, 17, 22 . . . . . . 137
Gegen die Rede der Arianer 8, 6 138

**Barnabasbrief**
5, 5–7. 9–11 . . . . . . 13
– 12, 9–10 . . . . . . 14

**Bekenntnisse:** s. Symbole

*Cälestin I.*
Brief 14 . . . . . . . 139

*Cyrill von Alexandrien*
Brief 4, 3 – 7 . . . . . . 149
– 38 und 39 (Unionsformel von
433) . . . . . . . 160
– 40, 12 f. . . . . . . 154
– 46, 3 . . . . . . . 152
Anathematismen 3. 4 und 12 gegen Nestorius . . . . 150
Verteidigung der 12 Kapitel gegen Theodoret Kap. 2 . . . 151
Gegen die, welche die hl. Jungfrau nicht als Gottesmutter bekennen wollen § 4 . . . . 153

*(Ps.-) Dionysius der Areopagite*
Brief 4 . . . . . . . 175

*Ekthesis:* s. Kaiser Heraklius

*Epiphanius*
Panarion gegen alle Häretiker
54, 3, 1 und 5 (Adoptianismus) . 57
– 62, 1, 4. 6. 8 (Sabellius) . . 60
– 69, 6 (Arius) . . . . . 86
– 69, 7 (Arius) . . . . . 87

*Epiphanius von Perge*
Schreiben an Kaiser Leo I. . . 173

*Eunomius von Kyzikus*
Bekenntnis an den Kaiser Theodosius I. (= Gregor von Nyssa,
Refutatio confessionis Eunomii,
§§ 172–173) . . . . . . 126

*Euseb von Cäsarea*
Evangelische Beweisführung 4,
13, 6 – 7 . . . . . . . 95
Brief an seine Gemeinde (= Athanasius, Über die Beschlüsse der
nicänischen Synode 33, 16) . 96
Über die kirchliche Theologie
1, 20, 40 – 41 . . . . . . 97
– 2, 7 . . . . . . . . 98

*Eustathius von Antiochien*
Fragment 15 . . . . . . 92
– 24 . . . . . . . . 93
– 41 . . . . . . . . 94

*Eutyches*
Glaubensbekenntnis für Papst Leo 164
Verhör . . . . . . . 163

*Flavian von Konstantinopel*
Glaubensbekenntnis . . . 165

*Gnostiker*
Das Evangelium der Wahrheit p.
16, 31–17, 1 . . . . . . 43
– 30, 36 – 31, 8 . . . . . 44
– 38, 6 – 17 . . . . . . 45
Irenäus, Gegen die Häresien 4,
Vorrede § 3 . . . . . . 46

*Gregor von Nazianz*
Brief 101 an Kledonius . . . 118

*Gregor von Nyssa*
Gegen Eunomius 3, 3 §§ 62 – 63 119
Widerlegung gegen Apollinaris 27 120
– 42 . . . . . . . . 121
Refutatio confessionis Eunomii
§§ 172–173 (Eunomius) . . 126

*Henotikon:* s. Kaiser Zenon

*Heraklius, Kaiser*
Ekthesis . . . . . . . 181

*Hermas: Der Hirte*
Gleichnisse, Kap. 5, 2 – 3; 6, 1–2.
4–7 . . . . . . . . 15
– 12, 1–3. 7–8 . . . . . 16

*Hilarius von Poitiers*
Über die Trinität 9, 3 . . . 107
– 10, 22 – 24 . . . . . . 108

*Hippolyt*
Widerlegung aller Häresien 7, 35, 2
(Adoptianismus) . . . . . 56
– 9, 10, 9 und 11 (Noet von Smyrna)59

− 9, 11, 3 (Zephyrin von Rom) . 62
− 9, 12, 15 −19 (Kallist von Rom) 62
Gegen Noet 2 (Noet von Smyrna) 58

*Ignatius von Antiochien*
An die Epheser 7, 1−2 . . . ' 3
− 18, 2 −19, 3 . . . . . . 4
An die Magnesier 6, 1 . . . 5
− 7, 2 . . . . . . . . 6
− 8, 2 . . . . . . . . 7
− 13, 2 . . . . . . . 8
An die Römer 3, 3 . . . . 9
An die Smyrnäer 1, 1−3, 3 . . 10
− 4,2 . . . . . . . . 11
An Polykarp 3, 2 . . . . 12

*Irenäus von Lyon*
Gegen die Häresien 4, Vorrede § 3
(Gnostiker) . . . . . 46
− 3, 18, 7 . . . . . . . 51
− 3, 19, 2 −3 . . . . . . 52
− 4, 20, 1 . . . . . . . 53
− 5, 14, 2 −3 . . . . . . 54
Erweis der apostolischen Verkündigung 47 . . . . . . . 55

*Johannes von Antiochien*
Unionsformel . . . . . 160

*Johannes Maxentius*
Kapitel gegen Nestorianer und
Pelagianer 1. 3. 4. 6. 9 . . . 178

*Justin*
1. Apologie 5, 4 . . . . . 20
− 13, 1. 3 −4 . . . . . . 21
− 23, 2 . . . . . . . 22
− 33, 6 . . . . . . . 23
− 63, 10 −14 . . . . . . 24
− 66, 2 . . . . . . . 25
2. Apologie 6, 2 −4 (bzw. 5, 2 −4) 26
− 10, 1 −3 . . . . . . 27
Dialog mit dem Juden Tryphon
48, 1 −2. 4 . . . . . . 28
− 56, 11 . . . . . . 29
− 61, 1 −3 . . . . . . 30

*Kallist von Rom*
Hippolyt, Widerlegung aller Häresien 9, 12, 15 −19 . . . . . 62

*Klemens von Alexandrien*
Hypotyposen (= Photius, Bibliothek Cod. 109) . . . . . 63

*Klemens von Rom*
1. Brief 36, 1 −2. 4 . . . . 1
− 59, 4 . . . . . . . 2

*(Ps.-) Klemens*
2. Brief 1, 1 −2 . . . . . 17
− 9, 5 . . . . . . . . 18
− 14, 2 −4 . . . . . . 19

*Konzil, 5. Ökumenisches von 553*
Anathematismen Nr. 3 −5 und 7 −
8 . . . . . . . . 180

*Konzile:* vgl. Symbole und Synoden

*Leo I.*
Predigt 23, 1 . . . . . . 166
− 33, 2 . . . . . . . 167
− 56, 2 . . . . . . . 168
Brief 28, 2 −4 (Epistula dogmati-
ca) . . . . . . . . 169
− 35, 2 . . . . . . . 170
− 165, 8 . . . . . . . 171

*Leontius von Byzanz*
Gegen die Nestorianer und Eutychianer, Buch 1 . . . . . 179

*Marcell von Ancyra*
Fragment 52 . . . . . . 103
− 66 . . . . . . . 104
− 117 . . . . . . . 105
− 121 . . . . . . . 106

*Marcion und Marcioniten*
Tertullian, Gegen Marcion 1, 15, 6 47
ders., Über das Fleisch Christi 1,
2 −4 . . . . . . . 48
− 5, 1 −2 . . . . . . 49

*Meliton von Sardes*
Passa-Homilie V. 7–10 . . . 32
– V. 66 . . . . . . . 33
– V. 96 . . . . . . 34
– V. 104–105 . . . . . 35
Fragment 6 . . . . . . 36
– 14 . . . . . . . . 37

*Modalismus:* s. Noet und Sabellius

*Nestorius*
Predigten
– Gegen das Wort Theotokos . 141
– „Die über mich...” . . . 142
– Über Matth 22, 2 ff. . . . 143
– Zum Gedächtnis der heiligen
seligen Maria . . . . . 144
Briefe an Papst Cälestin .
– 1. Brief . . . . . . . 145
– 2. Brief . . . . . . 146
– 3. Brief . . . . . . . 147
Zweite Apologie . . . . . 148

*Noet von Smyrna*
Hippolyt, Gegen Noet 2 . . 58
ders., Widerlegung aller Häresien
9, 10, 9 und 11 . . . . . 59

*Origenes*
Von den Prinzipien 2, 6, 3–4. 6. 76
– 4, 4, 1 . . . . . . . 77
Über das Gebet 15, 1 . . . 78
Jeremia-Homilien 9, 4 . . . 79
Gespräch des O. mit Bischof Heraklides, Kap. 2, Z. 3–6. 26–27 80
Gegen Celsus 3, 28 . . . . 81
– 3, 41 . . . . . . . 82
– 4, 15–16 . . . . . . 83
– 5, 39 . . . . . . . 84
– 8, 12 . . . . . . . 85

*Philoxenus von Mabbug*
Glaubensbekenntnis . . . . 176
Über Trinität und Inkarnation . 177

*Photius*
Bibliothek Cod. 109 (Klemens
v. Alexandrien) . . . . . 63

*Proklus von Konstantinopel*
Lehrschreiben an die Armenier
8. 14–15. 19. 21 . . . . . 161

*Sabellius*
Epiphanius, Panarion 62, 1, 4. 6. 8 60
(Ps.-) Athanasius, 4. Rede gegen
die Arianer 25 . . . . . 61

*Symbole*
– altrömisches . . . . . 50
– von Nicäa . . . . . . 91
– nicäno-konstantinopolitani-
sches . . . . . . . 125
– der Synode von Konstantinopel 448 . . . . . . . 162
– von Chalcedon . . . . 172
– des 6. Ökumenischen Konzils
681 . . . . . . . . 182

*Synode zu Alexandrien (362)*
Rundschreiben (= Athanasius,
Tomus ad Antiochenos) Kap. 7 . 117

*Synoden:* vgl. Konzilien und Symbole

*Tatian*
Rede an die Griechen 5, 1–4. 6 31

*Tertullian*
Gegen Marcion 1, 15, 6 (Marcion) 47
Über das Fleisch Christi 1, 2–4
(Marcion) . . . . . . 48
– 5, 1–2 (Marcion) . . . . 49
– 5, 7–8 . . . . . . . 66
– 14, 1 und 3 . . . . . . 67
– 16, 2–5 . . . . . . . 68
Apologetikum 21, 13–14 . . 64
Gegen Hermogenes 3, 2–4 . . 65
Gegen Praxeas 3, 1–2. 5 und 4, 1
und 3 . . . . . . . . 69
– 5, 2–4. 6–7 . . . . . . 70
– 7, 1. 5 . . . . . . . 71
– 12, 3 . . . . . . . 72
– 27, 1. 6. 11–13 . . . . . 73
– 29, 1–2. 6 . . . . . . 74
– 30, 1–4 . . . . . . . 75

*Theodor von Mopsuestia*
Gegen Eunomius, Buch 18 . . 127
Katechetische Homilien 5, 9 . 128
Von der Menschwerdung, Buch 7 129
– 8 . . . . . . . . 130
– 9 Fragment 1 . . . . . 131
– 13 Fragment 1 . . . . . 132
– 15 Fragment 2 . . . . . 133
Kommentar zum Johannesevangelium, Buch 6 . . . . . 134

*Theodoret*
Widerlegung der 12 Anathematis-
men des Cyrill: zum 3. Anath. . 155
Brief 151 . . . . . 156 u. 157
Der Schmarotzer (Eranistes),
Buch 2 . . . . . . . 158
– Buch 3 . . . . . . . 159

*Theophilus von Antiochien*
An Autolykus 2, 10 . . . . 40
– 2, 15 . . . . . . . 41
– 2, 22 . . . . . . . 42

*Unionsformel von 433* . . . . 160

*Vincenz von Lerinum*
Merkbüchlein 13 (19) – 14 (20) . 140

*Zenon, Kaiser*
Henotikon von 482 . . . . 174

*Zephyrin von Rom*
Hippolyt, Widerlegung aller Häresien 9, 11, 3 . . . . . 62

# Sachregister (in Auswahl)

(Eine Erläuterung in Klammern gehört zu mehreren vorausgehenden Nummern, wenn diese durch Kommata verbunden sind.)

*Christusprädikate*

Apostel      24.

Bild Gottes      76. 77.

Engel (Engelschristologie)      16. 24. 67.

Geist (s. Pneuma)

Geschöpf (ktisma)      63. 77. 87. 100.

Gott      3 (ins Fleisch gekommen). 4, 9 (Christus unser G.). 10. 17. 29 (ein anderer G.). 30. 34. 36. 42 (Logos = G.). 55. 56 (G. seit der Auferstehung). 58 (modalistisch gemeint). 62 (Christus der einzige G.). 64. 69 (zwei Gottheiten). 80. 84 (zweiter G.). 85 (Vater und Sohn Ein G.). 98. 101. 107 (G. auch als Mensch). 139 (unser G.). 141 (als Bezeichnung). 157 (G. und Mensch). 163 (unser G.).

Herr der Welt      13. 147 (Herr über alles).

Hoherpriester      1. 78.

Knecht (Knechtsgestalt)      2. 37. 117. 119. 135. 155. 161 § 8. 169 § 3.

Logos (Gott-Logos, Verbum)      7. 20. 22. 24. 25 (Logosepiklese). 26 (als Schöpfungsmittler). 27. 31. 38. 40 (doppelter L.). 42. 62. 63 (zwei L.). 70 (sermo und ratio). 71. 73. 76. 82 (autologos). 83 (mehrere Gestalten). 88. 95 (der Leidensunfähige). 101 (Tätigkeiten des L.). 102. 103. 106 (L. in Gott). 119. 127. 130. 149 (hat am Leibe gelitten) usf.

Mensch (vollkommener, ganzer, wirklicher)      11. 36. 54. 94. 113 (vollständiger M.). 126. 128. 140. 149. 155. 156. 160. 161. 164. 172. 174.

Mensch und Gott      20. 32. 36. 37. 51. 52. 66. 73. 76 (Gottmensch). 107. 111. 117. 118. 120. 133. 137. 151. 156. 157. 160. 169 § 4. 172.

Menschensohn      3 Anm. 4. 14. 116. 117. 138 (u. Gottessohn). 149.

Mittler      76 (Seele M. zwischen Gott und dem Fleisch). 107. 134 (Geist als M. zwischen Logos und Fleisch). 169 § 2.

Sohn (dessen Unterordnung unter den Vater, seine Einheit mit und Verschiedenheit von dem Vater)      8 (Unterordnung nach dem Fleisch). 10. 13 (im Fleisch). 14 (Gottessohn, nicht Menschensohn). 15 (S. und Geist). 21 (der gekreuzigte Mensch). 24. 26 (im eigentlichen Sinn). 27. 38, 39 (Einheit von Vater und S.). 61 (Ausdehnung des Vaters). 62 (= der Mensch). 63 (Geschöpf). 65 (Zeit ohne den S.). 72 (als zweite Person). 73. 77 (Geschöpf). 82. 86 (hat einen Anfang). 87 (Geschöpf). 88 (zeitlicher Anfang des S.). 89 (dem Vater ungleich). 91. 98 (Unterordnung des S.). 100 (Geschöpf). 102 (S. Gottes nach Substanz und Natur). 113

|  |  |
|---|---|
| | (zwei S.). 116. 118 (zwei S.). 121 (Ein S.). 124, 143 (zweifach). 137 (S. ist gestorben). 151 (uneigentlich). 158. |
| Sohnvater | 61. 87. |
| *Dynamis* | 22. 23. 30 (vernünftige Kraft). 31. 38 (des Geistes). 42 (Gottes). 43 (des Logos). 63 (Gottes). 81. 103 (ruhende Kraft). 105 (des Logos). 108. 120. |

*Einigung* (Henosis, Einheit, Vereinigung, Trennung u. ä.)    31 (Trennung des Sohnes von Gott). 38 (Vater und Sohn sind eines). 39. 64 (Vater und Sohn sind einer). 69. 82. 99 (Trennung). 129. 130. 134. 141. 148 (Henosis der Naturen). 149–151, 155 (hypostatische oder physische E.). 153–157 (Henosis). 160 (Henosis zweier Naturen). 161 (das Einigende). 163. 171. 172, 173 (unvermischte Einheit zweier Naturen). 178. 180.

| | |
|---|---|
| *Emanation* | 38 (des Geistes). 63. 87. |
| *Energeia* | 60. 96. 103. 105. 106. 114. 175 (gottmenschliche). 181. 182. |

*Homousios* (und wesensgleich) 87. 91. 99. 102. 124 (h. nach der Gottheit und nach der Menschheit). 125. 145. 160 (nach Gottheit und Menschheit). 163. 172.

*Hypostasis* (vgl. Person)    31 (Seinsgrundlage des Alls). 60 (Wesen). 85. 87 (3 H.). 91. 97. 98. 104 (3 H.). 118. 124. 127. 130. 149–151 (hypostatische Einigung; Natur oder H.). 155 (zwei vereinigte H.). 161 (Eine H. des Fleisch gewordenen Gott-Logos). 162. 165, 172 (Eine H. und Ein Prosopon). 179 (Enhypostasie – Anhypostasie). 180. 182.

*Jesus,* von Christus verschieden    26. 46. 56. 73. 153.

*Leib Christi*    37. 44 (Fleisch). 48. 54. 66. 68. 117, 118 (mit Vernunft).

*Leiden Christi*    3 (leidensfähig und -unfähig). 10. 12. 13. 33. 49. 58. 62 (der Vater leidet mit). 66. 74. 75. 87. 94, 101 (gehört zur menschlichen Natur). 95. 102. 108 (leidensfähiger Leib). 116. 122. 136. 149. 150 (L. des Logos am Fleische). 156 (L. und Wunder). 161. 169. 174, 180 (freiwilliges L.). 178 (Gottes L. im Fleische).

*Logos* (s. Christusprädikate)

*Mischung* (Vermischung)    64. 73. 82. 109. 118. 119. 122 (unvermischt). 130. 146. 151. 152. 156 (unvermischte Naturen). 160 (unvermischte Einigung). 166. 170. 172. 173. 180. 182 (unvermischte Energien).

*Mysterium*    4. 139. 157. 180.

*Natur* (Physis)    36 (menschliche N. Christi). 37 (ewige, unveränderliche N.). 66. 68. 76 (Gottes N. – menschliche N.). 81. 90 (des Logos). 92 (unverän-

*(Natur* [Physis])    derliches Wesen). 99 (Menschennatur). 102. 107 (zwei N.). 108
(schmerzunfähige N.). 109, 116 (Eine fleischgewordene N. des Gott-
Logos, vgl. 152). 122, 123, 127, 128, 130, 138, 142 (zwei N.). 140 (N.
des vollkommenen Menschen). 148. 149. 152. 154–157. 161 (Unveränderlichkeit der N.). 162. 163. 165 (aus zwei N.). 168 (annehmende
und angenommene N.). 169 § 4 (Tätigkeit beider N.). 172 (Einheit
und Verschiedenheit der N.). 173. 176. 178–182.

*Ökonomie*    4. 31. 55. 60. 69. 105. 126. 158 (ökonomisch im Gegensatz zu theologisch). 159 (Theologie und Ö.).

*Person* (vgl. Hypostasis und Prosopon)    29 Anm. 3. 55 Anm. 2. 71. 72 (Wort als zweite
P.). 73. 136 (2. P. der Trinität). 137, 138 (Eine P.) 140 (der Gott-Logos als Menschenperson). 155 (Eine P. aus zwei Hypostasen). 167
(persona = Rolle). 169.

*Pneuma* (Geist, spiritus)    15. 18, 19 (Christus als P.; „Geistchristologie"). 23 (= Logos).
24, 38 (prophetischer Geist). 50. 53. 56. 57. 62. 69, 72 (3. Person der
Trinität). 73. 75. 92. 110. 111 (das Bestimmende in der Natur des
Gottmenschen). 115 (Christus als P., mit dem Fleisch geeint.).

*Präexistenz*    5. 6. 15 (des Geistes). 16 (des Sohnes). 19 (der Kirche). 24 (des Logos). 26. 28. 40 usf.

*Prosopon* (vgl. Person)    42 (Logos in der „Rolle" Gottes). 61 (sabellianisch). 123 (Ein
P.). 127 (P. der Ehre). 129 (Ein P.) 130. 148, 149 (Einigung der P.).
150. 156. 159–162 (Ein P.). 165 (Ein P. neben Einer Physis). 172
(Ein P. und Eine Hypostase).

*Seele Christi*    76. 92. 97. 108. 117 (mit Vernunft). 126. 128. 149. 160. 172.

*Substanz* (vgl. Usia)    53 (der Geschöpfe). 54 (Fleischessubstanz). 65 („Gott" als Bezeichnung der S.). 66 (zwei S. handeln unterschiedlich). 68. 69 (des Vaters).
71. 72. 73, 74 (zwei S.). 76 (substantia animae). 137, 140 (zwei S.).
178 (S. der Trinität).

*Theotokos*    116. 118 133 (und Menschenmutter). 141. 147. 149. 153. 157. 160.
172. 174.

*Trinität*    21. 38. 39. 41. 69. 102 (Dreiheit und Vierheit). 104 (Trias und Monas).
118. 136. 161. 174. 176. 178. 180. 182.

*Usia* (vgl. Substanz)    36 (zwei Substanzen Christi). 78. 83–85. 89. 91 (Usia oder Hypostasis). 95. 99. 102. 114. 118. 124 (zweifach in der U.). 127. 129. 148.
153. 158. 175 (übersubstantielle Usia). 179.

*Wille*    10 (Sohn nach dem W. Gottes). 30. 69. 73. 77. 85. 87. 90 (des Logos).
102 (Christi). 133. 149. 155 (Einigung nach dem W.). 168, 181, 182 (zwei W.).

*Wort, menschliches* 30. 40. 70.

*Zeugung* (Erzeugung)  1 (Zitat Ps. 2, 7 f.). 22. 30, 31 (Z. nach dem Willen). 40, 42 (des Logos). 76. 79 (ewige Z.). 87. 91. 96. 98.